JN202074

第二言語習得研究とタスクベースの言語指導

課題遂行能力を伸ばす
日本語教育を目ざして

小柳かおる

Kurosio

くろしお出版

まえがき

　昨今の日本では，少子高齢化の人口減少を埋めるかのように定住外国人の
さらなる増加が予想されている。日本語教育においては，そのような外国人
の日本語のニーズの多様化に対応できる質の高い日本語教師が以前にもまし
て求められるようになり，教師の国家資格化など制度上の改革も様々行われ
ている。日本語教育は変革の時期を迎えているとも言える。筆者は，第二言
語習得という分野にアメリカで出会って以来，それを専門分野としてきた。
特に教室習得研究の分野の研究成果は教育現場の実践に大きく貢献できる分
野だと確信している。日本語教育においても，「Focus on Form」や「タスク
ベースの言語指導（TBLT）」というような考え方が広まってきたことは喜
ばしいことだと思っているが，ある概念が広まると，その情報の受け手には
いく通りにも解釈が生まれるのは世の常である。いつの間にか，気がつけ
ば，誤った解釈や混同した記述が文献やネット上にも散見されるようになっ
ていた。例えば，「Focus on Form」が文法回帰や単なる文法重視の概念であ
るかのような記述や，「TBLT，日本語教育ではタスク先行型という名で知
られる」といった文言である。筆者はそのような記述を目にする度にそのよ
うな誤解がどこから生じるのか疑問に思っていた。Focus on Form やタスク
の研究が盛んなアメリカの大学院で学んできただけに，これまで筆者が帰国
後もその動向を追って理解してきたことと，ちまたに流布する解釈が乖離し
ていくような感覚を覚えたのである。

　それで，この機会に，タスクに関わる見解や教授法を整理し，改めて
TBLT とは何かを考察しようと思ったのが，本書の執筆のきっかけである。
「タスク」という用語は教育現場でしばしば使われるが，何がタスクなのか
が曖昧になっているように思われる。「コミュニカティブ」という用語も然
りである。また，SLA の知見に基づいて提唱された TBLT の全体像が，一
般にはあまり知られていないことにも気がついた。調べ始めると，TBLT の
教材開発の手順を検証した実証研究や実践報告が近年は増加していることが

わかり，執筆準備の文献調査のプロセスを通して筆者が新たに学ぶことも多かった。もちろん，何かの教授法が提案されたからといって，それをどこまで取り入れるかは教育機関や教師の裁量に委ねられている。しかし，まずはTBLTとは本来どんな教授法であるのかを知ってほしいと考えた。今では，ヨーロッパ言語共通参照枠（CEFR）のCan-do能力記述文によりレベル別の能力基準が示され，日本語教育においても課題遂行能力の習得が重視されるようになっている。CEFRはその方法論については，学習者に合わせて教授法を選択すればよいとしていて，特定の教授法を推奨しているわけではない。しかし，課題遂行能力の習得を目ざすなら，シラバスも教室活動も評価も全てにタスク（課題）を用いるTBLTは，うってつけの教授法に思えるのである。

　執筆を思い立ったときは，TBLTという教授法のもっと実践寄りのことが書けるかと思っていた。しかし，TBLTの本質を理解してもらうには，理論的背景をまずは知ってもらいたいと思うようになり，当初考えていたより理論的な内容になってしまった。理論は難解などと敬遠せずに，読み進めていただけたら幸いである。小手先の表面的なテクニックでTBLTをどのように実施するかを学んだだけでは，言われるがままに授業を行うだけに終わってしまい，それ以上の広がりは見込めないと思われる。むしろ「なぜこんなことをやらなくちゃならないんだろう。」と疑心暗鬼になるかもしれない。理論を理解し，自分の頭で考えてこそ，本当の意味での実践が可能になり，さらなる応用や発展が見いだせるであろう。

　本書では，第1章でTBLTの根幹にあるSLA，特にInstructed SLAと言われる分野の研究動向を扱っている。TBLTはSLAの知見を集約したような教授法なので，まずはSLA研究からどのような知見が得られているのかをまとめた。第2章では，コミュニカティブアプローチの普及と共に使用されるようになったタスクについて，SLA研究者から提案されたTBLTとは異なるアプローチも含め整理し，TBLTの理念についてもまとめた。第3章では，TBLTの教材開発のプロセスについて，ニーズ分析からタスクの難易度の決定方法や評価方法を紹介している。SLAの知見に基づくだけでなく，教材開発のプロセスにおいても信頼性や妥当性を高める検証が行われて

おり，それに基づいた提案をまとめた。第4章では，実際に授業を行うにあたり教師が留意すべきことを論じている。SLA の研究成果を教育実践に落とし込むとどうなるかを考察したものである。

そして，第5章では日本語教育に TBLT を導入する意義について，筆者なりの考えをまとめた。少しでも多くの方に TBLT の本質を理解していただき，これを出発点によりよい日本語教育に向けての議論が深まることを願っている。

最後に，本書の出版にあたり，くろしお出版の池上達昭氏には前著に続き大変お世話になった。この場を借りて感謝の意を表したい。

2025 年 2 月
小柳かおる

目　次

第1章

Instructed SLA(ISLA)研究の動向

1. ISLA 研究の始まり

　言語学という分野が多岐にわたるように，第二言語習得（Second Language Acquisition: 以下，SLA）という分野にも様々な領域や理論的アプローチが存在する。例えば，Chomsky の主張する普遍文法を備えた「言語習得装置」が，SLA においてどこまで機能しているかを探る言語学的アプローチで SLA 研究が行われることもある。そんな中で，SLA には教室学習者を念頭に置いた Classroom SLA/Instructed SLA と呼ばれる分野があり，外国語教育に最も寄与し得る研究だとされている。今では自然習得に近い環境で外国語を教えようとするナチュラルアプローチのような教授法があるように，一口に教室習得環境と言っても教授法は多様化している。また，アニメや漫画を通して学ぶ学習者や，PC や携帯のアプリ，SNS のツールなどを使って独学する学習者が増加し，教室が必ずしも言語の唯一の学びの場ではないケースも増えている。SLA 研究の手法としても，教室環境だけではなくコンピュータ学習による実験や，教室の外で母語話者（native speaker: 以下，NS）と学習者がペアで会話のやりとりをするような実験も行われている。そのためか，今では Classroom SLA より Instructed SLA（以下，ISLA）という名称の方がよく使われ，定着しているようである。

　この分野の始まりは，やはり何といっても Krashen（1977, 1980 等）の「モニター理論」が大きなきっかけだったと言えるだろう。ISLA は，Krashen の提示した仮説を批判することにより発展してきたと言っても過言ではない。特に，「インプット仮説」と「習得／学習仮説」はその後，大きな議論を巻き起こした。「インプット仮説」は，「理解可能なインプット（comprehensible input)」，いわゆる「i + 1」のインプットを受けることで習得が起きるというものである。この仮説は，何が「i + 1」なのか，どのようにしてインプットが「i + 1」に調整されるのかなど曖昧な点が多く，批判を受けた。この理論が日本に紹介された時，「そんなこと私たち，ずっと前からやっています。」と言った日本語教師が多かったという話を聞いたことがある。日本国内で採用されている直接法は，文型積み上げ式と呼ばれ，既習の語彙や文型を使って新しい文型を一つ導入するということが行われてきたので，確かに「i+1」のように見える。しかし，ISLA 研究では教師が教える順序と学習者が習得する順序は多くの場合，一致していないとされている。教室にいる学習者全員が前に習ったことを全てマスターしていなければ，「i+1」になっている保証はどこにもないのである。

　モニター理論について議論の的となったもう一つの「習得／学習仮説」は，インプットの意味を理解することで無意識的に起きる「習得」により得られた知識（＝暗示的知識）（implicit knowledge）と，意識的に言語の規則を学ぶ「学習」で得られた知識（＝明示的知識）（explicit knowledge）につながりはないと見なしたものである。したがって，この仮説は「ノン・インターフェース仮説」とも呼ばれる。言い換えるなら，教室でいくら一生懸命文法を学んでも，それが本当の意味での習得にはつながらないということである。従来の学校の文法教育は真の意味での習得には役に立たないとしたので，それが大きな議論になった。それまで文法教育に熱心な外国語教師がたくさんいたはずなので，反発を招いたのは当然であろう。その一方で，Krashen が提唱した教授法のナチュラルアプローチを支持する人たちもおり，それを応用したとされるイマージョン教育も広まった。イマージョン教育は学校の教科学習を目標言語で行うやり方だが，文法訳読法やオーディオリンガルなどの伝統的な教授法と比較すると，ずっと流暢に言語が使える学習者を多く輩出しているという教師の実感もあったようだ。本章では，「インプット仮説」や「習得／学習仮説」を含むモニター理論を発端とする，ISLA の研究の変遷を見ていきたい。

2. 相互交流論（Interactionist）

2.1 インタラクション仮説

　Krashen は第一言語習得（First Language Acquisition: 以下，FLA）のように，理解可能なインプット，すなわち，母語話者同士が会話をする時の言語を少し簡略化したインプットを学習者が多く受ければ，習得が促進されると考えていた。しかも，コミュニケーションがうまくいけば発話は自動的に調整され，理解可能なインプットが提供されるとしていた。FLA には養育者言葉（caretaker speech）とか，子どもに向けられたスピーチ（Child-Directed Speech）と呼ばれる，周囲の大人や年長の子どもから受けるインプットが存在する。SLA でそれと同様の役割を果たすのが，フォリナートークやティーチャートークと呼ばれるインプットである。第二言語（second language: L2）の学習者に母語話者 (native speaker: NS) が話しかける言語や，教室において教師が目標言語で語りかける言語が，同様の役割を果たすと考えられたのである。一般的には，教室で文法を習っておいて，教室の外で NS と会話をして練習すれば上手になると考えがちだが，既に 1980 年前後から，NS との会話のやりとり，つまりインタラクションのプロセスを通じて文法が発達する（Hatch, 1983; Wagner-Gough & Hatch, 1975）ことが指摘されていた。つまり，教室外の NS との会話は単なる練習の場ではなく，むしろ，そこが SLA の起きる場所だとされるようになったのである。

　そして，インタラクションの役割を実証的に示そうとしたのが Long（1981, 1983a）の「インタラクション仮説（Interaction Hypothesis）」である。彼は，NS 同士のインタラクションと NS と非母語話者（nonnative speaker: NNS）のインタラクションを比較して，NS 同士にはあまり見られない NS/NNS のやりとりに多く見られる特徴を見いだした。それは，自分の言ったことが相手に理解されたかを確かめる「理解チェック（comprehension check）」，自分の理解が正しいかを確かめる「確認チェック（confirmation check）」，不明瞭な部分をはっきり言うように相手に促す「明確化要求（request for clarification）」や，言い換え，繰り返し，発話を修正する「修正アウトプット（modified output）」といった会話的調整が多く現れるということであった。これは，コミュニケーションの挫折が起きた時や，相手の発話の意図が

不明瞭だった時に，お互いの意思疎通ができるまでやりとりを繰り返す「意味交渉（negotiation for meaning）」が起きていることを示している。したがって，Krashen が主張するように NS が一方的に簡略化して提供したインプットを L2 学習者が受け身的に受け取るのではなく，L2 学習者も能動的にインタラクションに関わって意味交渉を行うプロセスを重視し，それを通じて理解可能になったインプットが，SLA にはより重要だと考えられるようになった。

　以下は，日本語学習者と NS が絵描写タスクを行っている際のインタラクションの例である。

（1）NNS: 二つ本があります。
　　　NS:　電気の下？**＜確認チェック＞**
（2）NNS: シャツ、あおいセーターあります。
　　　NS:　すみません。もう一度お願いします。**＜明確化要求＞**
　　　NNS: 男の人あおいシャツと、あおいシャツを着ます。
　　　　　　　　　　　　　　　　　　　　＜修正アウトプット＞
（3）NNS: あの人は新聞を読みます。
　　　NS:　ああ、あの人は新聞を読んでいますね。**＜言い直し＞**
　　　NNS: 新聞を読んでいます。**＜繰り返し＞**

　Krashen のインプット仮説の批判の一つは，インプットからアウトプットに至る間のプロセスに，どのようなメカニズムが働いているかという理論的な説明が不十分だということだった。よって，理解可能なインプットが習得につながったことを証明するのも不可能だとされた。これを受けて Long は，インタラクション仮説を検証する方法も，次のように提案した。

　1（a）言語的／会話的調整が（b）インプットの理解を促進することを
　　　示す
　2（b）インプットの理解が（c）習得を促進することを示す
　3（a）言語的／会話的調整が（c）習得を促進すると推論する

　このような3段論法でインタラクション仮説を証明しようとしたのである。その実証研究に使われたのがタスクであった。事前に簡略化されたインプットを受けたグループと，インタラクションを行ってタスクを遂行するグループとを比較するような研究が多くなされた。また，絵の間違い探し（Spot the differences）や意見交換タスク，問題解決タスクなど，様々なタスクを使用して比較し，どのようなタスクが意味交渉をより多く引き起こすのかも明らかになった。タスクは，情報の保有者，要求者，提供者がだれか，情報の流れが双方向（two way）か一方向（one way）か，また，タスク遂行のゴールが一つに向かう収束的（convergent）タスクか，ゴールに様々な可能性がある拡散的（divergent）タスクか，さらに，たどり着く成果のオプションがただ一つか複数あるかで分類された。そして，以下のような特徴を備えたタスクが意味交渉をより多く引き出すことが明らかになったのである。

1. インタラクション参加者の関係：インタラクション参加者がそれぞれタスク達成において，情報の異なる部分を保持していて，それを交換するか，もしくは操作する必要があること。
2. インタラクション参加者の情報の必要度：インタラクション参加者の双方が相互に情報を要求し提供し合うこと。
3. ゴールの志向性：インタラクション参加者が同一，もしくは収束的ゴールを目ざしていること。
4. 結果のオプション：このゴールを達成しようとする際に出てくる結果がただ一つであること。

（Pica, Kanagy & Falodun, 1993, p. 1; 小柳, 2004 訳）

　すなわち，参加者間にインフォメーションギャップがあり，それぞれが異なる情報を持っていて，その情報を双方で共有しないとゴールにたどり着けないタスク，同じゴールを目ざして共同作業をするようなタスクにおいて，意味交渉が高頻度で起きると言えよう。ただし，タスクのゴールがオープン

になっている自由会話のようなタスクは，意味交渉の頻度は高くないかもしれないが，まとまった長さの談話を構成する能力を伸ばすことができる。したがって，実際の教室活動で行うタスクの選択は意味交渉が基準の全てではない。しかし，何らかの言語形式の習得を促進するには，意味交渉が高頻度で起きるタスクが有効だということである。

　その後，インタラクション仮説の証明に関しては，あらかじめ簡略化されたインプットを受けるより，インタラクションにより調整されたインプットを受けた方が，理解につながったことが示された（Loschky, 1994; Pica, 1991; Pica, Young & Doughty, 1987）。また，描写タスクにおいて，あらかじめ簡略化したインプットを受けたグループより，未調整のインプットを受けて，インタラクションにより調整したグループの方が理解に優れ，さらに次のタスクで絵を描写する側に回った時に，異なる相手により正確な描写文が言えたことが示された（Gass & Varonis, 1994; Polio & Gass, 1998 等）。すなわち，インタラクションにおけるインプットから学んだ言語形式を，次のアウトプットの機会に使用していたことが示されたのである。しかしながら，1990 年代までは，3 段論法による間接的な証明であって，インプットが習得に結びついたという直接証拠はなかなか得られなかった。

　そんな中，Mackey（1999）が，普遍の発達段階（Pienemann & Johnston, 1987; Pienemann, Johnston & Brindley, 1988 等）があるとされる英語の疑問文を使って直接証拠を示すことに成功している。インタラクションを行ったグループの方が，インタラクションのないグループより疑問文の発達段階が上の段階に上がっていたことを明らかにしたのである。その後，実証研究の結果を総括したメタ分析（Keck et al., 2006; Mackey & Goo, 2007）の論文でも，インタラクションが習得に大きな影響を与えることが示されている。特に，文法はインタラクションを行った直後より，時間が経ってからの方が効果が顕著になる（Mackey & Goo, 2007）という結果は特筆すべきことである。文法のペーパーテストをする時に，教師はすぐに結果を求めがちだが，インタラクション重視の指導では，学習者の言語産出能力として定着させるには多少時間がかかると言えるだろう。したがって，実験でインタラクションの効果を示したい場合には，インタラクションを行った直後だけでなく，

少し時間をおいて持続効果を測る事後テストを実施する必要があると考えられる。

2.2 アウトプット仮説

　いかなる SLA 理論であっても，程度の差こそあれ，習得の始まりにはインプットが必要だと見ている。インプットあってこその習得である。したがって，インプットが十分に提供されていることが大前提になるが，アウトプットが必要なことは言うまでもない。それを示したのが，カナダのイマージョン教育からの実践報告及び実証研究である。イマージョン教育は，前述のように，Krashen が提唱するナチュラルアプローチの理念を取り入れたもので，学校の教科学習を外国語で行う。カナダのケベック州では英語 NS が L2 のフランス語で学校の教科学習の授業を受けていた。学習者は中高の 6 年間，長いケースでは小中高 12 年間のイマージョン教育を受けていた。このイマージョン教育は，教師の実感として，それまでの外国語教授法に比べるとずっと成功したプログラムだとされている。しかし，この制度下の学習者は，確かに，聴解力や口頭産出における流暢さは NS 並みのレベルだったが，文法的な正確さについては NS に遠く及ばなかったことが明らかになっている。

　それで，Swain（1985, 1993）は，イマージョン教育では教室にインプットはあふれているが，アウトプットの機会が少ないことが問題だと考えた。それで，相手に「理解可能なアウトプット（comprehensible output）」を出すことの重要性を強調したのである。これが「アウトプット仮説（Output Hypothesis）」である。アウトプットには，言いたいことと言えないことのギャップに気づくこと，学習者が自分なりに立てた文法規則に関する仮説を試す機会になること，言語の使用について内省を図れること，さらに流暢さの練習になるという機能があり，SLA に大切な役割を担っている。実証研究では，インタラクションにおいて明確化要求をすると，学習者から「強要アウトプット（pushed output）」を引き出せることが明らかになった（Swain, 1993; Kowal & Swain, 1994）。また，学習者同士のペアでタスクを行う場合には，学習者が産出すべき言語について話し合ったり，お互いの誤

りを訂正し合ったりするなど，いわゆる「言語関連エピソード（language-related episodes）」が多く現れることが示された（Swain & Lapkin, 1995）。これは，アウトプットの機会に，学習者が言語使用についてメタ言語的に内省しているプロセスを示している。この研究では，言語関連エピソードが多く見られたペアは，事後テストの結果も良かったようである。

　このように，インプットの理解は，文法にそれほど注意を払わなくても意味処理をすれば済むが，アウトプットを出すときに初めて統語処理にも注意を向けられることが，アウトプットの効用だと考えられた。Swain はアウトプット仮説をインタラクション仮説に対抗するものとはとらえておらず，むしろ，インプットとアウトプットが有機的に鎖のようにつながることが重要だとしている。そのような流れを受けて，Long（1996）も改訂版の「インタラクション仮説」では，アウトプットにも言及した包括的な仮説を提示している。

> 改訂版「インタラクション仮説」
> ……意味交渉，特に母語話者もしくは言語能力がより高い対話相手による相互交流的調整を引き出す交渉作業が習得を促進する。なぜなら，そのような意味交渉がインプットと学習者の内面の認知容量，とりわけ選択的注意とアウトプットを生産的な方法で結びつけるからである。
> 　　　　　　　　　　　　　　（Long, 1996, pp. 451–452; 小柳, 2004 訳）

　アウトプット仮説は，気づきや仮説検証などの役割にも言及し，もう一つの認知的アプローチの ISLA 研究にもつながっていく一つのきっかけになった。また，この頃から，インプットと習得の成果としてのアウトプットとの関係は，それまで考えられていたよりもっと複雑だと考えられるようになり，頭の中のメカニズムをより厳密に検討する必要性が生まれたのである。言語習得もインプットからアウトプットに至る情報処理のプロセスとしてとらえられるので，認知心理学の理論を ISLA 研究にも取り入れて，習得における認知的なメカニズムを解明しようという機運にもつながっていった。したがって，相互交流論的アプローチの ISLA 研究は，次節で紹介する認知的

アプローチの研究に統合されていったと言ってもいいだろう。教室のインタラクションにおいて，教師が誤りの訂正，すなわち否定的フィードバックを与えることも重要な役割の一つだが，それは認知的アプローチにおけるインストラクションの効果を探る研究にもつながっている。最近は，ISLA が依拠する理論的な枠組みのことを，Interactionist-Cognitivist とハイフンでつないだり，認知的相互交流論（Cognitive Interactionist）としてとらえることも多くなっている。

3. 認知的アプローチ（Cognitivist）
3.1 インストラクションの効果

　相互交流論的アプローチと同様，認知的アプローチの ISLA 研究が盛んになったのも，発端は Krashen（1977, 1980 等）のモニター理論であった。特に習得と学習を区別し，両者の間に接点がないとした「習得／学習仮説」いわゆる「ノン・インターフェース仮説」は大きな議論を呼んだ。Krashen にとって，習得とは，理解可能なインプットを受けることで無意識的，潜在意識的に起きるもので，そこで得られる暗示的知識こそが真の習得だと見なしていた。一方，学習というのは従来型の文法学習のように意識的に文法を学び，明示的知識を得るものだとしていた。明示的知識が暗示的知識に転換されることはないというこの仮説は，議論や批判の的となったのである。Krashen が提唱した教授法のナチュラルアプローチは，教室で真の意味の習得を起こすための方法であった。

　それで，1980 年代は「インストラクション（教室指導）は違いをもたらすか。」（Doughty, 1991; Long, 1983b）が ISLA 研究の大きなテーマの一つとなった。そして，明らかになったのは，統語の普遍の発達段階が示す（本章3.3 参照）ように，インストラクションは習得の道筋（route）を変えることはできないが，学習者の習得のプロセスを加速化させ，最終的に高い熟達度に導くことができるというものであった（Doughty, 2003; Long, 1988 のまとめを参照）。すなわち，教室習得には，インストラクションの機会がない自然習得とは異なる大きな強みがあるということである。しかし，この段階では，インストラクションが何を指すのかは厳密には定義されていなかった。

したがって，インストラクションのどの側面が習得を促進するのか，あるいはインストラクションは単に目標言語に接する時間を増やしていただけなのか，疑問が残ったのである。

　そして，1990年代になると，関心はさらに「どんなインストラクションがより効果的か。」という研究テーマに移っていった。認知的アプローチでいう習得とは，言語形式と意味／機能のマッピングのことである。言語形式とは音韻形式または文字形式でどう表すかということである。意味とは辞書的な意味や品詞などの基本的な文法的意味のことである。機能とはどのような場面，コンテクストで使うかということである。習得はこの3者の関係を見いだし，結びつけていく，マッピングのプロセスだと考えられる。マッピングは1回で完結するわけではなく，そのような機会に何度も遭遇すると結びつきが強化され，正確で流暢に使えるようになるのである。このマッピングを促進するインストラクションのタイプを探るのに，マクロな教授法レベル（例えば，オーディオリンガル vs. TPR）で比較するのは困難であった。同じ教授法を実践していたとしても，教師によって教え方に多くの解釈やバリエーションが生まれるので，比較するには厳密さを欠いていたからである。それで，もっとミクロレベルで比較して，指導テクニックのどんな特徴が習得を促進するかが議論されるようになったのである。

　そこで，SLA を促進する指導テクニックの特徴を表す概念として提案されたのが Focus on Form（FonF）（Long, 1991）である。これは，コンテクストの中で学習者に意味が明らかになっているところで，言語形式にも注意が向くようにする指導テクニックのことである。FonF と対比されるのは，意味のみに指導の焦点がある Focus on Meaning（FonM）と，言語形式のみに指導の焦点がある Focus on FormS（FonFS）である。FonF は以下のように定義されている。

　　Focus on Form とは，いかに焦点となる注意資源を割り当てるかということである。注意には程度の段階があって，言語形式への注意と意味への注意は必ずしも互いに排除し合うものではないが，Focus on Form には，意味に焦点を置いた教室学習において，教師及び／または一人か複

数の生徒により，理解または言語産出に伴い認識された問題によって誘発され，言語コード的特徴へ時折注意をシフトさせることから成るものである。

（Long & Robinson, 1998, p. 23; 小柳, 2004 訳）

Focus on Form は言語の形式的要素への焦点化を伴うが，Focus on FormS はそのような焦点のみに限定されるもの，Focus on Meaning はそのような要素を排除したものである。最も重要なのは，FonF 指導の基本的な考え方は，意味を伝えようとするのに必要な言語的手段へ注意が引き寄せられる時点では，意味や機能が学習者にすでに明白になっているということである。

（Doughty & Williams, 1998a, p. 4; 小柳, 2016a 訳）

FonF に関わる理論的枠組みをまとめた "*Focus on Form in Classroom Second Language Acquisition*"（Doughty & Williams, 1998b）という論文集の中で，Long & Robinson（1998）は，教授法との関連を表 1-1 のように示している。FonF が提唱された北米で，それまで一般的に使用されていた教授法は，オプション 1 の文法訳読法やオーディオリンガルであった。これは Wilkins（1976）が命名した「統合的シラバス」による学習で，文法項目を一つずつ習い，言語を使う際には学習者がそれらを足し合わせてパフォーマンスすることが期待されるものであった。統合的／分析的というのは元々シラバスを分類する用語（Wilkins, 1976）だったが，学習者の学習アプローチを指す分類（Long & Robinson, 1998）としても使われるようになっている。統合的アプローチの問題点として，ISLA 研究では一度のインストラクションで学習者が完全にマスターして次に進むわけでないことが示されている。また，習得は，1+1+1 のような足し算で右肩上がりに一直線の上昇線を描くようには進まない。教師が教えた順序と学習者が習得する順序は，多くの場合，一致しないとも言われている。何より FonFS で言語を学んだ学習者の多くが SLA に成功していないという教師や研究者，そして学習者自身の実感もあった。したがって，SLA のプロセスは，習った時点ですぐに習得が完了し，学習者が既

習事項を統合してパフォーマンスできるというようには進まないのである。

表1-1　言語指導におけるオプション（Long & Robinson, 1998, p. 16; 小柳, 2004 訳）

オプション2	オプション3	オプション1
分析的	分析的	統合的
Focus on Meaning	Focus on Form	Focus on FormS
ナチュラル・アプローチ	タスク中心の教授法	文法訳読法
イマージョン	内容中心の語学クラス	オーディオリンガル
手順（procedural）シラバス	過程（process）シラバス	サイレント・ウェイ
		全身反応教授法（TPR）
		構造シラバス,
		概念／機能シラバス

　北米では Krashen の登場によって，オプション2の FonM へと教授法の理論の振り子が正反対の方向に振れた。これは生のインプットが与えられ，学習者が自ら文法を分析，発見していくアプローチなので，分析的だとされている。しかし，FonM もアウトプット仮説が提案された経緯の中で述べたように，言語形式の正確さが身につかないという問題点が指摘されていた。そこで，FonM から少し寄り戻しが起き，FonF が提唱されるようになったのである。FonF は基本的には FonM の指導を行いながら，適切なタイミングで学習者の注意を言語形式にも向けさせるというやり方である。FonF は，正確さと流暢さのどちらかを犠牲にすることなく，同時に伸ばすことを目ざしている。それは，正確さと流暢さが別々にではなく同時に発達するという ISLA のエビデンスにも支えられた上での提案（DeKeyser, 1997; Doughty, 1998; Segalowitz, 2003 等）である。

　FonF が提案された当初は，FonF は指導テクニックを指す用語であったが，今では言語処理モードを表す用語（Doughty, 2001）としても使われている。私たちは，第一言語（first language: L1）も L2 も，意味を理解するためにインプットに耳を傾け，意味を伝えるためにアウトプットを出している。それで，L1, L2 に関わらず，FonM は言語処理のデフォルト（初期設

定）モードだとされている。FonF は，基本的に伝達的なコンテクストにおいてコミュニケーションをする FonM モードから，タイミングを見計らって適宜，言語形式にも注意を向けさせることを目ざしている。そして，FonF は言語形式と意味／機能の同時処理が瞬間的に起きる言語処理モードなので，習得に必要な 3 者のマッピングが促進すると考えられているのである。

　一方，FonFS は注意の焦点が言語形式にあるモードだが，構造シラバスでは習得のマッピングに必要なコンテクストが欠如しているので，マッピングは起こらないということになる。コミュニカティブアプローチで用いられる概念／機能シラバスは，構造を概念や機能で言い換えたに過ぎないので，FonFS の分類に含まれる。学習者は文法書を読んだり辞書を調べたりするなどして，自ら FonFS モードにスイッチすることは可能である。しかし，自分で FonF モードにスイッチすることは，コンテクストから意味が明らかで，学習者自身が言語形式を取り込むことができれば不可能ではないが，そう簡単には起こらない。それで，教師の介入が必要になるのである。表 1-2 は，より具体的にインストラクションの構成概念（construct）の操作上の定義（operationalization）[1] を示したものである。

　日本語教育では FonFS から極端に FonM に傾いたという経緯はほとんどないので，FonF と FonFS の違いの方がむしろ重要である（小柳, 2002, 2004）。それは，学習のアプローチが分析的であるべきか，統合的であるべきかという問題にも絡んでいる。また，日本語は形態素や統語レベルで話者の出来事に対する視点や態度を表現することが多い言語だとされている（田窪, 1997 等）。例えば，迷惑な気持ちを表す受け身や恩恵を表す授受表現などである。実際，田中（1996, 1997）は，初級を終えた学習者でも迷惑受け身がなかなか使えていなかったことを明らかにしている。また，峯（2015, 2016）は，これらを文脈処理が必要な言語形式として，発達段階の一番上に位置づけている。言語の普遍の発達段階（Pienemann, 1998）の一番上の段階は複文処

1　操作上の定義とは，実験などで人の手で操作できるレベルの具体的な定義のことである。概念的，抽象的な，いわゆる「定義」よりもっと具体的かつ詳細な定義である。

理であるが，峯はその段階に，文脈処理という段階を加えたのである（本章3.3を参照されたい）。受け身は初級文型とされているが，実際に迷惑な気持ちや恩恵を受けたという気持ちを表現するコンテクストで，そのような気持ちになって練習する機会がないと，言語産出の中には現れにくい言語形式だと言える。したがって，このような文脈処理の言語形式が多い日本語では，伝達的なコンテクストがある中で言語形式にも注意を向けさせることを目ざしたFonFは，ISLA研究でよく扱われる英語，スペイン語などの欧米語以上に意味があると考える（小柳, 2002, 2004）。

表1-2　インストラクションの構成概念の操作上の定義
(Doughty, 2003; Norris & Ortega, 2000 に基づく; 小柳, 2004 訳)

指導の タイプ	操作上の定義 （先行研究の記述に基づく）
明示的	規則説明(宣言的／メタ言語的)をする，又は言語形式に注意を向け規則にたどりつくように指示する。
暗示的	規則説明をしない，または言語形式に注意を向けるように指示しない。
FonM	L2の目標項目に多くふれさせる，またはタスクによる体験学習。しかし，学習者の注意を意味から言語形式にシフトさせる試みは行わない。
FonF	言語形式と意味の統合。以下の特徴を含む。 (a)言語形式以前に意味活動に従事するタスクをデザインする。 (b)タスク中のL2のある言語形式使用の必然性，ナチュラルさを追求する。 (c)教育的介入が自然である。 (d)L2の心的過程(例　気づき)が立証されている。 (e)学習者のニーズ分析により目標言語形式を選択する。 (f)中間言語の制約を考慮する。
FonFS	上記(a)–(d)のいずれも備えていない。また，ある特別な方法(例　文法説明，機械的ドリル)をもってしか学習者の注意が学習目標の構造に向けられないもの。

3.2 SLA の認知的プロセス

　認知的アプローチの実証研究では，インストラクションのことをもっと厳密に「教育的介入（pedagogical intervention）」と呼んでいる。Doughty（2001）は，さらに認知的な意味合いがより強い「認知的侵入（cognitive intrusion）」という語を用いている。この領域の ISLA 研究では，実験により学習者の言語学習のプロセスに介入して，その効果を検証すると同時に，習得の認知的プロセスやメカニズムも明らかにしてきた。なぜある教育的介入が SLA に効果があるのか（ないのか）を考えるには，その根底にあるプロセスやメカニズムの存在を仮定して論じる必要があったからである。ISLA の究極の目標は，言語学習の複雑な認知的プロセスやそのメカニズムの普遍性を明らかにすることで，ヒトの認知を解明し認知科学に寄与することだとされている（Long & Doughty, 2003）。したがって，この分野の研究は教授法そのものを研究しているわけではないが，結果的に研究の副産物として，どんな教育的介入が習得に効果的かという教育的示唆を多く導き出してきた。

　図 1-1 は SLA のプロセスを図式化したものである。このようなプロセスがあることは，概ね ISLA 研究者の共通理解となっている。習得の始まりは何といってもインプットである。そして，その中から学習者が何らかの学習のターゲットを選択し，集中的に注意を向けることが「気づき（noticing）」（Schmidt, 1990, 2001）である。気づきは，必ずしも自覚的に気づくものではなく，気づいたという自覚がなくても人は何かに注意を向け気づいていることがある。近年では，そのような暗示的な気づきこそが，むしろ SLA には重要だ（Robinson, 2003 等）とされている。「気づき仮説」が登場した時，「ああ，やっぱり文法に気づくことが重要なのね。」というような誤解が生まれたこともあった。しかし，気づきの対象は文法規則ではなく，動詞の活用語尾や助詞，コロケーションなどの言語形式である（Schmidt, 2001）。そこに選択的注意（selective attention）を向けることが気づきなのである。そして，気づかれたインプットは，対話相手との会話のやりとりなどによって，その意味が理解される必要がある。

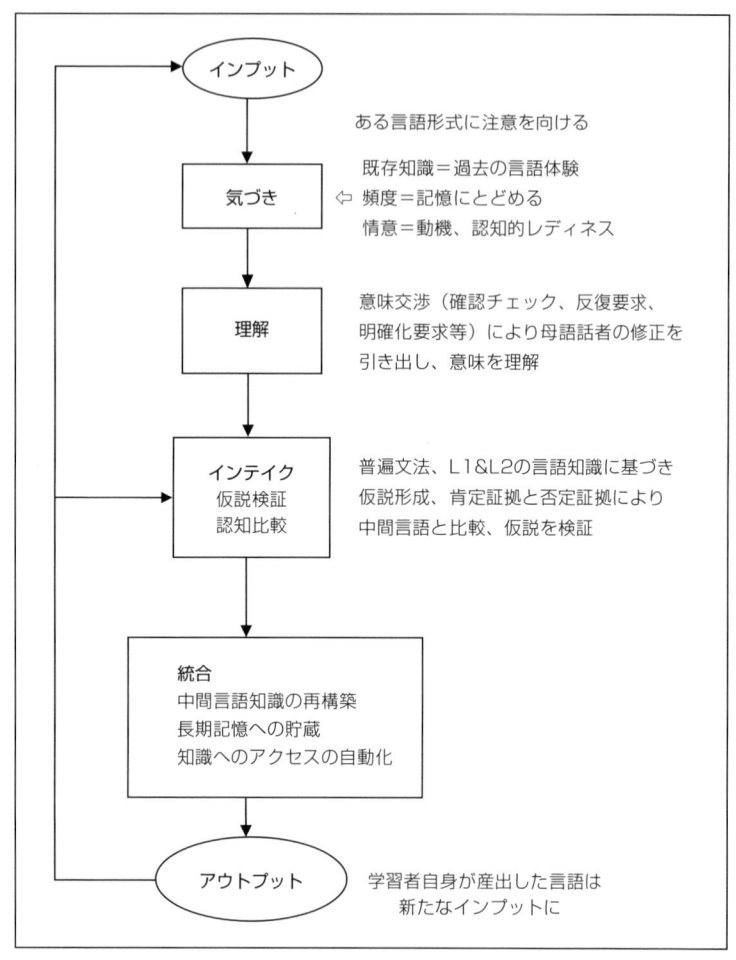

図 1-1　言語習得のメカニズム
(Gass, 1997; Gass & Selinker, 2001 に基づく; 小柳 2004 訳)

　インプットはたくさん入ってくるが，大部分はザルのように振るい落とされ，ザルに残ったインプットの一部のみ，すなわち，気づいて理解された言語形式のみが，学習者にとってはその後の SLA のプロセスに使われる言語

データとなる。これが「インテイク（intake）」である。また，インテイクをプロセスとしてとらえる見解もある。そのプロセスの一つが，学習者の既存知識にあるパターンと，気づいて理解した言語形式のパターンの違いを見いだす「認知比較（cognitive comparison）」というプロセスである。もう一つの「仮説検証（hypothesis testing）」のプロセスは，学習者が言語形式についてどのコンテクストで使えるか仮説を立てることがあり，その仮説が正しいかどうかを確認するプロセスである。相手に発話した文が通じるかどうか使ってみて確かめたり，教師や対話相手からフィードバックを受けて，自分の仮説を確認したりするのである。

このようなプロセスを経た言語形式のみが長期記憶に「統合（integration）」されることになる。その際には，既存知識に未知情報を組み込んでいき，記憶が再編成される。後の使用時に長期記憶から効率よく取り出せる形態に整理するのである。このプロセスを「再構築（reconstruction）」と呼んでいる。また，再構築された知識に何度もアクセスすることにより，言語を使う一連のプロセスが「自動化（automatization）」される。アウトプットは，このような認知的なプロセスを経た結果，つまり，習得の成果が外に現れたものだと言える。この一連のプロセスは一度で完結するのではなく，このようなプロセスが絶えず何度も繰り返されて習得が進んでいくのである。

インプットからインテイクとして取り込まれた言語形式を再構築して長期記憶に統合するために，教師としては文法説明をしてわからせてあげようと思うかもしれない。しかし，この段階は，教師が介入できるところではないとされている。究極は言語形式と意味／機能が結びついた脳の神経回路が形成される必要があり，教師が説明したからといって，簡単にこの神経回路がつながるわけではないのである。この統合のプロセスは，オフライン，すなわち，言語を使っていない時に学習者の頭の中で時間をかけて進行している（Doughty, 2001）。一般的にも，記憶は夜の睡眠中に定着するなどと言われるように，記憶に覚え込ませる時だけが学習ではないのである。SLA において教師にできることは，インプットを十分に与え，気づきからインテイクに変換される段階に働きかけるようなインストラクションを行うことであ

る。それが間接的に，統合のプロセスにもインパクトを与えることになるのである。

　前述のように，相互交流論的なアプローチでは，習得の起きる場所は，インタラクションを行う場だとされている。そして，さらに，認知的アプローチから見ると，気づきやインテイクが起きる認知的な作業場は「作動記憶（working memory）」だ（Doughty, 2001）とされている。すなわち，学習者は，インタラクションにおいてインプットを受けアウトプットを出すという言語運用をしながら，頭の中では言語の分析作業を同時に行っているのである。作動記憶は，情報を一時的に保持するという受け身的な短期記憶を拡大解釈した認知的特性で，情報の保持と処理を同時に行う能動的な記憶である。言語を使うということは，すなわち，言語処理という一種の情報処理を行っているのである。そして，そのかたわらで，気づいた言語形式を記憶に取り込んで一時的に記憶に留めるというような情報の保持も行っているのである。また，SLA において言語形式に注意を向けることが重要だとされているが，その注意をどこに配分するかをコントロールしているのも作動記憶の役割である。したがって，SLA において情報の保持と処理を同時に行う作動記憶が重要な役割を果たしていることは容易に理解できるであろう。

　作動記憶は，図 1-2 にあるように，四つのコンポーネントから構成されている。中心となるのは「中央実行系（central executive）」と呼ばれるコンポーネントで，注意配分のコントロールや，課題進捗の時間的管理，不要な情報の活性化の抑制などを担い，情報処理の司令塔のような役割を果たしている。その下に三つのサブコンポーネントがあるが，中でも音韻ループ（phonological loop）は言語に関わるところで，言語情報を一時的に保持したり，その情報が失われないようにリハーサル（心的復唱）を行ったりしている。作動記憶は情報の処理と保持を同時に行っているので，作動記憶の容量が大きい人の方が，コミュニケーションをしながらインプット中の未知情報を記憶にとり込む余地があり，習得には有利だと考えられる。また，中央実行系の注意制御機能や，音韻ループに関わる音韻的な短期記憶は，習得に必要な基本的認知能力，すなわち言語適性の構成要素でもある（小柳, 2012, 2018a 参照）。記憶は普遍的なメカニズムであると同時に，個人差をも生み

出しているのである。

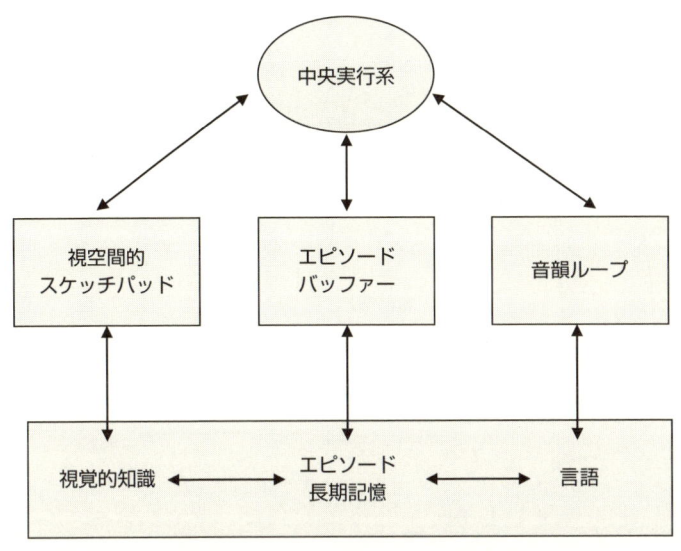

図 1-2　作動記憶のモデル（Baddeley, 2000; 小柳, 2016b）

　図 1-3（次ページ）は，短期記憶，作動記憶と長期記憶の関係を示したものである。ISLA 研究では，短期記憶と作動記憶が同義語のように使われることもあるが，厳密には両者ははっきり区別されている。耳から，または目から入ってきたインプットの情報は，脳内で処理できる音韻の心的表象にコード化される。心的表象というのは心理学用語で，脳内の抽象レベルの知識構造のことを指し，音韻のみならず語やフレーズなどの表象もある。目から入ってきた文字情報も，音韻情報のコードに変換されてから情報処理のプロセスが進む。インプットから入ってきた情報と長期記憶の情報を照合して，何も矛盾がない場合は，アウェアネスの外，つまり，短期記憶上で通常の言語運用として処理される。インプット中の未知情報と長期記憶から呼び出した既知情報の間に矛盾を検知した場合は，そこに注意の焦点が当たり，言語学習が始まるとされている。これが，記憶のメカニズムから見た「気づき」である。

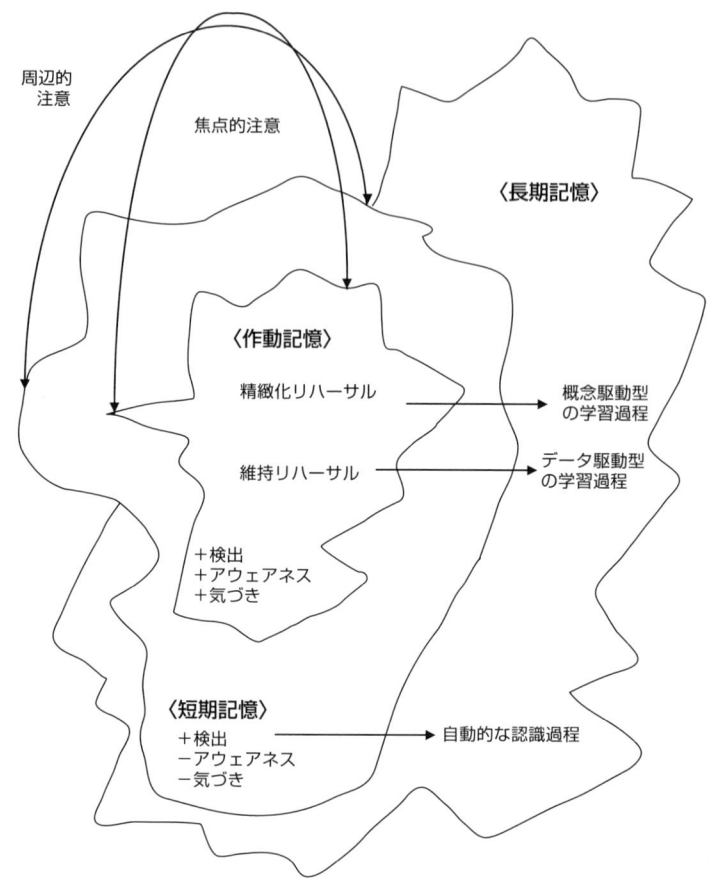

図1-3　記憶，注意，アウェアネスの関係
(Robinson, 2003 に基づく；小柳, 2016a 訳)

　未知情報を長期記憶に統合するためには，リハーサル（心的復唱）が必要である。リハーサルには精緻化リハーサルと維持リハーサルの2種類がある。前者は，概念駆動型の学習の際に生じるリハーサルで，概念に基づき項目と項目を結びつけたりイメージ化したりして情報を精緻化していく。言語学習でいう概念とはメタ言語的知識のことで，文法知識や規則から始まる明示的学習

において，精緻化リハーサルが起きるとされる。後者は，データ駆動型の学習に生じるリハーサルで，忘れないように何度も繰り返して情報を維持する。こちらは，多くの用例から規則性を抽出するような帰納的な暗示的学習の時に生じるとされている。両者とも，リハーサルを行うことでアウェアネスも生じるのである。SLA で「アウェアネス」という用語もよく使われるが，何かに気づいていることを自覚しているという意味で解釈されがちである。しかし，暗示的学習の場合，つまり，何かに気づいているという自覚がない場合にも，アウェアネスは生じているのである。Robinson（1997a, 2003）は，「根本的類似仮説（Fundamental Similarity Hypothesis）」を提案しているが，明示的学習も暗示的学習も記憶のメカニズムから見ると短期記憶上で習得のターゲットを検出し，作動記憶においてリハーサルをする必要があるという点で，これら二つの学習は類似すると見ている。また，明示的学習と暗示的学習の違いは，二者択一なのではなく，二者を両極として連続線上にあって，課題が何を要求するかにより，どちらの学習モードが優勢かが決まると考えられている。

3.3　形態素・統語の発達段階

　前節で見てきたように，習得には作動記憶が大きく関わっている。人間には作動記憶上で処理できる情報量には限りがあり，それに伴って，産出できる言語も制約を受けると考えられる。それを理論化したのが，Pienemann（1998）の「処理可能性理論（Processability Theory）」である。この理論の提案のベースとなったのが，1970 ～ 1980 年代に行われた英語，ドイツ語などの語順や否定文，疑問文に見られる発達段階の研究であった。研究では，自発的な発話や作文などの言語産出データが使われている。学習者言語は，時としてU字型発達曲線を描くなど逆行と前進を繰り返すもので，常に右肩上がりで習得が進んでいるわけではない。よって，この発達段階が示しているのは正用に至る順序ではない。たとえ非文法的な文であっても，その段階に特徴的な構文を生成するようになった時点をもって，習得が始まった段階と見なし，それにより発達段階を決定しているのである。以下は Pienemann 等が初期の研究で示した発達段階である。

第 1 段階：語彙，きまり文句が言える。

第 2 段階：標準的な語順の文が作れる。

第 3 段階：文末の要素を文頭に置くなど，文の要素を動かすことができる。

第 4 段階：文の構成要素に対する認識ができ，文中の要素を前や後ろに
動かすことができる。

第 5 段階：単文構造の中で様々な要素を自由に動かすことができる。

第 6 段階：複文構造の中で要素を動かすことができる。

（Pienemann & Johnston, 1987; Pienemann, Johnston & Brindley, 1988; 小柳訳, 2004 訳）

　Pienemann（1989）は「教授可能性仮説（Teachability Hypothesis）」を提案し，学習者のその時点の発達段階より高すぎる段階の言語形式を教えても効果はないが，一つ上の段階のものを教えれば，習得にインパクトを与えることができるとしている。この発達段階は強固で，L1 にも L2 にも共通で，自然習得環境と教室習得環境の学習者にも共通だとされている。最初の段階は単語単位の発話で，疑問文だったら単語に上昇イントネーションをつけて発話するような段階である。このような形は学校文法では習わない疑問文であるが，自発的に何かを言わなくてはならない状況になると，初学者はそのような構文を発するのである。FLA で一語文，二語文と文が発達していくように，次第に文構造が長く複雑になっていく。第 1 段階の処理が自動化されないと，第 2 段階の処理が行えないというように，処理スキルがどれだけ自動化されているかにより，表出できる構文が制約を受けると考えられている。

　このような普遍の統語の発達段階の研究は，欧米語を中心に行われてきたが，Pienemann（1998）は，形態素が多い膠着語については，この発達段階に形態素を含めてもよいとしている。日本語のように形態素が豊富な言語では，統語のみならず形態素も取り込んで発達段階が想定できる。峯（2015，2016）は，Pienemann（1998）の枠組みに基づき，形態素も含めた日本語の発達段階を想定している。欧米語と異なるのが，最上位の段階に複文処理のみならず，文脈処理を加えたことである。話者の視点や態度を形態素レベルで表現しなくてはならない日本語では，受け身や授受表現などが最上位に位置づけられているのは納得できるであろう。

表1-3　日本語の発達段階のモデル（峯, 2015, p. 221 表7-5）

発達段階 言語処理 の階層	発話の文構造	解説
第1段階 語・表現	語，定型表現	・単語や定型表現を並べる段階である。 ・言語情報の文法処理はできない。
第2段階 語彙・ 範疇処理	基本語順 修飾語＋被修飾語 名詞＋助詞 とりたて詞ダケ 動詞の活用 可能動詞 終助詞カ，ネ，ヨ	・品詞体系，基本的な語順が習得される。 ・修飾語が被修飾語に先行するという語順も習得される。 ・名詞に助詞がつくが，適切な使い分けはできない。 ・限定の意味を付与するとりたて詞ダケの使用ができる。 ・タ，ナイ，ラレル(可能)，とりたて詞のダケなどの意味を付与する形態素をつけることができる。 ・内包する文との情報交換を必要としない終助詞，カ，ネ，ヨが使用できるようになる。
第3段階 句処理	名詞＋の＋名詞 形容詞＋名詞 様態副詞句＋動詞 複合動詞 シテイル(進行) A類接続辞	・「修飾語＋被修飾語」，それぞれの語の品詞によって接続を適切に変えることができる。 　例.「病気の人」，「きれいな人」，「きれいに掃除する」 ・複合動詞を使用することができるようになる。 ・目的格の助詞ヲを適切に使用できるようになる。 ・A類接続辞(同時付帯テ／ナガラ※等)を使用できるようになる。(<u>※ナガラの使用は遅れる。</u>)
第4段階 文処理	格助詞ニ，デ(場所) ハ＋否定 C類接続辞 シテイル 　(反復・結果) デショウ，ナァ， カナ，ヨネ	・場所を表す格助詞ニ，デを使い分けるようになる。 ・述部の否定形に呼応する形で，否定成分にハが後続する。(例.それは知りませんでした。) ・C類接続辞(カラ，ケド等)が使用できるようになる。 ・反復，結果を表すシテイル，そして，シテイタが使用できるようになる。 ・文末表現(デショウ，ナァ，カナ，ヨネ※)を使用できるようになる。(<u>※ヨネの使用は遅れる。</u>)
第5段階 複文・ 文脈処理	従属節文中でのガ 対比のハ 受身・授受表現・ 使役，B類接続辞 ノ，ワケ，モノ	・従属節文中の主語がガで表される。 ・文脈に応じて，対比のハが使用できるようになる。 ・受身，授受表現，使役表現が使用可能となる。 ・B類接続辞(タラ，ト等)が使用できるようになる。 ・説明のモダリティ表現ノ，ワケ，モノが使用できるようになる。

また，日本語学習者のよく知られた誤りに「新しい<u>の</u>車」のような「の」の挿入がある。中国人学習者に多いとされるが，欧米語の話者にも見られ，日本語を L1 として習得する子どもにも見られる誤りとして知られている。初級で「新しい車」「大きい車」「赤い車」などと文を作る練習をやっている限りは「の」の挿入はあまり見られない。しかし，上級で文が難しくなり，名詞に修飾する文が長くなると，このような誤りが起きるのである。したがって，示された発達段階を見るだけでは初級文型しか網羅していないと思われるかもしれないが，自発的な発話レベルでどれが産出可能かという問題になると，上級になっても言語産出が難しい言語形式があることがわかるであろう。

4.　認知的相互交流論（Cognitive Interactionist）

　これまで見てきた相互交流論的アプローチの ISLA 研究と，認知的アプローチの ISLA 研究は，対立したアプローチではなく，今では統合されて習得をとらえるようになったと言ってよい。対話相手とのインタラクションやフィードバックを重視していることに変わりはなく，インプットを受けてアウトプットに至るまでの，頭の中で起きる注意や記憶といった認知資源の働きにも着目している。両方のアプローチを統合して，「認知的相互交流論（Cognitive Interactionist）」と呼ばれることも多くなってきた。このアプローチは，発達心理学研究者の Piaget（1974）による内的要因（認知）と外的要因（環境）の相互作用を重視する見解にも関連づけられるものだ（Ortega, 2009）とされている。本節では，今世紀に入ってからの認知的相互交流論における ISLA 研究の展開を見ていきたい。

4.1　明示的学習 vs. 暗示的学習

　SLA に対するインストラクションの効果を調べた研究の総括が Norris & Ortega（2000）によってなされた。これは，異なるインストラクションの効果を比較した論文について，メタ分析という手法で客観的な数値である効果量（effect size）を算出し，効果の大きさを調べた研究である。FonF が提案される以前に行われた研究は，必ずしも FonF の枠組みでは研究されていないため，表 1-2（本書 3.1）の操作上の定義に基づき，後付けで実験群を

FonF, FonFS, FonM に分類して比較したものである。その結果，FonF の方が FonFS や FonM より効果があったものの，明示的指導と暗示的指導の違いの方がむしろ大きかったということが明らかになった。ここで明示的指導とされたのは，表 1-2 の操作上の定義にあるように，規則説明をする，もしくは言語形式に注意を向けさせ規則にたどり着くように指示したものである。そのような特徴を備えていない指導は暗示的指導に分類されている。ここで問題になったのは，暗示的指導を扱った研究自体が少なかったこと，また，言語運用は本来暗示的なものだが，それを個別項目文法の知識を試す文法のペーパーテストのような，明示的知識に有利な測定方法で習得への効果を調べたものが多かったということである。つまり，指導とテスト方法のミスマッチ[2]が指摘されたのである。FonF の提唱者が推奨する指導は暗示的なもの（Long & Robinson, 1998 等）であるが，その効果が実証研究では十分に見いだせていなかったと言える。よって，暗示的指導の研究の必要性が指摘されたのである。

　その根拠となったのは，認知心理学の記憶の理論である「転移適切性処理の原理（Principle of Transfer Appropriate Processing）」（Morris, Bradford & Franks, 1977）である。これは，記憶に覚え込ませる方法と記憶から検索するテストの方法が一致しているほど，成績が良くなるというものである。認知心理学では顕在記憶（explicit memory）と潜在記憶（implicit memory）を対比させて，この原理が使われる。勉強する方法とテストの方法が一致しているほど成績が良くなるという考え方なので，一見当たり前のことのように思えるかもしれない。学習者はテストの方法から対策を練り，勉強方法を考えるのが常である。教師もテスト対策になるような教え方をするであろう。では，これを SLA から見ると，どう解釈すればいいだろうか。規則を提示し，規則を運用する練習を行う「明示的学習（explicit learning）」は演繹的で，個別文法項目のペーパーテストのような明示的知識を測定するテストに有利だと考えられる。一方，場面の中で用例に多く出会い，後から規則性を

2　その後の Mackey & Goo（2007）や Spada & Tomita（2010）でも同様に，明示的指導の方が優勢だという結果になっているが，暗示的指導の効果が適切に測定されていないという問題は依然残っている。

抽出するタイプの「暗示的学習（implicit learning）」は，自発的な言語産出や4技能を直接測る暗示的知識のテストに有利だと考えられる。

　Koyanagi（2016）は，日本語教育におけるインストラクションの効果の実証研究のメタ分析を行い，Norris & Ortega（2000）と同様の結果を得ている。しかし，日本語教育では，教育に寄与する研究を求める声が強いのにも関わらず，実証研究が少ないのが実情である。また，その多くが日本国外の研究によるものになっている。インストラクションの効果の実験では目標言語形式を設定するので，実験は初級文型を扱ったものが多かった。初級を終えても習得が難しい言語形式が存在するので，中上級の学習者に関する研究ももっと必要である。国外ではまとまった数の上級学習者を見つけるのは難しいが，国内ではより多くの上級学習者を集められる可能性が高い。日本語教育では FonFS からいきなり FonM に振れたという経緯はあまりないので，FonF と FonFS の比較研究が重要になる（小柳, 2002, 2004）。

　上述の FonF のセクションでは「明示的／暗示的指導」という語を用いたが，これは教師の視点から見た用語である。「明示的／暗示的学習」というのは，あくまで学習者の頭の中で起きていることである。例えば，教師が暗示的に教えているつもりでも，学習者がある時点で規則を発見し，それを適用して練習したら，その時点から明示的学習に変わってしまう可能性がある。実証研究ではそれをもっと厳密にコントロールして実験を行う。例えば，実験後のインタビューで規則に途中で気づいたことを報告した参加者を，暗示的学習のデータから除くというようなことまですることがある。学習者の認知的なメカニズムを論じる上では，学習者の頭の中で起きている「明示的／暗示的学習」という語の方が適切だと言ってもいいだろう。

　明示的学習は，従来型の外国語教授法に一致する。文型を導入，または文法規則を提示し，それを適用する文型練習をするというような授業である。最近はその後に，もう少しコミュニカティブなアクティビティをすることも多いかもしれない。そうはいっても，そのようなアクティビティが文型を使う練習であることには変わりはない。このようなやり方の拠り所となるような理論が SLA には存在する。それは，スキル習得論（Skill Acquisition Theory）（DeKeyser, 1998, 2001 等）である。長期記憶には，宣言的知識（declarative knowledge）と手続き的知識（procedural knowledge）という 2 種類の知識がある。前者はことばで記述できる知識で，文法規則などのメタ言語的知識はこれに含まれる。後者は，物事の手順やスキルなど，ことばでは記述できない知識のことを指す。言語運用は手続き的知識に支えられている。そして，この理論では，スキルを習得する際には，まず宣言的知識を得て，練習をすることにより宣言的知識が手続き的知識に変換されると考える。これが「手続き化（proceduralization）」である。そして，さらに練習を積むと，手続き的知識の「自動化（automatization）」が進んで，流暢なパフォーマンスができるようになると見るのである。

　スキル習得論は，Krashen の「ノン・インターフェース仮説」に真っ向から対抗するインターフェースの理論で，明示的学習のプロセスを説明しているように見える。しかし，実際には，このような明示的学習には限界がある。SLA にスキル習得論を適用してきた DeKeyser（2020）ですら，この理論で説明できる SLA のプロセスはかなり限定的だとしている。例えば，スキル習得論は，単純な構造の学習にしか適用することはできないと考えられている。つまり，スキル習得論のような習得が可能なのは，言語学習のごく初期段階のみだということである（DeKeyser, 1995; Robinson, 1997b 等）。また，言語形式重視の教室なら，ある程度はこの理論で説明可能かもしれないが，実際の言語運用では複数の言語形式を組み合わせて使う必要があり，必要な規則は一つではない。また，発話となると，構音器官をどのように動かして音を出すかというような調音の規則など，言語形式以外の規則も絡んでくる。言語運用は複雑なスキルなので，一つの規則が自動化すれば言語が使えるようになるというわけではないのである。SLA は，スキル習得論で説明できるような単純なプロセスではないと言えるだろう。実際，脳内でも，宣言的知識と手続き的知識とでは，神経回路も活性化領域も異なっているとされる（Cleeremens, Destrebecqz & Boyer, 1998; Ullman, 2020 等）。つまり，宣言的知識自体が手続き的知識に変換されるとは言えないようである。

　認知心理学では，複雑で高次の認知スキルの習得には暗示的学習の方が優れているという実証が蓄積されている。例えば，空港の管制官がコンピュータのシミュレーションで飛行機の離着陸をコントロールするタスクを行う場

合，事前にやり方を詳細に説明されたグループより，とにかくやってみるように言われたグループの方が，正確に迅速に飛行機の離着陸をコントロールできるようになったということである（Berry, 1994, 1998）。また，後でやり方を他の人に説明するよう指示された人は宣言的知識が形成されていたが，そのような指示がなかった人は，他の人にうまく伝えられなかったということである。よって，宣言的知識が手続き的知識に変換されるのではなく，手続き的知識が発達する過程でオプションとして宣言的知識が発達すると考えるのが妥当だということである（Doughty, 2003）。

　また，脳科学から見ても，言語習得や言語運用のメカニズムはL1もL2も同一の言語処理の脳内メカニズムに依存しているとされている（川人・銅谷・春野, 2002; N. Ellis, 1999; Gregg, 2001 等）。そして，脳内では普遍文法の存在は疑わしく，むしろ，動機や記憶に対応する脳領域が明らかになっている（Schumann, 2004）。言語学習も他の一般学習メカニズムと同様に，刺激の受容に始まり，情報の加工や神経回路の形成がなされ，反応を出力するというメカニズムから成り立っている。したがって，SLAでは，言語が使えるようになるという意味では，基本的には暗示的学習で手続き的知識を発達させることが重要になる。研究者の中には，宣言的知識であるメタ言語的知識をインストラクションから一切排除すべきだと強く主張する者もいる（Doughty, 2003; Long & Robinson, 1998 等）。しかしながら，宣言的知識と手続き的知識にインターフェースがないことを認めながらも，宣言的知識を使うかどうかはオプションととらえればいいとする研究者（N. Ellis, 2005, 2015; Hulstijn, 2002 等）もいる。

　言語スキルの発達に有利な暗示的学習だが，こちらにも限界はある。思春期を過ぎた大人の学習者は，子どものような暗示的学習が起きにくくなるとされている。手続き的知識は，進化の歴史からいっても，人間より早く出現した鳥や霊長類にもあるようだ。また，人間の発達過程から見ても，生後まず発達するのは手続き的知識の方である。ハイハイができるようになったり，歩いたりできるようになるのは，手続き的知識として体が覚えているからである。そして，小学校の高学年になると宣言的知識が大きく発達する。この頃から学校の教科学習が難しくなるので，そのためにはよくできたメカ

ニズムだと言える。しかし，大人は言語も宣言的知識で覚えようとするので，習得がうまくいかなくなるのである。

　ただし，大人は宣言的知識が発達しているからといって，SLA において明示的学習に頼った方がいいということではない。明示的学習に依存していたら，ますます SLA に成功することはできないであろう。SLA も基本的には FLA と同様，暗示的な学習メカニズムに依存して起きるのである（Bybee, 2008; Lieven & Tomasello, 2008）。大人でも学習のデフォルトモードは暗示的学習だ（Long, 2015）とされている。したがって，学習者が宣言的知識に過度な依存をしないように教師は注意を払い，むしろ暗示的学習メカニズムを活性化させるようなインストラクションをすることが求められる。また，実証面で，暗示的学習の研究は認知心理学においても遅れているとされているので，暗示的な学習メカニズムをさらに解明していくことが，SLA の重要な研究課題となっている（Hustijn, 2002; Segalowitz, 2003 等）。

　このように見てくると，Krashen の「ノン・インターフェース仮説」はまんざら間違っていたわけではないようにも思えるが，厳密な定義や実証がなかったため批判されたのである。Krashen は明示的知識（explicit knowledge）と暗示的知識（implicit knowledge）という用語を使っているが，認知心理学では宣言的知識と手続き的知識の区別の方が一般的である。また，記憶の理論では宣言的記憶，手続き的記憶という用語も用いられる。明示的／暗示的知識は，自覚的なアウェアネスの有無で区別したもので，宣言的／手続き的知識は，その知識を言語化できるか否かで区別したものである。厳密には定義が異なるが，教育実践レベルではほぼ同じようなものを指していると考えていいだろう。Krashen は元々，意識的か無意識的かで知識を区別していたが，その「意識」の定義が曖昧で批判された。Krashen の「ノン・インターフェース仮説」に対抗するスキル習得論は「強いインターフェース」の立場であるが，「弱いインターフェース」と呼ばれる立場も存在する。こちらは，3.2 で紹介した SLA の認知的プロセスにあるように，インプットからインテイクに変換するプロセスに教育的介入を行えば，習得を促進できると考える。「弱いインターフェース」の立場では，明示的／宣言的知識から暗示的／手続き的知識への変換という見方では SLA をとらえていないが，

気づきやインテイクのプロセスに働きかける教育的介入により，言語運用能力としての言語習得にインパクトを与えることは可能だということである。

4.2　用法基盤的アプローチ

　近年，発展を遂げている「用法基盤的アプローチ（Usage-Based Approach）」は，インプットから始まるボトムアップ処理のプロセスを重視し，暗示的学習のメカニズムで習得をとらえる理論の総称[3]（N. Ellis & Wulff, 2015）のことである。このアプローチでは，L1 も L2 も，習得は暗示的学習のメカニズムに依存したもので，インプットの用例の蓄積の中から帰納的に規則性を発見していくことが言語習得だと見なしている。Chomsky の生成文法では，人間は言語習得装置を持って生まれ，その中にある普遍文法の規則を演繹的に適用して言語が使えるようになると見なす。したがって，用法基盤的アプローチの習得観は，普遍文法を軸に習得をとらえる生成アプローチの習得観とは対立する理論だと言えよう。また，ISLA 研究では言語運用能力の習得に関心があるので，言語知識の習得を追求する生成アプローチの SLA 研究は，ISLA には適用しにくい面がある。ISLA 研究では前述の通り，暗示的学習のメカニズムを解明することが重要課題になっているので，用法基盤的アプローチ[4]の見解は，ISLA 研究において理論の拠り所になると考えられる（小柳, 2016c, 2018b; N. Ellis, 2005, 2015）。

　用法基盤的アプローチの研究における中心的存在の一人である Tomasello（1992）は，自分の子どもの L1 英語の習得過程を観察し，初期段階では run という動詞は常に -ing で，break という動詞は常に自動詞で，というように，それぞれの動詞に固有の用法が確立していて，動詞の島があることに気がついた。それが，やがて動詞間の部分的な共通性が共有され，ある時点で用法が統合されるというプロセスを経ることを見いだし，「動詞－島仮説（verb-island hypothesis）」を示した。言語習得装置の普遍文法が働いていれば，一つの規則がすぐに全ての動詞に適用されるはずだが，そのようには習

3　言語使用の経験を通して言語形式が「発現する／創発する（"emerge"）」ことから「創発主義（Emergentism）」と呼ばれることもある（Mitchell, Myles & Marsden, 2013）。
4　用法基盤的アプローチの詳細については，小柳（2016c, 2018b）を参照されたい。

得は進まなかったのである。さらに，Tomaselloは，習得された言語行動に規則性があるからといって，それが規則に基づいた行動であるとは限らないとも述べている。

　このアプローチで暗示的学習とは，帰納的な「チャンク学習」のプロセスのことを言う。「チャンク（chunk）」という語は，言語を固まりで覚えた表現やコロケーションなどの定型表現と同等の意味に使われることもあるが，ここでいうチャンクとは，記憶の編成単位（Newell, 1990）のことである。チャンク学習は，インプットから単語や句をチャンクとして取り出し，学習者自らがその内部構造を分析していくタイプの学習である。内部構造における配列の規則性を学んでいくので，「シークエンス学習」とも呼ばれる。このシークエンス学習は，L1の子どもが日常生活の朝のルーティンを学んでいくプロセスも説明できる。生活の中で，朝起きて，お手洗いに行って，顔を洗って，というような一連の動作のシークエンスを，子どもは暗示的に学んでいる。シークエンス学習の能力は，人間に生まれつき備わっている基本的な認知的学習能力である。生成アプローチが仮定する言語習得装置のように，言語固有のシステムが存在するのではなく，一般的な認知的学習能力を使って言語も学んでいるととらえている。

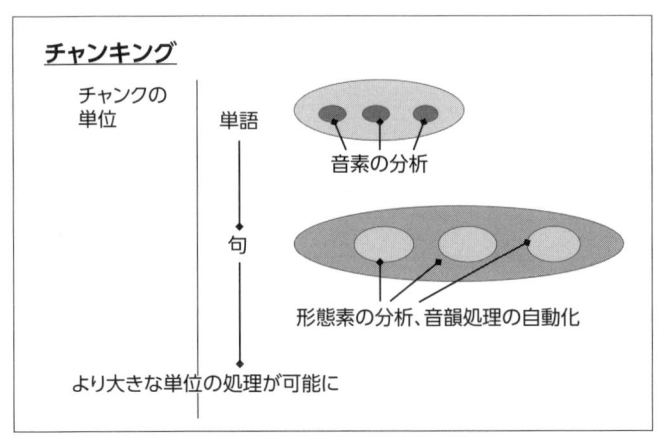

図1-4　チャンク学習の仕組み（小柳, 2020）

SLA も，基本的には FLA と同様のプロセスで言語が学ばれ，そこには二つのタイプのシークエンス学習があるとされている。一つは語彙の中から音素の配列や韻律構造から音韻的特徴を学ぶものである。もう一つは，句やコロケーションなどの語彙の連なりの中から単語の配列を分析し，構文の規則性を抽出するプロセスである（N. Ellis, 1996, 図 1-4 参照。）音で始まり，次第に大きなチャンクに統合していくプロセスを記憶のメカニズムでは「チャンキング（chunking）」と呼んでいる。これは，3.2 で紹介した SLA の認知的プロセスにおける記憶の再構築にあたるものである。チャンクが大きくなれば，チャンクの内部構造はより分析が進む。また，言語運用においては，大きいチャンクでそのまま長期記憶から取り出せるので，自動性や流暢さに至るプロセスだと考えられている。また，暗示的学習はコンテクストに依存した学習であることも鍵である。暗示的学習により習得したスキルは，再び同様のコンテクストに遭遇した時に長期記憶から取り出しやすいと考えられる。用法基盤的アプローチでは，記憶の表象[5]は，言語形式と意味／機能のペアである構成体（constructions）[6]から成ると見ている。この心的表象では，全体的な構成体を形成し，そのうち一部が代替可能な構成体のスロットを発達させ，新たな項目をそのスロットに配置することができるようになる。様々な項目で使えるということは，内部構造が分析され，構文の型，すなわちスキーマとしての規則性が抽出されたということになる（Lieven & Tomasello, 2008）。

　用法基盤的アプローチは，L1，L2 両方の暗示的学習を説明し得る理論である。環境における刺激から意味あるパターンを抽出する能力など一般的な認知学習のメカニズムが暗示的学習を支えている（Tomasello, 2008）。しかし，同じような環境で同等のインストラクションを受けていても，大人のSLA の最終到達度には個人差が大きい。また，一般には NS 並みと判断されるような学習者でも，厳密に発音や文法を分析すると NS と同等とは言えないとされている（Abrahamsson & Hyltenstam, 2008, 2009 等）。このような

5　表象または心的表象（mental representation）は，抽象レベルの心的な知識構造のことである。

6　Constructions は「構文」と訳されることが多いが，語彙やコロケーションなども含むため，筆者は「構成体」と訳している。

限界を説明するために，N. Ellis（2006, 2008）は「学習された注意（learned attention)」という概念を導入している。これは，先行する L1 の経験のことで，インプットのどこに選択的注意を向ければいいかが既に習得されているので，その経験が L2 の習得をブロックするというものである。

N. Ellis は，動詞の時制の習得を調べる一連の実験（Cintrón-Valentín & N. Ellis, 2015; N. Ellis & Sagarra, 2010a, b, 2011 等）を行っている。SLA ではどの言語でも動詞の過去形の形態素の習得が遅れるとされている。それは，yesterday などの副詞があれば，形態素の -ed は余剰の情報になり，注意が向きにくいからである。L1 でも最初は副詞に注意を向けがちだが，過去形の形態素を持つ英語や日本語の話者は，やがて形態素にも注意を向けるようになる。Cintrón-Valentín & N. Ellis（2015）の実験では，英語話者と中国語話者に未習のラテン語の時制を学んでもらった。どちらの話者も最初は副詞に注意を向けたが，英語話者の方が中国語話者より形態素に注意を向けるのが早かったという結果になった。中国語には過去形を表示する形態素がないため，中国語話者の方が「学習された注意」によってラテン語の学習に制約を受けたのである。したがって，N. Ellis（2015）は，暗示的学習の限界を補う意味でも，学習者に気づかれにくい言語形式を意識的に処理するような教育的介入があってもいいのではないかと述べている。

大人にも暗示的学習の能力があることを示したのが，リキャストのプライミング効果の実証研究（McDonough & Trofimovich, 2009; Trofimovich, McDonough & Neumann, 2013 等）である。リキャストとは，発話の意味を維持しながら，誤った部分を訂正して，自然な反応のように相手に返すフィードバックのことである。リキャストは，本章の 3.1 で紹介した FonF の指導テクニックとして推奨されている暗示的フィードバックである。これは FonM の言語処理モードから FonF モードへの転換を促し，言語形式にも注意を向けさせて認知比較の機会を提供することで，習得を促進する効果があるとされている。プライミングとは，先行して受けた刺激（プライム）の影響により後続の刺激（ターゲット）に対する反応が変化することである。私たちは，日常生活で覚えようという自覚がなくても，実は多くのことに気づいているとされる。母語話者同士の会話でも，だれかが受け身を使ったら

他の人も影響されて受け身を使い続けるというようなことが起きる。暗示的な気づきは，プライミングによって示すことができると考えられている。

　リキャストについては，フィードバックに対する学習者の反応が直後に見られないので，学習者にとっては曖昧で習得には効果がないと異議を唱える研究者（Lyster & Ranta, 1997 等）もいた。それに対して，McDonough & Mackey（2006）は，普遍の発達段階があるとされる英語の疑問文（Pienemann & Johnston, 1987 等）を使って，リキャストされた疑問文と同じ構文を，話順交替 6 回以内に産出した発話をプライミングと見なした。発達段階 3 の疑問文に対して発達段階 5 の疑問文でリキャストを行い，リキャストされた文をリピートした学習者とプライミングがあった学習者を比較した。また，リキャストを受けない統制群も置かれた。そして，リキャストの効果は，事前テスト及び 3 回の事後テスト（直後，3 週間後，6 週間後）により測定された。

(1) リキャスト直後に繰り返しをともなう場合

　　NNS: where you live in Vietnam?　　　　　　　　　　　　　（段階 3）

　　NS: 　where did I stay in Vietnam?　　　　　　（リキャスト　段階 5）

　　NNS: where did you stay?　　　　　　　　　　　（繰り返し　段階 5）

　　NS: 　I started in Hanoi and went down the coast to Hui and Danang
　　　　　 and I ended in Saigon

　　NNS: where the event take place?　　　　　　（段階 3　誤りは未訂正）

(2) リキャストの後にプライミング産出がある場合

　　NNS: why he get divorced?　　　　　　　　　　　　　　　　（段階 3）

　　NS: 　why did he get divorced?　　　　　　　　（リキャスト　段階 5）

　　NNS: yeah

　　NS: 　because he knew his wife was having an affair so he didn't want
　　　　　 to be with her anymore

　　NNS: so where did Mr. Smith live?　　　　　　　　　　　　（段階 5）

　　NS 　: with his friend

　　　　　　　　　　　　　　　（McDonough & Mackey, 2006, pp. 710–711）

その結果，単にリキャストをリピートした学習者は，次に疑問文を産出する時には元の発達段階 3 の疑問文を産出していた（上記の例（1））が，プライミングが見られた学習者は，リキャストされた発達段階 5 の疑問文を産出することができていた（上記の例（2））のである。しかも，事後テストの結果を見ても，プライミングがあった学習者の方が疑問文の発達段階を上げることに成功していたのである。McDonough は，その後もプライミングの効果を検証する実験（McDonough & Kim, 2009; McDonough & Mackey, 2008 等）を行い，疑問文の発達において，学習者がリキャストを受けた疑問詞や主動詞をそのまま用いるのではなく，異なる疑問詞，異なる主動詞に使用を拡大していくところに言語発達が見られたとしている。すなわち，構成体に代替可能なスロットができ，構成体のスキーマが抽出されたということである。プライミングは，暗示的な意味での気づきが起きたことを示しており，Robinson（2003）は，このような暗示的な気づきこそが SLA にはむしろ重要だとしている。このような研究から，大人の学習者でも暗示的学習が可能だと言える。

5.　社会文化理論（Sociocultural Theory）

　ISLA 研究の一つのアプローチとして，認知的相互交流論と同じくインタラクションを重視する「社会文化理論（Sociocultural Theory）」がある。アウトプット仮説を提案した Swain（1985）は，元々は相互交流論の立場であったが，今では社会文化理論の枠組みで研究を行っている。この理論では，インタラクションが起きる社会的な文脈を重視している。社会文化理論はそもそも，20 世紀初頭のロシアの心理学者 Vygotsky の考え方が ISLA にも応用されたものである。特に 1990 年代以降，これを理論の拠り所にする ISLA 研究が盛んになった（Lantolf, 2000a, b 等）。認知的相互交流論と同様，社会文化理論も学習者同士のインタラクションを重視しているが，インプットからアウトプットに至る心的過程ではなく，インタラクションを行う社会的な側面に焦点を当てている。この理論では，高次の認知的機能は，社会的環境で，学習の様々なツール（L1，辞書，仲間など）を媒介（mediation）として発達し，次第にそのような媒介がなくてもパフォーマンスできるよう

になり，内在化されるととらえている。社会文化理論で重要なのは「最近接発達領域（zone of proximal development）」という考え方である。人間には潜在的に発達させることが可能な能力の幅があり，教師や仲間からの足場かけ（scaffolding）によるサポートを受けながら問題解決にあたると，その潜在能力の幅の最上限まで能力を引き上げることができるとするものである。

この理論の立場の研究者の見解は，認知的相互交流論としばしば対立している。例えば，認知的相互交流論では目標言語のL2によるインタラクションが重視されるが，社会文化理論では，グループワークの中でL1を使うことも許容している。言語は思考を表現する手段なので，熟達度が低くてL2が十分に使えない学習者には，L1が唯一の思考表現のツールだからである。また，社会文化理論の研究者はFonFよりForm-Focused Instruction（FFI）という語を好んで使う傾向があり，明示的指導にも肯定的な立場をとっている。フィードバックに関しても，リキャストを批判することが多く，明示的なフィードバックを推奨しているように思われる。Swain（2000）は，インタラクションを社会的活動と見なし，問題解決における学習者の内面の認知とを媒介するものとして言語をとらえている。そして「協働ダイアローグ（collaborative dialogue）」という教師がパッセージを読み上げ，それを学習者がペアで再構築するタスクで起きるメタトーク（言語形式に関する話し合い）や言語関連エピソード（language-related episodes）に着目し，それが言語学習に役立つと見ている（Payant, 2019; Swain & Lapkin, 2002; Watanabe & Swain, 2007 等）。近年は，Swain（2006, 2010）は，このようなプロセスを「ランゲージング（languaging）」と表現し，重視している。社会文化理論は，言語を媒介とする社会的文脈と，学習者の内面の認知との関係を探ろうとしているが，認知的相互交流論のように，心的なメカニズムとしての認知を論じているわけではない。

また，社会文化理論の研究者からは「概念ベースのインストラクション（Concept-Based Instruction: C-BI）」（Lantolf & Zhang, 2017; Negueruela & Lantolf, 2006; Williams, 2019）が提案されている。これは科学的概念，すなわちメタ言語的知識をまず与えられ，その知識を使いながらコミュニケーション活動の中で意味と言語形式を結びつけ，内在化していくことを目ざし

たものである。例えば，文法的な時制の概念が教えられたら，問題解決活動の中で，異なる時制が学習者の頭の中で分類され，異なる時制とそれに対応する言語形式が結びつくことが期待される。したがって，認知的相互交流論の見解とは異なり，明示的指導の教授法を推奨しているのである。次章以降では，ISLA 研究と「タスクベースの言語指導（Task-Based Language Teaching: TBLT）」との関わりについて，より密接に結びつけながら議論するが，認知的相互交流論の研究者が提唱する TBLT の文献では，社会文化理論についてはほとんど言及されていない。また，TBLT は現実世界で起きるタスクの遂行をゴールとしているが，社会文化理論からはタスクデザインに関する提案は何もなされていない。よって，社会文化理論は，TBLT が依拠する理論にはなり得ないと思われる。ただし，R. Ellis et al.（2020）はもう少し中庸で，TBLT の理論にはならないが，task-supported の教授法の理論にはなり得るのではないかと述べている。Task-supported とは，文型など言語中心のシラバスの中にコミュニケーション活動を取り入れるような教授法で，その根拠としての理論の拠り所の一つにしてもよいということである。また，R. Ellis et al.（2020）は，TBLT の教室活動の一つとしてランゲージングを取り入れることはできるのではないかとしている。また，社会文化理論はピア・ラーニングが依拠する理論にもなっているので，そこは教室活動として TBLT に取り込み得る余地があると考える。

　第 2 章では，タスクに関わるいくつかのアプローチを整理した上で，第 3 章以降は認知的相互交流論の立場を中心に，TBLT を見ていきたい。

第2章

外国語教授法におけるタスク

1. ISLA 研究と外国語教授法

ISLA 研究は教室学習者を念頭に置いた習得研究なので，教育現場に還元できる示唆に富んだ分野だと言える。第1章の表1-1 で示した Long & Robinson（1998）の言語指導のオプションの表に，筆者がさらに加筆したのが以下の表2-1 である。外国語教授法は全てが SLA 研究に基づいて提案されたものではないが，過去には行動主義心理学と構造主義言語学からオーディオリンガルメソッドが生まれたり，Krashen のモニター理論に基づいてナチュラルアプローチ（Krashen & Terrell, 1983）が提案されたりしてきた。表2-1 では SLA 研究の概念と教授法を結びつけて，その関係を示した。

表 2-1　第二言語習得の基本概念と外国語教授法（小柳, 2008 を一部改定）

指導の焦点	Meaning-Focused Instruction	Form-Focused Instruction (FFI)	
言語処理モード	Focus on Meaning (FonM)	Focus on Form (FonF)	Focus on FormS (FonFS)
関連する教授法	ナチュラルアプローチ，イマージョン，自然習得環境(母語話者とのインタラクション)	タスクベースの言語指導(TBLT)，内容言語統合型学習(CLIL)，内容ベースの指導(CBI)	構造シラバス　文法訳読法，オーディオリンガル，直接法，TPR
			概念／機能シラバス，コミュニカティブアプローチ
学習のアプローチ	分析的 (analytic)		統合的 (synthetic)

表の上段にあるように，指導の焦点が言語形式に向けられるかどうかにより，Meaning-Focused Instruction と Form-Focused Instruction（FFI）に区別できる。FFI は FonF と FonFS を区別しない分類（Doughty & Williams, 1998a）で，今でも FFI の用語の方を好んで使用する研究者（R. Ellis, 2001; Spada & Lightbown, 2008 等）がいる。しかし，筆者は，学習のアプローチが分析的か統合的かという点で FonF と FonFS とでは大きく異なるので，この境界線は重要だと考えている。FonM/FonF/FonFS という概念は，当初，マクロレベルの教授法のような大雑把な枠組みではなく，ミクロレベルの指導テクニックを表す用語として提案されたものである。しかし，今ではむしろ言語処理モードを表す用語（Doughty, 2001）として使われるようになっている。注意の焦点が意味にある言語処理モードが FonM で，言語を使う時は，NS も通常このモードを使っている。FonM は NS にとっても NNS にとっても，言語処理のデフォルト（初期設定）モードである。そして，FonM の処理モードから，適切なタイミングで言語形式にも注意の焦点を向けるのが FonF である。すなわち，学習者が伝達的なコンテクストで言語を使っていることが前提で，そこから FonF モードにスイッチすることを意味する。FonF は習得に必要な言語形式と意味／機能を同時処理すること（Doughty, 2001）である。一方，FonFS は，言語形式に注意の焦点が過剰に向けられているため，意味／機能とのマッピングはなかなか起きないのである。

コミュニカティブアプローチ[1]も FonFS に関連する教授法になっているが，機能や概念で構造を言い換えたに過ぎないので，構造シラバスとの違いは小さく，やはり FonFS の範疇だとされている。ただ，それまでの文法訳読法やオーディオリンガルと異なり，意味のあるコンテクストで習った文法を使うところまでを練習しようとするので，純粋な構造シラバスの教授法とはやはり一線を画していると思われる。その意味で，FonF と FonFS を区別せ

1　北米ではナチュラルアプローチがコミュニカティブアプローチと同義語のように扱われることがある（例えば，Norris, 2009 等参照）。両者は教室活動の方法においては共通点が多い。日本でコミュニカティブアプローチとされているのはイギリスから入ってきた機能／概念シラバスによる教授法の方である。表 2-1 でもそのように扱っている。

ず，FFI という用語を好む研究者がいるのかもしれない。ただ，国内の日本語教育では，北米のように FonFS から FonM へと大きく傾いた経緯はなく，むしろ，FonF と FonFS を区別して教授法を考えることの方が重要だと筆者は考えている。特に日本語は統語／形態素レベルで話者の出来事に対する視点や態度を表すことが多い言語（例 迷惑受身，授受表現など）だとされている。したがって，伝達的なコンテクストがある中で言語形式にも注意を向けることは，日本語教育において一層意味があることだと思われる（小柳，2002, 2004）。

　統合的か分析的かというのは Wilkins（1976）が，元々はシラバスのタイプの分類に用いた用語である。しかし，それは，すなわち言語運用力を身につけるために学習者に何が期待されているかという学習アプローチにもつながる。統合的な学習アプローチでは，学習者には言語形式を一つひとつ習って，実際の言語運用場面ではそれらを足し合わせてパフォーマンスすることが求められる。しかし，SLA では教師が教える順序と学習者が習得する順序は往々にして一致しないとされている。また，学習者の言語発達は時に逆行，後退を繰り返す複雑なプロセスである。教室で一度は習った文法項目であっても，完全にマスターしていなければ，それらを一つひとつ足し合わせてパフォーマンスできると教師が期待しても，学習者にとっては容易なことではない。一方，分析的アプローチでは，生に近い大きなインプットが与えられ，学習者自身が言語形式と意味／機能の関係を見いだしていくプロセスを大事にしている。それは，暗示的学習のメカニズムに合った学習アプローチだと言えるであろう。最初は覚えたままのチャンクで言語運用するかもしれないが，そのうちチャンクの内部構造は分析され，さらに，より大きなチャンクが処理できるという発達過程が想定されている。

　ISLA 研究からは，心理言語面から見て適切な教授法（psycholinguistically relevant methodology）へのニーズが高まっている。学習者の頭の中にある言語学習のメカニズムを阻害しない，むしろ，そのメカニズムを最大限に生かし活性化するやり方で言語を教えることが求められているのである。それは，すなわち，科学的なエビデンスに基づいて教授法を考えようという動きにほかならない。スポーツ科学の発展によりスポーツ選手が科学的なトレー

ニングを積んだり，科学的データに基づいて試合の戦術を練ったりすること
にも似ている。外国語教育における「タスクベースの言語指導（Task-Based
Language Teaching: TBLT）」は，これまでの ISLA 研究の成果を反映させ
た，エビデンスに基づいた教授法である。TBLT では，文字通り，言語学習
のコンテクストを作り出す手段としてタスクが用いられる。タスクという用
語は日本語教育の現場に浸透し，定着しつつあるが，タスクや TBLT につ
いては様々な誤解や混同が多いように思われる。

　ISLA の研究者が提唱する TBLT は，教材がタスクシラバスから成り，教
室活動も評価もタスクにより行われるものである。「TBLT，またの名をタス
ク先行型という」というような記述が散見されるが，タスク先行ではなく，
全てがタスクで行われるのが TBLT である。R. Ellis（2003）は，文法や機
能シラバスの教科書にコミュニカティブなタスクを取り入れた教授法を
task-supported と呼び，task-based とは区別している。また，Long（2015）
も語彙や文法，機能など言語的要素をシラバスの基準とし，その中でタスク
を取り入れた教授法のことを小文字の tblt と呼び，大文字の TBLT とは区別
している。一般には既に task-supported と task-based の区別の方が定着して
おり，本書でもこちらの用語を用いる。

2.　シラバスデザイン

　表 2-1 で示したように，task-supported と task-based の違いは学習者にとっ
ての習得のアプローチが統合的か，分析的かという違いでもある。前述のよ
うに，元々はシラバスを分類する用語（Wilkins, 1976）だったが，それを
Long & Robinson（1998）等が，言語運用において学習者に期待される役割か
ら見た学習アプローチを分類する用語としても用いるようになった。統合的ア
プローチのシラバスは，構造，語彙，機能・概念など言語的な単位で構成さ
れたものである。分析的アプローチのシラバスは，タスクで構成される。これ
は習得の単位をどう見ているかということを示しており，習得が文法構造や言
語形式単位で進むのか，タスク単位で進むのかという問題にも関わる。TBLT
を提唱する研究者（Long, 2007; Long & Crookes, 1993; Long & Robinson,
1998; Robinson, 2005）は，学習者のニーズに合ったタスクが特定されている

こと，SLA のプロセスに合致するよう心理言語面への配慮がなされていることを，シラバスデザインにおける要件としている。ここで改めて task-supported と task-based の違いを，シラバスのタイプから見ておきたい。

2.1 統合的アプローチのシラバス

　統合的な学習アプローチの典型的なシラバスは，何と言っても構造シラバスである。構造シラバスは，文法シラバス，文型シラバスなどとも呼ばれるが，独立した言語形式（形態素や統語的構造）の連続から成るシラバスである。通常は1レッスンに1形式を扱うが，時には対照的な二つの形式をペアで導入することもある。現在でも広く用いられているシラバスで，新米教師には比較的教えやすいとされている。特に教える言語が自分の母語である教師にとって，外国語として言語形式の規則について勉強することが，授業前の重要な準備の一つになっていると思われる。自分が勉強したことを教室でかみくだいて学習者に伝授すればいいので，教えやすいと思うのは当然であろう。新米教師でなくとも，構造シラバスを好む教師は今でも多いと思われる。文法を勉強することが言語学習だというビリーフが強い学習者には，勉強しやすい，あるいは勉強したという満足感が得られやすいシラバスかもしれない。

　構造シラバスに対する批判は，教育現場からも上がっていた。例えば，構造シラバスの教科書のダイアローグや読みのパッセージの不自然さは否めない。学習すべき文型や語彙を無理やり詰め込んだものになっているからであろう。また，用法をできるだけ多く示すために，実際の言語使用より狭い範囲のコンテクストの中でモデルが示され，時には NS があまり使わないようなコンテクストの例文が提示されるという問題も指摘されている。さらに，一つの文型が複数の機能，用法を有する場合には，学習者に混乱をもたらす恐れもあった。日本語なら，「V-テイル」のいくつかの用法が一つの課に一度に提示されるような場合である。このような構造シラバスは「言語を学ぶ」のではなく「言語について学ぶ」授業になり，すぐに伝達能力を身につけたい学習者の動機を下げてしまう傾向にある。

　構造シラバスについては，ISLA 研究からも反証が上がっている。構造シ

ラバスは，理想的な NS の言語知識の記述（構造主義言語学，記述文法など）に基づいたシラバスで，言語習得の心理的なプロセスは考慮されていない。例えば，言語発達はしばしば U 字型発達曲線をたどると言われるように，学習者は一つひとつの構造を付加的に足し算のように習得していくわけではない。前進と後退を繰り返しながら，時間をかけて漸次的に習得が進むのである。ゼロからワンステップで NS と同等のレベルで言語形式をマスターできるわけでもないのである。また，SLA は言語形式と意味／機能のマッピングのプロセスなので，学習者は言語構造を，機能と切り離して習得することはできない。しかし，構造シラバスのレッスンの中では，言語使用の場面や伝達的コンテクストがないままに文型練習や機械的ドリルが多く行われている。また，多くの構造は，それぞれが個別に習得されるのではなく，関連し合って習得されるが，一つのレッスンの中では一つの言語構造が強調されて練習が行われる。構造シラバスの配列の基準は，易しい言語構造から複雑な言語構造へという順序ではあるが，それも教師の直観的な判断によるもので，実証的に確立された基準ではなかった（Baralt, Gilabert & Robinson, 2014）。したがって，構造シラバスは，ISLA 研究で解明されている SLA のプロセスには合致していないシラバスなのである。

　構造シラバスより言語構造の意味や伝達的価値に重きを置き，コミュニカティブアプローチの基になったのが，概念／機能シラバスである。学習者のニーズに関連する内容が学べるので，構造シラバスよりは学習者の動機づけを喚起するものだとされる。しかし，コミュニカティブアプローチは広まったが，教師の経験，あるいは，理論に基づいていたとしても言語学的な理論によって発展したシラバスである。よって，概念や機能の断片が教えられ，学習者がそれらを足し合わせて言語運用することを前提にしているという点では，統合的アプローチであることに変わりはない。そして，SLA において一つの概念，あるいは一つの機能が一度に習得されたというエビデンスはない。すなわち，ISLA 研究の成果との一貫性がないという問題は解決されていないのである。概念／機能シラバスは，伝達能力の習得を目ざす教授法で用いられるシラバスだが，SLA の心理的側面が考慮されていないという問題は残る。

その他に，このカテゴリーに入るシラバスには，場面／話題シラバスがある。場面シラバスは，日常生活の場面が切り取られて教えられるが，多くの場合，同時に文法項目の提出順序も考慮して作られている。また，場面と銘打っているが，実際は「話題」のユニットでまとめられているものが多いとされる。しかし，場面と話題を明確に定義するのは実際には困難である。場面や話題という曖昧なカテゴリーがシラバスの分析単位になると，学習者のニーズを特定することも難しくなる。したがって，教材デザインや評価にも精度が欠けるという問題がある。また，場面や話題の提出順序の基準となる難易度を測る指標がないという問題（Long, 2015）も指摘されている。

　さらに，コーパスの表出頻度を基にした語彙シラバスも統合的アプローチのカテゴリーに入る。頻度から語彙をリストアップしようという試みは20世紀前半からなされていたようだが，現代ではコンピュータによるテキスト分析により語彙の頻度を調査することが可能になっている（D. Willis, 1990）。語彙を基にしてその用法を教えることが，言語的用法を教えることにつながると考えられたのである。商業的に出回っている英語の教科書の中には，本物に近いダイアローグやテキストを提示し，注意深く計画された練習や教育的タスクを使用したものもあるとされる。D. Willis（1990）は，語彙の頻度から語彙レベルを特定し，そこから話題を派生させるという話題シラバスを提案している。しかしながら，母語話者コーパスにおける高頻度の語彙が，学習者の伝達ニーズと一致しているとは必ずしも言えない。学習者の習得の心理的側面が考慮されていないという点では，機能／概念シラバスとも何ら変わりはないと考えられる。

　このように統合的アプローチのシラバスは，構造，概念，機能，語彙，場面，話題などを中心に構成される。それは，すなわち，それらを習得の単位と見なしているわけだが，これらが個別に習得されるというエビデンスはSLA 研究にはない。近年は，構造シラバスに機能や場面などを結びつけたハイブリッド・シラバスや，構造や機能を一度に提示しないスパイラル／リサイクリング・シラバスなども提案されている。しかし，いずれのシラバスも，SLA 研究の立場から見ると，やはり SLA の実証研究に基づいたものではなく，学習者のニーズや発達段階に合致しているとは言えないのである。

2.2 分析的アプローチのシラバス

統合的アプローチと対比される分析的アプローチは，ISLA のエビデンスに基づいたものである。SLA は，言語形式を次々に習得し，言語能力が右肩上がりの一直線上に発達するのではなく，学習者自身がインプットを分析しながら，行きつ戻りつしながら自らの言語を構築していく複雑なプロセスである。そして，インタラクションは，教室で習った文法項目を練習して流暢さを培う場所ではなく，むしろインタラクションそのものを通じて文法が発達するという ISLA の実証研究にも支えられている。分析的アプローチにもいくつかのシラバスのタイプが存在する（表 2-2 を参照）。

表 2-2　言語指導におけるオプション（Long & Robinson, 1998, p. 16; 小柳 2024 訳）
（本書第 1 章，表 1-1 を再掲）

オプション 2	オプション 3	オプション 1
分析的 Focus on Meaning	分析的 Focus on Form	統合的 Focus on FormS
ナチュラル・アプローチ イマージョン 手順（procedural）シラバス	タスク中心の教授法 内容中心の語学クラス 過程（process）シラバス	文法訳読法 オーディオリンガル サイレント・ウェイ 全身反応教授法（TPR） 構造シラバス， 概念／機能シラバス

Prabhu（1987）が提唱した手順（procedural）シラバスは，意味重視で，タスクを「ある思考過程を通じて，得られた情報から何らかの成果にたどり着くことを学習者に要求する活動，また教師がその過程を制御，管理することができる活動」（Prabhu, 1987, p. 24）と定義している。この手順シラバスは，Long & Robinson（1998）が FonM に分類しているものである。このシラバスは，意味に焦点があれば潜在意識的に言語形式も習得されると見なし，言語形式への配慮はなされていない。手順シラバスによる言語指導は，学習者のニーズが特定されていないことや，タスクの難易度の尺度や配列が

恣意的，直観的であることが問題だとされた（Long & Crookes, 1993 等）。

　FonF のカテゴリー下にあるのが，「過程（process）シラバス」である。Breen（1987）は，学習を通じて伝達能力をいかにして上達させるかを学習者に考えさせるために，達成目標を示すべきだとしてタスクベースのシラバスを提唱している。以下が Breen のタスクシラバスの定義である。

> タスク中心のシラバスは，学習者が様々なタスクを行う際に，教えたり学んだりすることを通じて自らの伝達能力をいかにして用いるかという観点から，達成すべきことを編成し，提示するものである。タスク中心のシラバスはまた，どのようにコミュニケーションを行うかという問題と共に，この能力を，学習を通していかにして上達させるか，つまり，どのように学ぶかという問題にも対処するものである。
>
> （Breen, 1987, p. 160; 小柳, 2018c 訳）

しかしながら，TBLT の提唱者から見ると，タスクの選択に学習者のニーズが反映されていないことや，学習者の習得過程に合致しているかどうかについての説明がなされていないことが問題だとされている。TBLT もタスクを遂行する過程を重視している教授法だが，学習者の現実社会のニーズに見合ったタスクを目標タスク（target task）に定め，ISLA 研究のエビデンスに基づいた，心理言語面から見て妥当性のある教授法を確立しようとしている。そして，タスクを習得の単位を見なし，シラバスデザインの分析単位としている。インタラクション仮説（Long, 1981）や FonF（Long, 1991）を提唱してきた Long は，既に1985年に TBLT を着想した論文を発表し，タスクは以下のように，生活や仕事，学業などで遭遇する課題のことと定義している。

> 自分，または他人のために，もしくは自由意志で，またはある報酬のために行われる仕事のことをいう。したがって，タスクの例としては，フェンスにペンキを塗る，子供に服を着せる，用紙に書き込む，一足の靴を買う，飛行機の予約をする，図書館の本を借りる，運転テストを受ける，手紙をタイプする，患者の体重を計る，手紙を仕分けする，ホテ

ルの予約を取る，小切手を書く，通りの行き先を見つける，道を渡る人を助けるなどがあげられる。言い換えるなら，「タスク」の意味するものは，仕事で，遊びで，またはその間に日常生活で人々が行っている 101 の仕事のことである。　　　　　　　　　（Long, 1985b, p. 89; 小柳，2004 訳）

このように，task-based と task-supported には学習アプローチが分析的か，統合的かというところに大きな境界線があり，TBLT は，学習者の心理言語面を考慮した分析的アプローチにより，暗示的，帰納的な言語学習を目ざしたものだと言える。次節以降では，タスクを用いた教授法について，task-supported の言語指導（Task-Supported Language Teaching: TSLT）も含め，詳しく見ていきたい。

3. Task-supported の言語指導（TSLT）
3.1 コミュニカティブアプローチとタスク

　コミュニカティブアプローチ（Communicative Approach, Communicative Language Teaching）は，1970 年前後にイギリスで起きた，外国語教育を改革しようという波がヨーロッパに広まり，欧州評議会（Council of Europe）の後押しもあって理論的な枠組みが確立した（詳細は，Richards & Rogers, 2014 を参照されたい）。そして，文の構造に精通することを目ざすのではなく，伝達的なプロフィシェンシーを身につけることを外国語教育のゴールにすべきだと考えるようになった。そのような改革の理論の核となったのが，Hymes（1972）によって導入された「伝達能力（communicative competence）」という概念である。これにより，言語の文法知識を得るだけでは不十分で，いつ，どこで，だれに，何を，どのように伝えるかというような，場面やコンテクストに即した言語使用の能力が重要視されるようになったのである。さらに，Canale & Swain（1980）は，より具体的に，伝達能力は文法能力，談話能力，社会言語的能力，方略的能力から成るものと定義づけ，これが，このアプローチによる外国語教育で目ざすべき能力となった。また，Halliday（1970 等）の言語使用や機能を重視する機能主義的な言語理論もこのアプローチに影響を与えた。そして，概念／機能シラバス（Wilkins,

1976）に基づき構成された教材を用い，教室ではコミュニケーションのための タスクを遂行することに主眼が置かれるようになったのである。

　北米では，ヨーロッパで発展したコミュニカティブアプローチの影響は小さく，ナチュラルアプローチがコミュニカティブアプローチと同義語のように扱われることがある。確かに教室活動にはコミュニカティブなアクティビティが含まれるので，類似点は多く，北米のコミュニカティブアプローチとも言えるかもしれない。しかし，ヨーロッパから提案されたコミュニカティブアプローチは統合的な FonFS であり，分析的な FonM のナチュラルアプローチとは大きな違いがある。また，FonFS では文法的な正確さを重視するが，FonM のナチュラルアプローチでは学習者の情意的な不安を考慮して誤用訂正を行わない，発話を強要しないなど，教え方の原則も異なる。今ではベースになる教材や教授法が何であっても，意味を伝える活動を行うなど何らかのコミュニカティブな要素が授業に取り入れられることは多いだろう。したがって「コミュニカティブに教える」という話は日本語教育においてもよく耳にするが，何がコミュニカティブなのかも曖昧になっているような現状がある。

　コミュニカティブアプローチにおいては，伝達能力を身につける手段として，教室で様々な活動を行う。ロールプレイ，コミュニケーションゲーム，シミュレーション，プロジェクトワークなど，従来の教授法にはなかった新しい方法で言語の練習が行われるようになっている。日本語教育でも，文法シラバスと会話場面を組み合わせ，文法ドリルと会話ドリル，さらに「Tasks and Activities」というセクションを加えた *Situational Functional Japanese*（筑波ランゲージグループ，1991 年）が刊行されたが，これはコミュニカティブな特徴を備えた，当時としては画期的な教科書だったと思われる。また，文法シラバスの教科書を使っていても，併用して使えるコミュニカティブなアクティビティのアイデアが詰まった副教材や，教室活動の手法を説明した参考書も数多く出版された。そして，コミュニカティブなアクティビティのことをタスクと呼ぶことが多くなっているようである。

　では，コミュニカティブアプローチの提唱者達は，タスクをどのように定義してきたのだろうか。まずは，Richards, Platt & Platt（1992）の定義であ

る。これは，学習目標達成のための手段としての活動のことを指しており，教育的配慮が色濃い定義になっている。

> （ティーチングにおいて）特定の学習目標を達成するのを助けるようデザインされた活動のこと。タスクの多くの要素が教室でどんなタスクを使用するかという決定に影響を与える。それらの要素には，目標，秩序，ペース，成果，学習ストラテジー，評価，参加，リソース，言語といったものが含まれる。教師がどんなタスクを選択するかにより，学習目標や，いかに学習が行われるか，また，いかに学習の結果が示されるかが決定される。第二言語教育において，様々な種類のタスクを用いることにより，それが言語のための練習ということを越えた教室活動の目的を提供し，よりコミュニカティブな指導が行えると言われている。
>
> （Richards, Platt & Platt, 1992, p. 393; 小柳, 2018a 訳）

Nunan（1993）は，さらに「コミュニカティブ・タスク」という用語を次のように定義している。

> 学習者が，基本的には言語形式よりむしろ意味に注意を向けながら，目標言語で理解し，操作し，言語を産出し，インタラクションを行うことを伴う一つの教室活動のことである。タスクはまた，達成感を伴い，それだけで伝達行為として存在できるものである。
>
> （Nunan, 1993, p. 59; 小柳, 2018c 訳）

このように，コミュニカティブアプローチでは，タスクにより言語形式よりも意味を伝えること，伝達能力を発達させることを目標に掲げている。岡崎＆岡崎（1991）は，日本語教育におけるコミュニカティブアプローチの枠組みを論じる中で，この教授法はタスク中心の指導でもあると見なし，その例として，内容中心でプロジェクトワークをするような活動を挙げている。コミュニカティブアプローチが広まった当初は，正確さと流暢さのバランスをどう取るかということが議論になっていた。初級は文法を中心に正確

さに重きを置き，中級以降は流暢さに移行していくというような提案もあった。日本語教育では何を初級文型と見なすかについては大方の共通理解があり，初級では特に，それらを習得することが目標になっていることが多い。文型練習の後にコミュニカティブなアクティビティを行うことは一般的になっていると思われる。しかし，初級用のアクティビティ集に見られるような，決められた文型を使うことが目的のものは，本当の意味ではタスクとは言えないであろう。

　このようなアプローチを支持する研究者や言語教師が理論的根拠としているのが，第1章4.1でも取り上げたスキル習得論（DeKeyser, 1998, 2001）である。この理論では，スキルを習得するには，まず文法規則のような宣言的知識を得て，それが練習により，スキルとして運用できる手続き的知識に転換されるという「手続き化」が起こり，さらに練習を積むとスキルが「自動化」すると考える。したがって，コミュニカティブアプローチのように，まず文法を教えて，文型練習からさらにもう少しコミュニカティブな練習をすることで，実際に使えるスキルにするというのは一見この理論で説明でき，多くの教師のビリーフにも合致している。しかしながら，DeKeyser（1998, 2001）は，練習は常に意味のあるコンテクストで行うべきだとしており，彼の実験データでも，誤用率で示された正確さと反応時間で測った流暢さは，同様の学習曲線を描いている。つまり，正確さと流暢さは同時に伸びるということである。最初は正確さも流暢さも急激に改善するが，ある時点から改善が緩やかになる。DeKeyser は，その分岐点を手続き化が起きたことの証と見なし，自動化はもう少し時間をかけて緩やかに進むものだと見ている。すなわち，文型を導入，説明して機械的な文型練習により正確さを伸ばし，コミュニカティブな練習をして流暢さを伸ばすというコミュニカティブアプローチの前提は，厳密にはスキル習得論とも合致していないということになる。スキル習得論では，特に易しい規則の習得しか説明できず，ごく初期の教室学習にのみ適用できる（DeKeyser, 2020 等）とされる。いくつもの規則を組み合わせる必要がある複雑な言語運用は，スキル習得論が予測するような単純なものではないということであろう。

　コミュニカティブアプローチの概念／機能シラバスは，言語構造に伝達価

値を付加したものである。例えば，意味的／文法的概念として，時（過去，現在，未来），場所，距離などがあり，伝達的機能として，申し出る，要求する，責める，否定するなどが挙げられる。しかし，概念や機能の断片が教えられ，学習者がそれらを足し合わせて言語運用することを前提としている点では，構造シラバスと学習アプローチに何ら変わりはない。Nunan（2004）は*"Task-Based Language Teaching"*というタイトルの本を出版し，その中にはFonFの用語も登場するが，SLA研究で提唱されるFonFという意味では使用されていない。現在は，文法，概念，機能を組み合わせたシラバスが広く使用されているが，ISLAの研究結果と一貫性がないという問題は解決されていない（Long & Crookes, 1993; Long & Robinson, 1998）。コミュニカティブアプローチは，構造シラバスの教授法よりは進歩しているが，ISLA研究から見ると，やはり学習者の習得過程に合致しているとは言えない。伝達能力を重視するとはいえ，言語形式ありきのコミュニカティブアプローチは，やはり，統合的な学習アプローチによるtask-supportedの域を出ていないように思われる。

3.2　語彙シラバスとタスクベースの学習（TBL）

　語彙シラバスを提案したD. Willis（1990）は，文法シラバスとコミュニカティブアプローチの間でジレンマを感じていたと述べている。意味を重視した練習であっても，学習者に特定の言語形式の使用を強要することや，概念／機能シラバスが必ずしもコミュニケーションの単位から構成されているわけではないことにも疑問を抱いていた。また，伝統的に英語学習で難しいとされている受身や条件文が実は学習者にはそれほど難しくはなく，簡単なはずの三単現の -s や過去形の -ed がなかなか習得されないという現実を目の当たりにしていた。それで，文法ありきではなく，現実的な使用を教えるべきだと考えたのである。例えば，英語の教科書ではsomeは肯定形，anyは否定形で使うと説明されるが，コーパスを調べると，anyを肯定形で使うケースの方がずっと多かったということである。また，過去の習慣を表すのはused toとしばしば教えられるが，wouldを使う方がコーパスでは3倍多かったようだ。それで，実際の使用に即したシラバスが必要だと考えたので

ある。

　D. Willis（1990）は英語の教科書の執筆を依頼され，どんなシラバスデザインにすべきかを検討する中から，語（words）がシラバスの適切な単位だという結論に至ったのである。当時は既に COBUILD という英語のコーパスが構築されており，語彙の頻度を算出することが可能だった。それで，頻度による語彙レベルに応じて語を中心に意味を派生させてトピックを決め，そこでできる活動を考えるというスタンスで教科書作成を行ったのである。英語は比較的少数の語彙が高い頻度で使用されていて，1,000 語でコーパスの 74%，2,000 語で 81%，3,000 語で 85% を占めるようだ。日本語では 1,000 語で 60%，3,000 語でも 75% にしかならず，日本語は覚えるべき語彙数が多い言語だとされている（日本語教育学会, 2005）。しかし，英語では一見簡単な take, make, get のような基本動詞の場合，辞書で見ても多くの意味や用法が掲載されているので，単純に語彙の数だけで英語と日本語を比較できるものではないだろう[2]。

　語彙から派生する意味が重要だと考えた D. Willis（1990）は，英語教育で広まっていた PPP（Presentation-Practice-Production）型の授業にも疑問を抱いていた。文法項目を導入，説明（Presentation）し，それをドリルによって練習（Practice）し，最後にもっと自発的に言語が使えるような活動を取り入れる（Production）というやり方は，日本語教育では PPP という用語こそあまり使われないが，同様の授業を行っているところは多いのではないかと思われる。コミュニカティブアプローチのタスクの使い方は，まさに PPP にあたる。教科書の各課の最後に意味を重視して言語を使う活動を入れるとしても，やはり特定の文法項目を使うように仕組まれた練習が多いのが現実である。それで，D. Willis は，PPP に取って替わるものとして，タスクベースの学習（Task-Based Learning: TBL）を提案したのである。

　J. Willis（1996）は，文法練習や特定の文型を使わせるロールプレイまで

2　日本語教育にも語彙シラバスの提案（森, 2016）はあるが，文法シラバスの教科書の中に，ニーズ別にいかに効率よくどんな語彙を配置すべきかを論じたもので，文法シラバスに代わるシラバスとして提案されたものではない。岩田（2018）では，さらに語彙シラバスに基づいた教材も提案されている。

がタスクと呼ばれることがあるという風潮に対して，それらはタスクではないと明言している。TBL において，タスクとは「成果を出すために伝達目的（目標）があって，学習者により目標言語が使用される活動のこと」（J. Willis, 1996, p. 23）とされている。ロールプレイでも何らかの文型を使わせるためのものはタスクとは見なしていないが，例えば，ビジネス場面で問題解決を図るというようなロールプレイは，タスクだと見ているようである。1996 年に J. Willis が "*A Framework for task-based learning*" という本を出版し，具体的な TBL の手順をいち早く示したためか，これをもって TBLT としている文献が散見される。実際，日本語教育でも TBLT として出版された論文や実践報告など（百済, 2013; 小口, 2018, 2019 等）も，こちらの TBL の枠組み（図 2-1）が援用されている。

　図 2-1 は，TBL における授業の手順の枠組みを示したものである。TBL の授業には三つの段階があり，プレタスクという準備段階，実際にタスクを遂行するタスクサイクルの段階，そして最後には言語フォーカスの活動をするという流れになっている。プレタスク段階では，まず，その課のトピックについて個人の知識や経験を引き出したり，視覚教材（絵，写真，図表など）を多用したり，タスクに関わるビデオやテキストを見せるなどして，背景知識や興味を引き出す。そして，これから行うタスクがどんなものであるかを学習者に理解させる。

　タスク実施の段階は「タスクサイクル」と呼ばれるが，まず，学習者はペアかグループでタスクを行う。そこでは教師はモニター役で，できるだけ学習者同士で自由にタスクをやってみることが推奨されている。それが終わると，クラス全体でタスクの成果を発表する準備に入る。口頭発表もしくは報告書の形で，どのように成果をまとめるかを話し合う。教師はペアやグループを回り，言語アドバイザーとして学習を助ける。最後の報告段階では，いくつかのグループが代表で口頭発表したり，他のグループが書いた報告書を交換し合ったりして，お互いの成果を評価し合う。そして，教師は全体のまとめをして，内容についてのフィードバックをするという流れになっている。

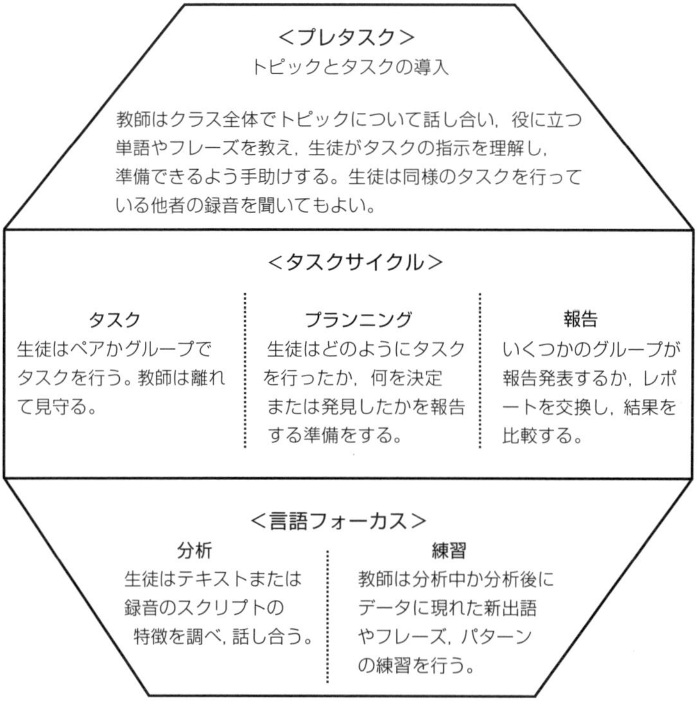

図 2-1　タスクベースの学習（TBL）の枠組みのコンポーネント

(J. Willis, 1996, p. 38; 小柳訳)

　このように，TBL におけるタスクは，タスク遂行のプロセスより，タスク遂行により何らかの成果（product/outcome）を出し発表することに主眼があるように思われる。

　J. Willis（1996）は，以下のようにタスクを六つのタイプに分類している。

　①列挙：リストやマインドマップを完成させる
　②順序立て／仕分け：情報かデータのセットを使って，順番に並べたり，
　　　　　　　　　　　特定の基準に基づいて仕分ける

③比較：項目同士を適切に結びつける，類似点／相違点を特定する

④問題解決：問題解決策を見いだし，その成果を評価する

⑤個人の経験の共有：日常生活で起きるような個人の経験を話し合う

⑥創造：他の教室活動のタスクより複数の段階が必要で，教室外の調査
を伴うプロジェクトレベルのもの

(J. Willis, 1996, pp. 149–154; 小柳訳)

このような分類を見ると，タスクは実生活の伝達目標を達成するためのコミュニケーションの手段というより，内容，話題が中心の学習の中で意味（語彙）を学ぶような構成になっている。実際，J. Willis & D. Willis（2007）は，TBL では語彙を出発点とした上でのトピックシラバスの形を提案している。タスク実施段階の「タスクサイクル」の後には，「言語フォーカス」と呼ばれるまとめの段階があり，ここではテキストや会話のトランスクリプトなどから言語を分析するような活動が奨励され，意味概念のマップを作成したり，語の意味や用法を分類したりする活動を行うことになっている。さらに言語練習のパートもある。ここでは役に立つフレーズをリピートしたり，文の前半を聞いて後半を完成させたり，空所の語彙を補充したりするような活動が行われる。語彙シラバスに基づくレッスンなので，言語練習も単語やフレーズにフォーカスした活動が多いようである。D. Willis & J. Willis（2007）や J. Willis（2021）には，FonF や FFI という用語が登場しているが，ISLA 研究の理論や実証に関する言及はない。ここでは，言語フォーカスという意味で用いられ，ISLA の研究者が用いる FonF とは意味が異なるように思われる。

Long（2015）は，TBL でいうタスクは必ずしも現実世界の伝達的ニーズには基づいていないこと，また，コーパスの語の頻度は，個々のタスクやテキストで生じる語の頻度とは必ずしも一致していないという問題点を指摘している。また，語やコロケーションが文法構造に取って替わっただけで，統合的アプローチであることには変わりはないと Long は述べている。語彙シラバスから発展した TBL は，教科書執筆者の現場の問題意識や直観から生まれたもので，従来の PPP 型の授業を大きく改善しようとするものであるが，ISLA 研究のエビデンスに基づいて提案されたものではない。コミュニ

カティブアプローチと同様，TBL も学習者の心理言語面を考慮したものではなく，やはり task-supported だと言えるであろう。Willis 等の TBL は，教育現場における従来のやり方を改善しようとした意義ある取り組みだが，さらにどのように ISLA 研究の視点を取り込み，task-based につなげられるかを次節で考えてみたい。

4. 心理言語面を考慮したタスクベースの言語指導（TBLT）
4.1 ISLA 研究とタスク

インタラクション仮説（Long, 1981）を提示した Long（1985b）は，1985年に既に TBLT を提案する論文を発表していた。FonF（Long, 1991）を提唱してからは，それを具現化する教授法として，外国語教育への TBLT の導入を一層推進してきた（Long, 2000, 2015 等）ように思われる。しかし，TBLT は FonF のみならず，これまでの ISLA 研究の成果を全て集約させたような教授法である。カリキュラム・デザインやシラバス・デザイン，教室活動から評価に至る外国語教育のあらゆる側面について，新たな道を示すものだと言えるだろう。日本語教育の文献では「TBLT，またの名をタスク先行型と言う」というような記述が散見されるのは，前述（3.2）の TBL をもって TBLT と見なしているからであろう。日本語教育においては，TBLT が ISLA 研究の知見に基づいて提案された教授法であるということが，あまり浸透していないように思われる。

TBLT は，ISLA 研究のエビデンスに基づき，習得の心理言語的プロセスを考慮した教授法として提案されたものである（Granena & Yilmaz, 2022a; Long, 1985b, 2000; Robinson, 2001a, b; Skehan, 1998, 2022; Skehan & Foster, 2001 等）。TBLT を提唱する根拠は，FonFS や task-supported, 統合的アプローチの教授法の問題点から来ている。それは，1）学習者の習得順序と教師が教える順序はほとんど一致していないこと，2）言語は右肩上がりに上昇線を描いて線状に発達していくものではなく，漸次的，累積的で時に逆行することもある複雑なプロセスであること，3）習得には普遍の発達段階があり，タイミングが合っていなければ指導は無意味だが，それに合わせて言語形式を配列するのはほとんど不可能であること，4）統合的アプローチの

ダイアローグやテキストは人工的で，言語的にも機能的にもインプットとしては貧弱であり，習得のレディネスがあるかもしれない言語のインプットを受けることができない，というようなことである（Long, 2000）。統合的アプローチの教授法では，ISLA 研究が明らかにしてきた習得のプロセスに合致していないという問題を解消するために，学習者の心理言語面を考慮した教授法の必要性が唱えられたのである。

　そして，習得は言語形式単位で起きるのではなく，タスク単位で起きると見ているので，言語学習の分析単位もタスクととらえているのである（Long, 1985b; Long & Crookes, 1993; Robinson, 2001a, b 等）。つまり，学習者は過去形を習得した，格助詞の「に」が使えるようになったというように，文法項目を一つひとつマスターするわけではない。一度きりの指導で一つの文法項目の全ての用法を習得するわけでもない。コンビニで買い物ができるようになった，ファストフードの店で注文ができるようになった，一人で電車に乗れるようになった，というように実生活で生じる必要なタスクが一つひとつできるようになり，そこに言語も付随して発達させることを目ざしているのである。

　これまで見てきたタスクは，目標達成のための手段としてコミュニケーションに従事する活動をタスクと定義していた。それとは対照的に，Long（1985b）は，日常生活や学業，仕事など現実社会で遭遇し得る具体的な課題のことをタスクだとしている。以下が Long の定義である。TBLT の授業では，日常生活や仕事，学業などで遭遇することになる課題を学習ユニットの目標タスク（target task）とし，そこに到達するために授業で行う教育タスク（pedagogic task）をデザインして，目標タスクの言語運用に近づけようというものである（Long, 2000）。

　　自分，または他人のために，もしくは自由意志で，またはある報酬のために行われる仕事のことをいう。したがって，タスクの例としては，フェンスにペンキを塗る，子供に服を着せる，用紙に書き込む，一足の靴を買う，飛行機の予約をする，図書館の本を借りる，運転テストを受ける，手紙をタイプする，患者の体重を計る，手紙を仕分けする，ホテルの予約

を取る，小切手を書く，通りの行き先を見つける，道を渡る人を助けるなどがあげられる。言い換えるなら，「タスク」の意味するものは，仕事で，遊びで，またはその間に日常生活で人々が行っている 101 の仕事のことである。　　　　　　（Long, 1985b, p. 89; 小柳, 2004 訳，本章 2.2 より再掲）

　Long（1985b）の定義では，現実世界でのニーズのあるタスクが目標タスクとなるが，教育タスクはもう少し柔軟に考えてもよいのではないかという見解もある。タスクは学習者のニーズに即したものとされるが，年少者など自らのニーズが把握できていない学習者や，学業や仕事といった特定の目的があるわけではなく，もっと一般的な目的で言語を学ぶ学習者もいる。したがって，R. Ellis（2017）は，タスクの真正性には状況的な真正性（situational authenticity）と相互交流的な真正性（Interactional authenticity）の 2 種類があってもよいとしている。現実世界で行うタスクには状況的真正性があるが，状況的真正性には欠けているとしても，インタラクションのやりとりという観点からは自然で，真正性がある教育タスクもあり，それを TBLT に含んでもよいと見ているのである。例えば，実際の教室でも，また ISLA 研究の実験にもよく用いられるタスクに「絵の間違い探し（Spot the differences）」がある。ペアが異なる絵を持っていてお互いに尋ね合いながら絵の違いを見つけていくようなタスクだが，これは確かに現実社会ではやらないタスクである。しかし，そこで生まれるインタラクションには，明確化要求や理解チェックなどの会話的調整が現れ，その意味ではコミュニケーションのやりとりとして真正性があると言えるだろう。また，無人島に何を持っていくかを考えるタスクはあまり現実的ではないが，そのタスクの中でインタラクションが生じ，後に旅行のプランを立てるというような目標タスクに応用できると考えることができる。

　さらに，TBLT の特徴として挙げられるのは，カリキュラム開発の出発点としてタスクベースのニーズ分析を必須としていることである。これまでも，コミュニカティブアプローチでニーズ分析が推奨されてきた。日本語教育においても，コースデザインの第 1 段階としてニーズ分析を行う手法が紹介されている（日本語教育学会, 1991）。そこには，学習者の背景調査や

学習目的の調査，場合によっては学習者の受け入れ先になる学校や企業などからの聞き取り調査や，既に日本にいて目標言語使用域で日本語を使っている先輩外国人の言語使用の実態調査をすることなどが含まれている。しかし，コミュニカティブアプローチのニーズ調査は，ニーズ分析に基づいて学習者に必要な語彙や文型，言語機能や場面などをリストアップすることが大きな目的であった。一方，TBLTでは目標タスクを特定することが，ニーズ分析の大きな目的になる。そして，さらに，このニーズ分析には，想定されるタスクの目標談話分析を行うことも含まれる。実際の会話の録音サンプルや目標言語使用域で使用される文書，マニュアルなどのテキストを収集し，言語使用のパターンなどを分析する。そこで得られた情報は，後の教材開発にも活用されるのである。

　タスクを遂行する心理言語面に関して，ISLA研究には異なる二つの見解がある。TBLTは言語の正確さ，複雑さ，流暢さの3拍子そろった言語運用能力を伸ばすことが目的であるが，タスクの難易度，認知的複雑さが言語運用能力のどの側面にインパクトを及ぼすかについて異なる見方をしているのである。一つ目の見解は，Skehan（1998等）の「容量制限仮説」による提案である。学習者の頭の中の注意資源において正確さ，複雑さ，流暢さは競合するので，いずれかの側面を重視すれば他が犠牲になると考える。Skehan & Foster（2001）は，言語運用における意味への注意の焦点を流暢さと結びつけ，言語形式に正確さと複雑さを対応させている。注意資源の容量には限りがあるので，意味に注意の焦点を当てれば流暢さは上がるが，言語形式には注意が向かず，正確さと複雑さは下がると見る。言語形式に注意を向けた場合は，限られた注意資源の中で，今度は正確さと複雑さが競合し，トレードオフが生じるので，両方を伸ばすのは難しいと考えられている。

　Skehan（2001）は，プランニング時間の有無や先行知識の有無などにより「タスクの難易度（task difficulty）」を操作し，学習者の言語運用能力にインパクトを与えるという提案をしている。Skehan（2022）は，プレタスクとしてタスクパフォーマンスのリハーサルを行い，タスク遂行中は時間的プレッシャーを与えないオンラインプランニングにより言語形式に注意を向けさせ，ポストタスクの段階でタスクの繰り返しを行うという流れで，言語

の正確さ，複雑さ，流暢さを伸ばそうとしている。しかも，Skehan は，宣言的知識が手続き的知識に変換されるというスキル習得論の明示的プロセス（DeKeyser, 1998, 2020）と，L2学習は暗示的なものであるという用法基盤的アプローチの立場の主張する暗示的プロセス（N. Ellis, 2002, 2005 等）の両方を同時にタスクベースの指導に取り入れることが可能だと見ている。よって，二つの理論は両立し得ない習得モデルであるとする Long（2015）等とは立場を異にしている。Skehan は言語心理面を考慮したものだとしているが，ISLA 研究の知見とは必ずしも一致していないように思われる。

　もう一つの提案は，Robinson（2001a, b, 2007a, 2011）の「認知仮説」によるものである。Robinson は，L1 の言語発達が概念的な発達と連動しているように，認知的に成熟した L2 学習者でも L1 と同様のプロセスをたどる必要があると見ている。したがって，タスクの認知的複雑さを上げていくことで言語発達も促せるとしているのである。そして，注意容量制限という考え方を否定しているので，正確さと複雑さは競合しないと見ている。第 1 章の 3.2 で扱ったように，SLA の認知的作業場が作動記憶だとすると，作動記憶には情報処理をするための容量があるが，作動記憶の一つのコンポーネントである中央実行系が注意の配分をコントロールしている。よって，注意に容量制限があるというより，作動記憶の情報処理上の制約と考えるのが妥当であろうと思われる。例えば，注意を向けるべき側面が複数ある時に，注意を焦点化できずに時間切れになるというようなことが起きると考えられる。つまり，Skehan と Robinson では，前提となる理論的根拠が異なるのである。また，Skehan がタスクの難易度を決定する変数として挙げているものはかなり限られているが，Robinson の「タスクの複雑さ（task complexity）」はより多くの変数を含み，「三つの構成要素から成るタスクの枠組み（Triadic Componential Framework）」という，より包括的な枠組みの提案をしている。この枠組みについては，第 3 章で詳しく扱う（ISLA におけるタスク研究のまとめは，小柳, 2013, 2018c を参照されたい）。

4.2　TBLT の方法論上の原則

　TBLT は，二つの意味において，学習者中心の教授法だと言える（Granena

& Yilmaz, 2022a; Long, 2016）。一つ目は，タスクベースのニーズ分析を行うことで，学習者が教室の外でL2を使って遂行すべきタスクが特定され，学習者のニーズにあった教室活動がデザインされるということである。二つ目は，学習者の心理言語面への配慮があるということである。事前にどんな言語形式を教えるかはシラバスには盛り込まれず，学習者がコミュニケーションの挫折を経験して助けが必要な時や，言語の何かの側面に注意を向けた時に，言語形式に関する教育的介入をするという教授法である。学習者主導で始まるFonFというのは，すなわち，学習者の認知的なレディネスが整っていて，まさに習得のタイミングが生じた時だと見ているのである。そのタイミングが，学習者の内的シラバスに合致した時とも言える。普遍の発達段階がある（Pienemann, 1998）と言っても，インストラクションをその段階の通りに配置するのは至難の業であるし，同じクラス内の学習者の間でも言語運用できるという意味で全員が同じ段階にいるとは限らない。それで，インストラクションの中でそれぞれの学習者の内的シラバスを重視するのである。分析的アプローチのTBLTは，行動としてタスクの達成を目ざしながら，付随的に言語の暗示的，帰納的な学習を促進させることを目標としている。

　TBLTを実際に教室に取り入れるにあたり，ISLA研究の成果を反映させ，表2-3のように方法論上の10の基本原則（Doughty & Long, 2003; Long, 2015等）が示されている。活動面においては，まず，分析単位としてタスクを用いることが掲げられる（原則1）。前述のように，ISLA研究では学習者の習得が言語形式単位で起きるのではなく，タスク単位で起きると見ている。そして，それは分析的な学習アプローチを促進するために適した単位でもある。よって，言語形式から外国語の授業を組み立てるような従来のやり方は否定されている。原則2は原則1と関連するが，言語は学習の主たる目的ではなく，学習者の伝達ニーズに合ったタスクを使ってあくまでタスクの伝達目標を達成することで付随的に言語を学ぶことを目ざしている。TBLTはタスクシラバスを用いるだけでなく，教室内の活動も学習者のパフォーマンス評価も全てがタスクを基本とする教授法である。

表 2-3　TBLT の方法論上の原則（Doughty & Long, 2003; 小柳, 2004 訳）

	原則	L2 における実行
活動	1. 分析単位としてテキストではなくタスクを用いる	TBLT（目標タスク，教育タスク，タスクの配列）
	2. 何かをやることにより学習を促進	
インプット	3. インプットの精緻化（簡略化しない，生教材のテキストのみに頼らない）	意味交渉，相互交流的な修正，精緻化
	4.（貧弱ではない）リッチなインプットの提供	様々なインプット源にさらす
学習過程	5. 帰納的（チャンク）学習を奨励	暗示的インストラクション
	6. Focus on Form	注意：言語形式と意味／機能のマッピング
	7. 否定的フィードバックの提供	誤りへのフィードバック（例：リキャスト），誤りの訂正
	8.「学習者のシラバス」／発達過程を尊重	発達上のレディネスに対する教育的介入のタイミング
	9. 共同／協働学習の促進	意味交渉，相互交流的な修正
学習者	10.（伝達ニーズにより，また心理言語面への配慮から）インストラクションを個別化	ニーズ分析，個人差（記憶，適性）や学習ストラテジーへの配慮

　インプットについては，精緻化することが推奨される（原則 3）。初級レベルの授業だと本物の生のインプットを与えられない場合もあるが，それでも，できるだけ生に近い形のインプットを提供し，オーラルなら，そこで意味交渉することにより，インプットを理解可能なものにし，言語形式に注意を向けられるようにすることが精緻化に当たるであろう。また，学習者が知っている単語や文型のみでティーチャートークをするのではなく，時には未知のものも混ぜて気づきを促すことも必要であろう。書かれた読み物を与える場合も，教師は学習者向けに簡略化しがちである。簡略化して読みやすくした場合，確かに理解は促進される。しかし，簡略化することで，そこで習得できるはずのものが削ぎ落とされてしまう危険性がある。読み物のテキストで精緻化するというのは，例えば，段落と段落の関係がわかるような接続詞やつなぎのフレーズを省略せず，むしろ補ったり，難しい単語でもその

まま残して，「つまり」などで言い換えて説明を加えたりするとよいとされている（Yano, Long & Ross, 1994）。精緻化したテキストは，付加情報を加えると，時にオリジナルのテキストより語数が多くなることもある。しかし，精緻化したテキストは，簡略化したインプットより習得につながるとされているのである。

　また，学習者は貧弱ではない豊かなインプットを受ける必要がある（原則4）。統合的アプローチの教授法では文法や語彙がかなり厳しくコントロールされているが，TBLTでは過度にコントロールせずに，学習者は豊富な言語サンプルに触れる必要がある。インプットなくしては習得は始まらないので，学習者の伝達的ニーズに合っていて，インプット源がバラエティに富んだもので本物らしいインプット，すなわち，量的にも質的にもリッチなインプットを提供することが大切である。TBLTは既習の文法や語彙をコミュニカティブに練習するには良いが，新しい言語を教えるにはふさわしくないという声を聞くことがある。しかし，豊富なインプットを与えていれば，目標言語のモデルが与えられるので，肯定証拠（＝目標言語で何ができるかという情報）から学べることが多くあるはずである。精緻化したインプットを与えれば，真正性のある語彙やコロケーションの用法を学ぶこともできる。これは商業的に出回っている，言語的に簡略化した教科書より優れている（Long, 2016）とされている。

　学習過程については，帰納的なチャンク学習を奨励している（原則5）。暗示的なものとされる言語運用につなげるには，学習者の暗示的学習メカニズムを活性化して言語学習を行うことが重要である。それは，用法基盤的アプローチでも説明されているように，帰納的なチャンク学習を促進することでもある。Long（2015）は，上級の学習者にも残り続ける問題として，コロケーションの習得を挙げている。例えば，フランス語の学習者が名詞のジェンダーと冠詞をチャンクとして記憶していなかったり，英語の動詞と名詞の組み合わせ（make a mistakeかdo a mistakeか）が習得されていなかったりする事例から，学習者はコロケーションではなく単語それぞれを別々に記憶しているため，ネイティブに近いL2話者でもコロケーションの誤りが多いことを指摘している。しかし，自然習得環境にいる文法レベルがもっと

低いL2話者でもコロケーションをずっと上手に使いこなせているということである。したがって，大人のL2学習者がコロケーションを学べるように，コロケーションに遭遇する機会を高頻度で作り出す必要がある。それは，口をついて出るまで言わせるというような文型の口ならし練習をするという意味ではなく，伝達的なコンテクストの中でインプットを受けたりアウトプットを出したりする練習が必要だということである。

　また，学習過程にFonFの機会，すなわち言語形式と意味／機能の同時処理を行う機会を作り出す必要がある（原則6）。そもそもLong（1991）がFonFを提唱した当初から，この点はTBLTが備えるべき重要な特徴とされてきた（Long, 2015）。FonFとは，コミュニケーション上の問題が発端となって，手短に学習者の注意を意味から言語形式にも向けさせることである。その時に学習者は，使えなかった項目を長期記憶から見つけ出そうとしたり，新しい項目に気づいたりするのである。意味から言語形式への注意のシフトは，コミュニケーション上に困難が生じて学習者が先導して起きるだけでなく，教師や教室の外での対話相手に先導されて起きることもある（Long, 2015）。例えば，教室学習者が言ったことを，教師が繰り返したり再形成したりする時に，学習者はもっと他によい言い方があることに気づくということがあるだろう。しかし，それは事前に語彙や文法を教えておくこととは異なる。Longの提案では，FonFは，原則として後から反応して起きるものだとされているのである。原則6と関連するが，教師の重要な役割の一つに否定的フィードバックを提供することがある（原則7）。フィードバックにも明示的なものと暗示的なものがあるが，コミュニケーションの流れを遮らずに与えられるのは，暗示的フィードバックであろう。ただし，Long（2016）は，学習者の年齢や母語背景，L2の熟達度，言語適性などの個人差を考慮して，手短に文法説明をするというような明示的フィードバックも一つの選択肢として認めている。特にインプットにおいて卓立性が低い言語形式，すなわち，学習者が気づきにくく習得が難しいとされる言語形式については，明示的にインプットを処理する機会が必要かもしれない。ただし，タスクの遂行が目的の授業なので，明示的なフィードバックといっても簡潔に行う必要がある。

それから，心理言語面を考慮して，学習者の内的シラバスや発達過程を尊重することも重要である（原則8）。言語にはL1でもL2でも，またL2の自然習得でも教室習得でも変えられない普遍の発達段階がある（Piennemann, 1998等）とされている。同じ教室にいる学習者が全て同じ段階にいるとは考えにくいが，そのような発達段階があることを教師は知っておくべきであろう。ISLAでは学習者の気づきが重要だとされているが，学習者が気づくということは，気づいた対象の言語形式にレディネスがあり，習得の準備ができているということなので，学習者の内的シラバスに合致しているとも言える。教師が考える言語の難易度によって構成された構造シラバスは，学習者の習得する順序とは一致しないことが多いとされる。よって，学習者のレディネスがある時が，教育的介入のタイミングになるのである。また，自然な発達過程として，誤りというのは必ず起きるものである。SLAには学習者が誤りから学ぶという側面もあると思われる。オーディオリンガルの時代に考えられたように，最初からネイティブみたいな発音で，初級なら初級なりに習った通りの文型を使って，完全文で正確な発話ができるわけではない。SLAには複雑な学習過程があることに留意するべきだと思われる。

　学習過程に関するもう一つの原則は，共同／協働学習を促進することである（原則9）。TBLTではタスクをペアやグループで遂行することになるので，共同／協働学習の特徴が備わっている。グループ内で意味交渉が起きることも重要だが，協働学習の意義は意味交渉だけにとどまらない。ペアやグループの活動は，教師主導の授業より不安の少ない情意面で安定した環境が得られる。クラス全体では発言することに気後れを感じてしまう学習者も，グループなら参加しやすいはずだ。また，教師や自分より能力が高いクラスメートからサポートを受けたり共同作業で成果を出すことにより，社会文化理論（Sociocultural Theory）（Lantolf, 2000a, b）でいう「最近接発達領域（zone of proximal develptment: ZPD）」という潜在能力の範囲の上限まで最大限に能力が引き出される可能性がある。

　ペアワークやグループワークでは学習者が他の学習者の誤りを取り入れてしまったり，非文法的な談話が繰り広げられることを心配する教師もいる

が，文法シラバスの PPP 型の授業の教室談話の方がもっと人工的で不自然とも言える。例えば，教師は答えを知っている提示質問（display questions）を多用し，そこには意味交渉の余地はない。また，教室談話の構造は先導（Initiate）反応（Response）フィードバック（Feedback）という IRF 型の連続であることが知られており，学習者同士のインタラクションの方が実際のコミュニケーションに近い談話だと見ることができる。また，ISLA の研究（Doughty & Pica, 1986; Porter, 1986 等）からも，教師主導でもグループワークと同程度に非文法的な文を学習者が聞いていること，学習者同士で誤りを訂正し合うこと，非文法的な文をそのまま真似することは稀であることが示され，ペアワークやグループワークには SLA において大きな意義があると考えられている。

　TBLT は学習者中心の教授法で，学習者の伝達的ニーズや心理言語面への配慮から，インストラクションを個別化することが求められる（原則 10）。どんなタイプのインストラクションを受けるかは習得に大きな影響をもたらすが，そこに介在するのが言語適性や動機づけなどの学習者要因である。TBLT は，授業で習ったことが教室の外でも使えそうだと感じさせるやり方なので，従来の教授法より動機づけを創成し，維持することは可能だと思われる。しかしながら，言語適性などの認知的な要因は学習者にはなかなか変えられないものである。認知心理学には「適性処遇交互作用（Aptitude-Treatment Interaction）」（Snow, 1987, 1991）という考え方があり，個々人の適性の強みに合った指導をすると効果が最大限に引き出されるとされている。だからといって，暗示的学習に向かない学習者に従来型の明示的指導をすると，ますます伝達能力が習得できなくなってしまう恐れがある。日本語教育で，学習者の適性に合わせて，異なる教授法の複数のクラスを用意することはあまり現実的ではない。また，言語適性の中でも言語分析能力が高い学習者は，明示的な指導に向くのではなく，むしろ暗示的指導でも自分で言語のパターンを見つけられるはずである。言語分析能力が弱い学習者ほど，文法説明を必要としている可能性があるのである。TBLT では，ペアワークやグループワークをする間，教師はペアやグループを回ってフィードバックすることができるので，一人ひとりの学習者に気を配る必要があると思われ

る。さらに，教室外で学習者が，自らの弱みを補うためのアプリや文法書などへのアクセスができると，教室では本来の TBLT の授業に集中できるであろう。

　以上見てきたように，TBLT は task-supported の教授法とは，学習者の現実世界での目標タスクが特定されていること，そのためのニーズ分析を行うことが大きく異なっている。そして，何よりも TBLT は ISLA 研究の成果が反映され，学習者の心理言語的な側面が考慮されていることが大きな特徴である。第 3 章では，TBLT をカリキュラムに導入するためのニーズ分析や教材開発から評価までのプロセスを見ていきたい。第 4 章では，表 2-3 の「TBLT の方法論上の原則」にも関連するが，TBLT における教室指導の方法について考えたい。

第3章

TBLT の導入と教材開発

1. TBLT 導入のプロセス

　TBLT の基本的な立場は，習得が言語形式毎に起きるのではなく，習得の単位がタスクであり，シラバスデザインの分析単位もタスクだということである（Long & Crookes, 1993）。例えば，日本で生活するための日本語なら，コンビニで買い物ができるようになった，電車に乗れるようになったというようにタスク単位で生活の中でできることが増えていき，それに伴って言語も習得されると考える。助詞「デ」の使い方がわかった，マス形の過去形が作れるようになった，というようには習得は進まないというのが前提にある。教室では，学習者が能動的に言語学習に関わる伝達的なコンテクストを提供するのがタスクの役割になる。TBLT では，現実世界で学習者が遂行すべき目標タスク（target task）を定め，教室では目標タスクに近づけるための教育タスク（pedagogic task）を行う。教育タスクは，目標タスクを少し易しくしたものと考えてよいだろう。そして，TBLT のシラバスはタスクで構成され，教室活動も，学習者のパフォーマンス評価もタスク単位で行われる。J. Willis（1996）等の TBL は言語フォーカスというセクションを設けているが，TBLT ではタスク遂行をする中で同時に言語形式も教えることを目ざしている。

　TBLT のカリキュラムを開発するにあたっては，タスクベースのニーズ分析をすることが出発点となる。そこからタスクを特定し，タスク教材やシラバスを開発していくのである。Long（1991）は，FonF と関連づけて，シラバスについて以下のように述べている。FonF を具現化するシラバスは，言語以外の何かをやりながら，例えば，歴史を学ぶ，商談をまとめるなど，言

語以外の成果を出しながら，暗示的，付随的に言語も学ぶというものである。言語以外の何かをするというのが，TBLTではタスクを遂行することだと言えるだろう。

> Focus on Form を伴うシラバスは，その他のこと—生物学，数学，作業の練習，車の修理，外国語が話されている国の地理，文化等—を教え，意味やコミュニケーションへの焦点を優先したレッスンの中で，必要が生じた際に，付随的に学習者の注意を明確に言語要素へ向けるものである。
> (Long, 1991, pp. 45–46; 小柳訳)

さらに，Long（1997, 2000）は，以下のように TBLT の開発段階を示している。ニーズ分析を行ったら，タスクの選定，タスクのデザイン，タスクシラバスの策定や評価など，TBLT のあらゆる局面で，ニーズ分析の結果が活用される。このような開発段階を念頭に置きながら，TBLT のシラバスデザインや教材開発について見ていきたい。

1) 目標タスクを特定するためのタスクベースのニーズ分析を行う
2) 目標タスクのタイプを分類する
3) 教育上のタスクを設定する
4) タスクベースのシラバスの流れを設定する
5) 適切な教授法を選択し，シラバスをカリキュラムに組み込む
6) タスクベースの目標準拠の言語運用テストにより学習者を評価する
7) プログラムを評価する

(Long, 1997, 2000; 小柳, 2004 訳)

2. ニーズ分析

Long（2005a）は，タスクベースのニーズ分析の妥当性を高めるには，言語の専門家と目標領域の専門家との協働が不可欠だとしている。看護師のためのプログラムを考えるなら，看護師が目標領域の専門家ということになる。目標領域の専門家の分析は，言語学者や言語教師の分析よりニーズとし

ての妥当性があるが，領域の専門家は言語学的知識が不足している。それで，領域の知識はないが，言語学的知識がある専門家との協働が必要になるのである。Long（2005a）は，航空会社の客室乗務員の職務を例に挙げ，客室乗務員と，飛行機によく乗るという応用言語学専攻の大学院生のタスクのニーズに関する認識を調査した結果を示している。大学院生が挙げたタスクは乗客のサービスに関わるもので，乗客とのやりとりが中心であった。ところが，客室乗務員は，業務で重要なことは安全第一と考え，乗客とのやりとりの他に，コックピットとのやりとり，客室乗務員同士のやりとり，運航予定の確認，医療手当の手順の確認などをタスクとして挙げていた。大学院生は，乗客がいない場面の言語使用には想像が至っていなかったのである。したがって，特定できるタスクの数や詳細な情報量において，領域専門家である客室乗務員の方がずっと優れていたのである。これは応用言語学専攻の大学院生との比較であるが，ベテランの言語教師でも大学院生と大差ないであろうことは想像できる。

コミュニカティブアプローチのニーズ分析は，語彙や表現，文型などを特定する言語的な分析が中心で，文脈から遊離した，静的なプロダクト志向のテキストベースの分析になりがちだった。しかし，タスクベースのニーズ分析は，行動的なニーズを把握するためのもので，より動的な分析になることが期待される。TBLTのニーズ分析は，学習者へのアンケート調査やインタビュー，さらに学習者を将来受け入れる教育機関や職場からの聞き取り調査により，目標タスクを特定することにとどまらない，目標談話の分析までをもニーズ分析に含めている。目標談話のサンプルを収集，分析することにより，その後の教育タスクのデザインにも役立てようというものである。Serafini（2022）は，従来のニーズ分析はインストラクションのデザインに反映されることはなかったが，TBLTのニーズ分析の成果はカリキュラムデザインから評価の全ての局面に関わるもので，教室外の実生活のパフォーマンスにつなげることを目ざしたものだと述べている。ニーズ分析の方法は，Long（2005b, 2022），Long, Lee & Hillman（2019），Serafini（2022）などに詳細に記述されている。ニーズ分析は，ニーズ調査を行う第1段階と，第1段階で特定された目標タスクにおける目標談話を分析する第2段階に分か

れている。

2.1 タスクの特定

　具体的なニーズ調査の方法として，複数の情報源（調査対象）と複数の調査方法を組み合わせたトライアンギュレーション[1]によるタスクベースのニーズ分析が推奨されている。トライアンギュレーションとは，二つ以上の異なる情報源や方法によりデータを収集し，結果を解釈し，比較分析を行うことで調査結果の一貫性を検証する方法である。TBLTのニーズ分析では，情報源のトライアンギュレーション（triangulation by sources）として，教師，学習者，領域専門家など複数の情報源から情報を収集する。また，方法のトライアンギュレーション（triangulation by methods）として，第三者観察，インタビュー，質問紙など異なるデータ収集の方法を用いる。そして，これらの情報源と方法の両方をかけ合わせたトライアンギュレーション（triangulation by sources and methods）により，それぞれの調査間の結果に一貫性があるかどうかを検討するのである。

　ニーズ分析の情報源である調査対象者のサンプリングは，従来は恣意的抽出（convenience sample）で行われることが多かった。データ収集のしやすさから，たまたま参加可能だった者や進んで参加する者が対象になることが多かった。しかし，正確さを期すためには有意的抽出（purposive sample）が必要だとされている。それは，分析者が典型的な判断をすると推定したサンプルで，サンプリングには三つの方法が考えられる。一つ目は，人口のどの構成員も平等に選ばれるチャンスがある無作為サンプリングだが，時間と費用がかかる。二つ目は，サンプル枠の中から何人か毎に選出する系統的無作為サンプリングだが，それが典型的なサンプルかどうかが不明であるという問題がある。それで，層化別無作為サンプリングにより，サブグループか

1　トライアンギュレーションとは元々，三角測量という建築用語であったが，学術的な研究でもこの用語が用いられるようになり，複数の研究方法を組み合わせ，多角的に検証，考察することを指すようになった。研究の信頼性，妥当性を高める方法だとされている。混合研究（mixed methods）と呼ばれることもあるが，L2研究では，まだ定着した用語がないとされている（Mackey & Gass, 2022）。

ら均等に無作為に選出したサンプルを用いることが推奨されている。例えば，職務に関するサンプリングでは，経験年数によってサブグループを構成するというようなことが考えられる。

　ニーズ分析の方法として使用できるデータには，以下のようなものがある。

- a. 文献調査：目標領域（職務など）のマニュアルなど。
- b. 構造化／非構造化インタビュー：自由質問は調査者が先入観を持たずに詳細な情報を引き出せる。特に領域の関係者からの情報を引き出しやすい。構造化するには予備調査が必要。
- c. 質問紙：全人口から層化別無作為サンプルを抽出して実施。短時間で実施可能。
- d. 参与／非参与観察法：実際の言語使用の場面を観察する。
- e. エスノグラフィー的手法：内部者と外部者の文化的距離をなくし，先入観なく観察する。
- f. 熟達度を測る言語テスト：タスクベースで目標準拠のパフォーマンステストを行い，目標言語使用域と現実の言語能力とのギャップを知る。

　データ収集には量的データと質的データの調査を含むこと，また，それらをどのような順序で行うかというシークエンスを考慮することも重要である（Serafini, 2022）。量的データの典型は，リッカート尺度の数値により回答する質問紙調査や熟達度の測定だが，まとまった量のデータを効率的に収集でき，データの広さという点で利点がある。一方，質的データとは，インタビューや参与（非参与）観察，エスノグラフィー的な手法を指すが，人数は少なくても情報量が豊富で複雑なデータが得られ，データの深さという点で優れている。したがって，両者を組み合わせて補完し合うことが肝要である。通常は質的研究で帰納的に結果を導き出し，量的研究で演繹的に質的研究の結果を検証することになる。いずれにしても，ニーズ分析の段階に応じて適切な方法を選びとる必要がある。また，ニーズ分析においてもパイロットスタディを行い，データ収集のタイミング，質問の文言の明晰さ，余剰性，曖昧さなどをチェックしなければならない。このような綿密な事前準備

とトライアンギュレーションにより，ニーズ分析の妥当性，信頼性を高めることができるのである。

　第1段階のゴールは，あるグループの学習者に必要な目標タスク，すなわち現実世界の伝達的な言語使用を特定することである（Long, Lee & Hillman, 2019）。第1段階のニーズ分析については，日本語学習者について行った調査結果が報告されている。Iizuka（2019）は，ニーズ分析は仕事や学業など特定の目的のコース（例えば，English for Specific Purposes = ESP）ではよく行われるが，一般的な目的のコースではニーズ分析のステップを踏まないことが多いのは問題であり，どんなプログラムにもニーズ分析は必要だと述べている。そして，Iizuka は，日本での8週間の夏期留学プログラムに参加したアメリカ人大学生及びホストファミリーを対象に，インタビューと質問紙によりニーズ調査を行っている。パイロットスタディを行った上で，まず，8名の学生と4名のホストファミリーに半構造化インタビューを行い，留学中の学生の実生活でのタスクや日本語使用の実態，学習のゴールなどを調査した。そして，それを基に学生用とホストファミリー用それぞれの質問紙を作成した。学生には，質的データであるインタビューから複数回答があった日本での目標タスクについて，質問紙でその重要度と困難度を5段階のリカート尺度で判定してもらった（その結果は表3-1，表3-2を参照されたい）。その他にホストファミリーとの関わりや，日本語学習の目標などについての自由記述の質問も含めた。ホストファミリーには家族構成員とのインタラクションの頻度や留学生との問題などの質問に答えてもらった。本調査では，質問紙を20名の学生に直接配布し，回収率は87%であった。13のホストファミリーには郵便で質問紙を送付し，回収率は59%であった。

　その結果，夏期講座には，アメリカの大学でリテラシースキルを重視する日本語プログラムから来た学生もいたが，短期留学している間は，スピーキング及び自発的な会話を重視していることが明らかになった。特にホストファミリーとの雑談のニーズ，例えば，その日あったことや日米の文化の違いなどを話せるようになりたいという回答が多かったようである。学習者に必要かつ難しいタスクとして，食品のラベルを読むというニーズがあること

表 3-1　学習者の認識するタスクの重要度（Iizuka, 2019, p. 137; 小柳訳）

平均値	タスク
5.0	ホストファミリーと雑談をする
4.8	教師／学校職員と雑談をする，自分を表現する
4.6	ユーモアを理解する，方言を理解する
4.5	友達と雑談をする，好みを伝える
4.4	公共交通機関を使う，知らない人と話す，スピーチや発表をする，センシティブな話題について話す，教師に E mail を書く
4.3	レストランやカフェで食べ物／飲み物を注文する，店の人とやり取りをする，エッセイを書く
4.2	道を聞く／道順に従う，食べ物や薬のラベルを読む，敬語を理解する
4.0	講義や講演を聞く
3.9	テレビを見る
3.7	友達にメッセージを書く
3.5	ノートを取る
3.4	新聞記事を読む
3.3	ウェブ検索をする
3.1	申し込み用紙や書式に記入する
2.5	病院で何かを説明する

表 3-2　学習者の認識するタスクの難易度（Iizuka, 2019, p. 139; 小柳訳）

平均値	タスク
3.4	センシティブな話題について話す
3.3	講義や講演を聞く
3.1	食べ物や薬のラベルを読む
2.9	自分を表現する，敬語を理解する
2.8	スピーチや発表をする，ユーモアを理解する
2.7	テレビを理解する
2.6	ホストファミリーと雑談をする，好みを伝える
2.4	エッセイを書く，申し込み用紙や書式に記入する
2.3	友達と雑談する，知らない人と話す，ウェブ検索をする
2.2	教師／学校職員と雑談をする
2.1	公共交通機関を使う，先生に E mail を書く
2.0	道を聞く／道順に従う
1.8	友達にメッセージを書く，ノートを取る
1.7	レストランやカフェで食べ物／飲み物を注文する，病院で何かを説明する
1.6	店の人とやり取りをする

がわかった。アレルギーがある学生や，ベジタリアンやヴィーガンの学生もおり，食習慣の多様化に対応する必要性が明らかになった。また，留学生は気づいていなかったのだが，複数のホストファミリーが指摘していたのが，留学生が道に迷ったことがあり，道を尋ねたり道順を理解したりするタスクが必要だということであった。道を尋ねる会話は，日本語の教科書でもよく取り上げられているが，留学生は実践には移せていなかったということである。従来の教科書では，文型を使うコンテクストとして道順を言う会話が取り上げられることが多いが，むしろ必要かつ困難だったのは，道順の説明を聞き取る方だったようである[2]。また，ホストファミリーが感じる文化的価値の違いがあり，エアコンをつけっぱなしで日本の「もったいない」精神が理解されないことや，露出の多い服装や体臭などの問題が指摘された。Iizuka（2019）の調査報告は，短期留学のプログラムで今後取り入れるべき目標タスクの特定までを示したものだが，一般的な目的のプログラムでも，ある特定の学習者集団に必要な目標タスクが存在することがわかる。

2.2　目標談話分析

　TBLT のニーズ分析の特徴的なことは，タスクを特定するためのニーズ調査に加え，さらに，目標談話の分析をする段階を含んでいることである。2.1 でも述べたが，応用言語学者や言語教師は職業的な分野には精通していないことが多い。Barlett（2005）は，日常的なコーヒーショップの注文ですら教師の直観が正しくないことも多く，サバイバルなタスクであっても市販の教科書と実際の会話との間には大きな乖離が存在することも指摘されている。これまでの教科書のモデル会話は過剰に簡略化されているという問題がある（Long, 2015 等）。日本語教育における従来の教科書のモデル会話も，その課で覚えてほしい文型や語彙を盛り込むことが優先されてきたように思われる。この目標談話の分析対象は，会話のサンプルにとどまらない。タスクによっては，録音，録画データとして，大学の講義，ビジネスの会議，研

2　さらに時代が進み，今後は食品ラベルの解読や道順はスマートフォンで解決することが主流になるかもしれない。

76

究所のミーティング，会議での発表なども含まれる。また，書かれた文書としては，教科書，新聞記事，薬の処方箋，メールのメッセージ，求職の応募用紙，修理マニュアルなど，タスクに必要な全ての材料が分析対象になる。

　実際に，目標談話の分析を行った事例を紹介する。Long, Doughty & Chaudron（1999）及び Chaudron et al.（2005）は，「見知らぬ外国の土地へ行って道順を尋ねる」という目標タスクについてタスクのモジュールを開発している。その際に，目標談話のデータ収集のために，ハワイのワイキキで道順を尋ねる場面の会話を録音した。尋ねる側は NS10 名，NNS10 名だった。会話分析から，道順を尋ねる会話には，知らない人を丁寧に呼び止める，どこに行きたいのか説明する，交通手段や時間の質問に答える，道順の説明を理解する，わからないところを聞き返す，道順を復唱する，お礼を言って立ち去る，という基本的なパターンがあることが明らかになった。その上で，さらに，目的地までの距離による複雑さ，及び聞き手が NS か NNS かによる違いについても分析した。その結果，NS が尋ね手の場合は，近くて易しい道順の場合，尋ねられた相手は道順を一気に教えたが，遠くて難しい道順の場合は，道順を分けて伝え，道順の確認をするなど，道順の難易度が上がると道順の教え方が異なることが明らかになった。一方，NNS が尋ね手の場合は，道順の難易度に関わらず，基本的な流れは同じであることがわかった。教える側は，道順を少しずつ教え，聞き手が理解したかを確認しながら次のステップに移るという傾向があったのである。また，尋ね手は確認のために繰り返そうとはあまりしていなかった。したがって，タスクによっては，道順の尋ね手が NS か NNS かで，NS 側の反応が異なる場合があるということである。つまり，NS 同士の会話が必ずしもモデルとはなり得ないことがあることは留意したい点である。学習者の熟達度がそれほど高くない場合には，分析において必要な視点だと思われる。

　目標談話の分析手順については，Long（2022）が以下のように，より詳細に明確な方法を示している。

1) 目標タスクを成功させるために使用された言語（目標談話）の，音声
　または書面のサンプルを収集する。

2) サブタスクに対応する目標談話の断片を特定する。

3) どのサブタスクが必須でどれがオプションかを決定する。

4) サブタスクの流れを示すフローチャートを作成する。

5) それぞれのサブタスクと高頻度で共起する言語項目（文法，語彙，コロケーション，定型表現）を書き出す。

6) 第3–5段階の結果を使って当該目標談話のモデルを作成する。（モデルは教育タスクのベースとなる。）

7) 生徒の熟達度により，必要ならばインプットを精緻化する。

（Long, 2022, p. 168; 小柳訳）

　この手順に沿って，日本語で行われた事例報告を紹介する。Hillman & Long（2020）は，日本の大使館や領事館に派遣される海外勤務職員のための日本語プログラムのニーズ分析を行っている。こちらは，上述の Long（2022）の目標談話の分析の流れに沿ったものになっている。目標タスクを特定するために，まず手始めに職業事典を参照して職務の全体像を把握した。そして，国務省の現在／過去の職員（領域専門家）17名にメールを出し，12名から書面による内観（written introspection）の回答を得た。日本での3年間の滞在中に遭遇した日本語によるタスクをリストアップしてもらい，その時に遭遇した日本語のキーワードや表現も書き出してもらった。その結果，50の目標タスクが特定され，タスクのタイプで分類すると，以下のようなタスクがあることが明らかになった。

　　− 公務員，代表，ジャーナリスト，学者などに会う

　　− オフィスの受付係や警備員に指示を出したり，情報を得たりするために話す

　　− 公的な場で，あるいは受付や仕事先で日常の話題（交通，天気，食べ物，旅行など）について話す

　　− 日本人スタッフと話す

　　− レストランの予約や注文時に店のスタッフと話す

　　− 店のオーナーや店員と話す

さらに，67名の日本勤務の職員にオンライン上の質問紙調査を依頼し，32名から回答を得た。事前にパイロットスタディを行い書面による内観で特定された50の目標タスクに18のタスクが追加され，全部で68の目標タスクについて，それぞれの頻度を回答してもらった。その結果，回答者の日本語熟達度によって必要なタスクが異なることが明らかになった。日本語の熟達度が低いグループは，大使館や領事館内とプライベートな場面で日本語が必要だった。一方，日本語の熟達度が高いグループのみが遂行するタスクがあった。例えば，工場や会社，中小企業への訪問や，アメリカの政治家や軍司令官が来日した際の表敬訪問への随行などである。また，大使館の業務として，ビザ申請者にインタビューしたり，アメリカ人の問題について日本の警察官や刑務官と話すというタスクのニーズがあることが明らかになった。

　目標談話の分析例としてHillman & Long（2020）は，日本語の上級者に必要になる「祝辞を述べる」という目標タスクの談話分析の結果を報告している。日本語によるフォーマルなパブリックスピーチは，適切な語彙や定型表現の選択，敬語の使用が求められるため，頻度はそれほど高くなくても難易度の高いタスクだと見なされた。実際，ニーズ分析のインタビューでもそのような声が寄せられていた。まず，領域専門家である外交関係部署の勤務経験者3名に半構造化インタビューを行い，スピーチの構成や必要な表現などの情報を収集した。目標談話の分析の目的は，プロトタイプのL2使用モデルを作成することであった。当初は，日本人外交官のスピーチをモデルにしようと考えたが，日本ではほとんど公的なスピーチを行わないため，目標談話のサンプルを収集することはできなかった。それで，日本人が記念行事で行った祝辞を6本収集し，それを分析対象とした。目標談話6本を2名の評価者が別々にコード化し，評者間信頼性を算出して信頼性を確認した上で，目標談話の分析を進めた。

表3-3　サブタスクの記述　(Hillman & Long, 2020, pp. 133–134; 小柳訳)

	サブタスク	記述	表現	数[a]
1	聴衆に挨拶*	挨拶表現を使って直接，聴衆に挨拶する。	みなさん，こんばんは	2
2	自己紹介***	自己紹介(氏名，所属先での役職など)する。	私は〜の〜でございます／と申します	5
3	所属先の紹介	なぜ自分が所属先の代表として祝辞を述べるのかを説明する。	〜を代表いたしまして	1
4	主催者への祝辞***	主催者に丁寧に直接，祝辞を述べる。	お祝いを申し上げたいと思います，お祝いを申し上げる次第でございます，おめでとうございます，お喜び申し上げます	12
5	主催者への謝意*	行事の主催者へ直接，感謝の意を述べる。	ありがとうございます，恐縮をしております，準備していただき	2
6	主催団体への謝意**	行事の主催団体に対して感謝を表明する。	感謝を申し上げたい，御礼を申し上げる，ありがたく思う	4
7	聴衆への感謝*	一般の聴衆に対して感謝を表明する。	ありがとうございます	2
8	聴衆を歓迎	聴衆を歓迎する。	歓迎いたします	1
9	招待を受けた名誉の認識	行事に招かれスピーチするという名誉に言及する	光栄に存じている	1
10	主催団体への敬意**	主催団体への敬意を表明する	敬意を表する	3
11	準備不足の弁解	スピーチの準備が十分でないことへの弁解をする。	〜もんですから，〜させてきました，何も用意せずに	1
12	行事の重要性を説明する*	行事開催の背景を簡単に述べ，そのタイミングの需要性を説明する。	まさに始まろうとしています，盛大にこうして開催されました，ちょうど〜年ですね	3
13	行事についてのコメント**	行事に関連して感じたことをコメントする。	素晴らしくいい，うれしく思っております，心強く思っている	9

a　6本のサンプルから特定された数

14	主催団体の重要性の説明**	主催団体の業績や貢献，評判に言及する。	活動は高く評価されている，重要な役割を担っている	7
15	他の来賓への言及*	行事の他の来賓の氏名に直接，言及する。	～においでをいただきました，～からもお話ございました	2
16	現状の説明*	現在起きていることに触れる。	～ております，～ているところであります，よく言われる	10
17	現場についてのコメント	現在起きていることについての考えをコメントする。	～と思っております，～というふうに思っている，～と思う	6
18	コミットメントの表明	運動や目標を支持することを約束する。	お誓いしたいと思います	1
19	聴衆からの同意	聴衆に同意を求める。	いかがでしょうか	1
20	歴史的経緯の説明	歴史的な事実を説明する。	～年，～時代	3
21	過去の経験の共有	過去の経験に言及する。	かつては，思い出を作らせていただきました	1
22	将来的な発展の予測	将来の展望に言及し，将来的な発展への見通しを述べる。	さらなる飛躍を目ざして，今後の団体の活動	1
23	協力要請 *	協力を要請する。	連携協力をしながら，ご協力をよろしくお願い申し上げたいと思う次第でございます	2
24	将来の成功への願い***	主催団体や聴衆の将来の成功を祈念する。	ご健勝ご活躍をご祈念申し上げ，～を心からご祈念申し上げ，祈念申し上げ	6
	計			86

*** 5～6 本のスピーチで起きたサブタスク
 ** 3 本のスピーチで起きたサブタスク
  * 2 本のスピーチで起きたサブタスク

　表3-3 は 6 本のスピーチから特定されたサブタスクを示したものである。サブタスクの中には祝辞に必須のものもあるが，スピーチによってバリエーションが大きいことも明らかになった。サブタスクの記述とその頻度を基に，さらにスピーチの流れをフローチャートで示したのが図3-1である。長

方形で示した四つのサブタスクが基本的な流れで，必須のものである。その次に頻度が高かったものが平行四辺形で示した四つのサブタスクで，右側の楕円形で示したサブタスクは，6本中2本のスピーチに現れたもので，平行四辺形のサブタスクと入れ替えて，あるいは追加して使用されていたものである。

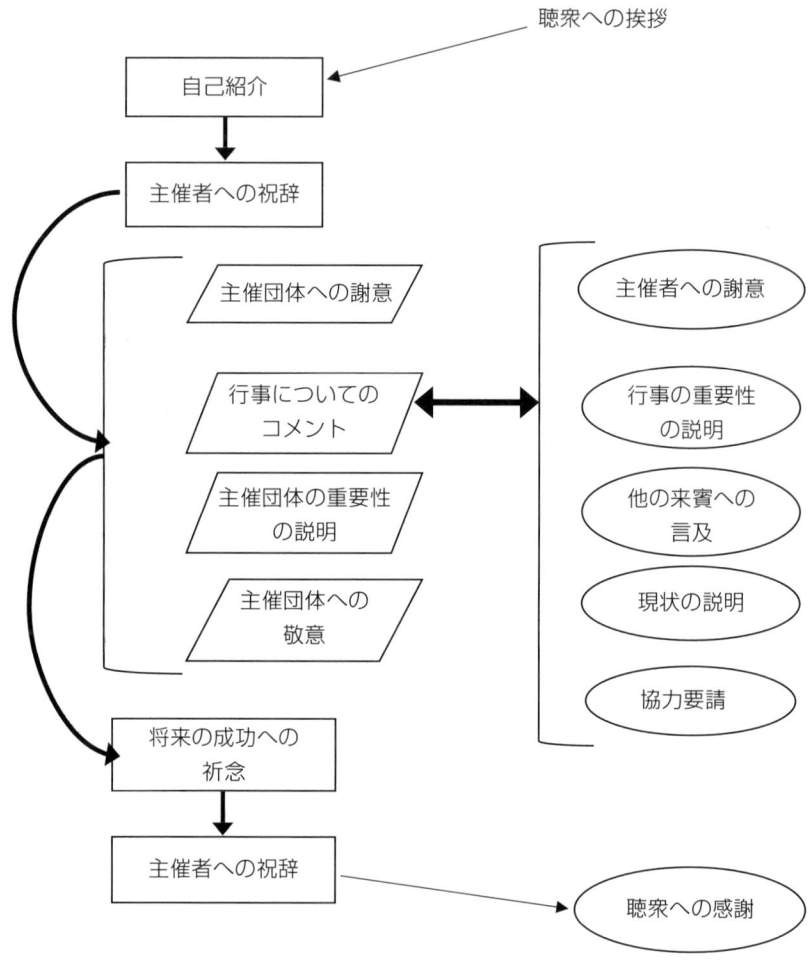

図 3-1　祝辞の全体の流れ（Hillman & Long, 2020, pp. 136; 小柳訳）

その次に，頻度が高いサブタスクと共起する言語項目を特定する必要がある。教材開発につなげるため，特に名詞，動詞句，コロケーションを精査した。名詞はネット上で公開されている『リーディング　チュウ太』で語彙のレベルを確認し，日本語能力試験では出題されないような専門用語が祝辞に

表3-4　コロケーションのリスト（Hillman & Long, 2020, p. 130; 小柳訳）

	動詞句	コロケーション
1	申し上げる	お祝い／お慶び／ご挨拶を申し上げる N3　　　　N2　　　　N3　　　　N3
2	ご祈念 申し上げる	（ますますの）ご発展ご健勝をご祈念申し上げる 　　　　　　　　N2　　BC　　　BC ご健勝ご活躍をご祈念申し上げる BC　　N2　　　BC
3	いただく	お出で／お越し／ご紹介／ご尽力をいただく N2　　　　BC　　　N3　　　BC　　　N4
4	賜る	ご尽力を賜る 　BC　　N1
5	させていただく	お祝いのことば／ごあいさつとさせていただく N3　　　N4　　　　　N3　　　　N4–N3
6	表する	敬意を表する N2　　BC
7	存じる	光栄に存じる BC　　N2
8	担う	役割を担う N2　　N1
9	受ける	感銘を受ける BC　　N3
10	目ざす	（さらなる）飛躍を目ざす 　　　　　　BC　　N2
11	作る	思い出を作る N2　　N4
12	築く	伝統を築く N2　　N1

N1，N2 などは日本語能力試験のレベル，BC は出題範囲外のもの

は含まれていることが明らかになった。動詞句は特に敬語に関するものが多く，敬語はもともと習得の難易度が高いとアメリカ人学習者に認識されているものであるが，分析した6本の祝辞において日本人でもバリエーションが大きいことがわかった。コロケーションは，SLA 研究でも一般に上級者でも習得が難しいとされていて（Boers & Lindstrombert, 2012; Wary, 2012; Yamashita & Jiang, 2012等），指導が必要な言語形式だと考えられる。この調査では，12のコロケーションが選定され，語彙レベルを『リーディング　チュウ太』で分析すると，その中には日本語能力試験の出題範囲外のものが含まれているケースが多いことが明らかになった。コロケーションのリストは表 3-4 の通りである。

　このように，サブタスクを特定し，それに伴う言語的特徴を分析した上で，祝辞のプロトタイプのモデルが作成された。これはタスク教材開発において，インプット活動としての聴解に使用したり，アウトプット活動として祝辞を述べるタスクを行う際に，教師にとってはフィードバックのポイントとして役立てることができる。Hillman & Long（2020）で紹介されている祝辞のプロトタイプのモデルを表 3-5 に示す。大使館や領事館勤務で想定されるのは日本における行事での祝辞だが，このプロトタイプの祝辞は，ワシントン DC の日本人コミュニティで行われるさくら祭り 100 周年記念行事の祝辞になっている。日本赴任前の日本語コースの受講生にはより身近に感じられるのではないかと配慮されたものである。二つのスピーチ共，目標談話の分析で特定され，頻度が高いとされた八つのサブタスクが含まれていることは共通だが，二つ目の方はさらにバリエーションのサブタスクが加わっている。

　このアメリカの外交官の祝辞の事例は，目標談話分析の一例だが，ここから始めるとなると，タスクベースの教材開発は，従来の教科書の執筆以上に時間と労力を必要とする作業だということがわかるだろう。しかし，一度ニーズ分析を行っておけば，その後も同様の学習者集団のニーズに合致した教材になると考えられる。Hillman & Long（2020）の報告は，目標談話のモデルを作成したところまでで終わっているが，このような分析を経てどのように教育タスクの教材開発につなげるかを次節で見ていきたい。

表3-5　プロトタイプのスピーチ（Long & Hillman, 2020, pp. 140–142; 小柳訳）

スピーチ 1

機能	スピーチ
自己紹介	わたくしは，アメリカ政府のスミスと申します。
主催団体への祝辞	この度は，ワシントンDCの桜の植樹100周年の祝賀会，本当におめでとうございます。
主催団体への謝意	このパーティーを主催された桜まつり基金のみなさまのご尽力に心からお礼を申し上げます。
行事へのコメント	美しい桜の花を通して，日本とアメリカがこのように交流できることを本当にうれしく思っております。
主催団体の重要性に言及	桜まつり基金は，桜まつりを始め，桜の管理やその歴史にについて広く一般の人々に向けて情報を発信されるなどして，日米関係の更なる発展に大きく貢献されてきたと思っております。
主催団体への敬意	ここに，この歴代の桜まつり基金の皆様に深く敬意を表したいと思います。
将来の成功への祈念	最後になりますが，ここにお集まりの皆様のますますのご健勝，日米交流のますますの発展を祈念して，お祝いのあいさつとさせていただきます。
主催者への祝辞	今日は本当におめでとうございます。

スピーチ 2

機能	スピーチ
聴衆へ挨拶	みなさん，こんばんは。
自己紹介	わたくしは，アメリカ政府のスミスでございます。
主催者への祝辞	この度は，ワシントンDCの桜の植樹100周年の祝賀会，本当におめでとうございます。
主催団体への謝意	このパーティーを主催された桜まつり基金の皆様のご尽力に心からお礼を申し上げます。
行事へのコメント	美しい桜の花を通して，アメリカと日本がこのように交流できることを，心からうれしく思っております。
他の来賓に言及	今日は，日米協会のXX会長を始め，日米商工会議所の代表の方々もお出でくださいました。

主催団体の重要性に言及	桜まつり基金は，桜まつりを始め，桜の管理やその歴史について広く一般の人々に向けて情報を発信されるなどして，日米関係の更なる発展に大きく貢献されてきたと思っております。
現状の説明	ここ最近十年ほどの間に，ワシントン DC 地域の日系企業の数が減り，桜まつり基金の経済的な支援をお願いするのに，多方面に働きかけておられると伺っております。
主催団体への敬意	ここに，この基金の皆様のご努力に深く敬意を表したいと思います。
協力要請	また，引き続き，桜まつり基金へのご支援を賜りますように，今日ご出席の皆様のご協力をどうぞよろしくお願い申し上げます。
将来の成功への祈念	最後になりますが，ここにお集まりの皆様のますますのご健勝，日米交流のますますの発展を祈念して，お祝いのあいさつとさせていただきます。
主催者への祝辞	今日は本当におめでとうございます。
聴衆への感謝	ありがとうございました。

3. シラバスデザイン

3.1 タスクの分類と選別

　ニーズ分析で特定された目標タスクは，その中から授業でどれを扱うかを選択し，教室で行う教育タスクに落とし込む必要がある。Gilabert & Malicka (2022) は，今のところ，ニーズ分析からタスクデザインへの移行がうまくいったことを報告している研究が少ないとしながらも，ニーズ分析ではタスクの様々な側面を明らかにし，詳細で正確なタスクの記述をすることが重要だとしている。また，対象となる学習者集団のニーズ分析をしたといっても，教室にいる一人ひとりの学習者のニーズは必ずしも同一ではない可能性がある。限られた授業時間の中では，目標タスクの優先順位を決める必要がある。そこで，目標タスクは，より抽象的なタスクのタイプに分類すると汎用性があるものになると考えられる（Gilabert & Malicka, 2022）。このようなタスクの分類が，目標タスクと教育タスクを媒介するものになるのである。

　目標タスクは包括的で複雑なプロセスから成るものであるが，それをサブ

タスクに分類する。実際，核となるタスクはサブタスクの集まりであることも多い。例えば，ジャーナリストに対するインタビューをタスクとした場合，目標タスクはインタビューそのものだが，そこに至るまでに様々なサブタスクが含まれているはずである。メールで相手に接触する，会合の時間と場所を設定する，過去のインタビュー記事を調べる，質問を用意するなどである。サブタスクが特定できると，特定の目標タスクを超えて他のタスクにも転移可能な汎用性が出てくると考えられる。ここでは「メールをする」は一つのグループにでき，ニーズが多少異なっていても，ほとんどの学習者に有益なタスクにすることができるであろう。他にも，レストラン，劇場，列車や飛行機の予約を変更するというタスクは「予約を変更する」というタスクに集約することができる。こうして，教室で培ったタスクベースの言語能力を，他のコンテクストでも応用可能なものにすることができる（Long, Lee & Hillman, 2019）と考えられている。

　Gilabert & Malicka（2022）は，目標タスク，及びサブタスクのリストの中からタスクを選別する際の基準として，頻度，訓練の必要性，難易度を挙げている。頻度とは，目標言語で実際にどの程度の頻度で必要になるタスクかということである。訓練の必要性とは，低頻度でしか起きなくても，学習者には不可欠なタスクで訓練を要するものかどうかという観点からの判断である。当然，訓練を要するタスクを優先する必要がある。難易度とは，領域専門家が認識するタスクの難易度や複雑さのことである。領域の専門家が難しい，あるいはハイステークで利害が大きいと見なすタスクは，高頻度で易しいタスクより優先順位が高いということになる。本章2.1で紹介したIizuka（2019）のニーズ分析では，タスクの重要度や難易度についても回答を求めていた（本章表3-1, 表3-2を参照されたい）。このような情報がタスクを選別するための判断材料になる。タスクとサブタスクが特定され，授業で扱うべきタスクが決定したら，次はそれを教育タスクにしていくのである。

3.2　教育タスクのデザイン

3.2.1　タスクの構成要素に関する枠組み

　TBLTのシラバスデザインでは，ニーズ分析により特定したタスクを分類

し，どのように配列するかを決めなくてはならない。Robinson（2001a, b）は，タスクの認知的な複雑さが，タスクの配列やシラバスデザインの唯一の基準だと見ている。言語的な複雑さや難易度に関する教師の直観や認識は，教室外で展開される実際の談話における言語使用とは必ずしも一致していない。それで，タスクの認知的要求度，すなわち認知的な負荷がどの程度かかるタスクかということが，タスクの難易度を決める基準になると考えられているのである。例えば，here and now という目の前にある事物，目の前で起きている出来事を描写するのは比較的簡単だが，there and then のように目の前にない事物や，時間的に離れた過去や未来のことを話すのは難易度が高くなる。また，推論を伴うタスクの方が推論を必要としないタスクより複雑で難易度が上がる。Robinson は，タスクの認知的複雑さを基準にすれば，それに伴い，言語的な複雑さもついてくると考えているのである。いずれにしても，言語形式ありきではシラバスを考えないということである。

　このような考え方の根拠となっているのが「認知仮説」（Robinson, 2005, 2007a, b, 2011）である（本書第2章第4節も参照されたい）。Robinson が，L1 における Cromer（1974）の認知仮説を L2 にも適用したもので，これは，概念的な発達が言語発達の基盤になるという考え方である。大人の L2 学習者は認知的に成熟しているとしても，L2 でも L1 と同様の概念的発達のプロセスをたどる必要があると見ているのである。Robinson とは異なる立場をとる Skehan（1998）は，注意の「容量制限仮説」を唱え，容量に限りがある注意資源において，正確さと複雑さは競合するのでトレードオフが起き，両方を同時に伸ばすことはできないとしている。一方，Robinson（1995, 2003, 2010）は，Wickens（1989, 2002, 2007）の多次元の注意資源モデルを取り入れ，言語という同一の次元という意味では，正確さと複雑さは競合せず，両者を同時に伸ばすことは可能だと見ている。確かに，第1章の3.2で扱ったように，SLA を記憶のメカニズムでとらえると，作動記憶のサブコンポーネントである中央実行系には注意配分を決定する機能があり，注意と記憶は表裏一体を成すものである。したがって，注意に容量制限があるというより，情報処理において類似する複数のキュー（手がかり）がある場合に注意が逸脱したり，課題遂行上の時間的制約によって言語形式に

注意を向けられるかどうかが決まると考える方が妥当だと思われる（小柳, 2005, 2016b）。

Robinson（2009, 2011）は, 認知仮説と多次元の注意資源モデルを理論的根拠にして, さらに, タスクの複雑さ, タスクの遂行条件, タスクの難易度の「三つの構成要素から成るタスクの枠組み（Triadic Componential Framework）」を提案している（表 3-6 参照）。その中心にあるのが「タスクの複雑さ（task complexity）」で, 認知的な負荷から見た複雑さを指す。複雑さを決定する変数として, 資源集約変数（resource-directing variables）と資源分散変数（resource-dispersing variables）がある。前者は, 認知的要求度が上がるほど, 学習者の注意が集約して言語形式（正確さと複雑さ）に向かうとされているものである。ただし, この場合, 流暢さは犠牲になる。この中には, タスクの要素の数, 時間的, 空間的移動, 推論の有無などが含まれる。後者は, それぞれの変数がプラスになるほど, 注意が言語運用全般に分散され, 流暢さを上げるのに役立つとされているものである。例えば, タスクの段階の数, 先行知識やプランニングの時間の有無などが含まれる。この資源分散変数をマイナスの方に操作すると認知的要求度が上がり, 資源集約変数と同様の働きをすると考えられる。認知的要求度が上がると, それだけ言語形式に注意が向かうので, 言語発達も進むと考えられている。

表の中央の「タスク遂行条件（task condition）」は, ISLA のインタラクション研究の成果から取り入れられたものである。参加型変数というのは, 意味交渉の頻度を左右する条件である。例えば, 情報の流れが双方向にあるか, タスクのゴールが収束的かといった条件により, 意味交渉の頻度が変化する。参加者変数というのは, 学習者の熟達度や学習者同士の親密度など, ペアワークやグループワークに影響する可能性がある条件である。これらの条件がタスクによるインタラクションに影響を与えることは確かだが, これはタスクを授業で用いる際の方法論上の問題であって, シラバスの基準ではないとされている（Robinson, 2001a, b）。つまり, タスクをどのような遂行条件で実施するかは, 後から教師が決めればいいことだと考えられているのである。また, 学習者要因が言語運用に影響することもある。学習者一人ひとりが有する言語適性などの認知的な側面や, 動機づけや言語不安などの情

意的な側面により，学習者個人がタスクの難しさをどう感じるかは異なるはずである。そこで，Robinson は，これらを学習者が感じる「タスクの難易度（task difficulty）」として，タスクの認知的な複雑さとは区別している。タスクの難易度は，学習者の個人差要因でもある能力や情意に依存する不安定なものである。教室ではそのような個人差が存在することを考慮した上で，一人ひとりの学習者をサポートする必要があるが，これもシラバスの配列を決める基準にはなり得ないとされているのである（Robinson, 2001a, b）。

表 3-6　三つの構成要素から成るタスクの枠組み
(Robinson, 2009, 2011 に基づく；小柳, 2013 訳)

タスクの複雑さ <task complexity> （認知的要因）	タスク遂行条件 <task condition> （相互交流的要因）	タスクの難易度 <task difficulty> （学習者要因）
分類基準：認知的要求度 分類手順：情報理論的分析	分類基準：相互交流的要求度 分類手順：行動記述的分析	分類基準：能力的要件 分類手順：能力評価分析
下位分類 a. 資源集約変数 　（認知的／概念的要求度）	下位分類 a. 参加型変数 　（相互交流的要求度）	下位分類 a. 能力変数及びタスクに 　適切な認知資源の違い
＋／－　今ここ	＋／－　開かれた解決	高／低　作動記憶
＋／－　少数の要素	＋／－　一方通行の情報の流れ	高／低　推論
－／＋　空間的推論	＋／－　収束的解決	高／低　課題のスイッチ
－／＋　因果的推論	＋／－　複数の参加者	高／低　適性
－／＋　意図的推論	＋／－　複数の貢献の必要性	高／低　場独立型
－／＋　視点取得	＋／－　意味交渉不要	高／低　心(mind)の察知
b. 資源分散変数 　（運用的／手続き的要求度）	b. 参加者変数 　（相互交流参加者の要求度）	b. 情意的変数及びタスクに 　適切な状況－特性の違い
＋／－　プランニング時間	＋／－　同様の熟達度レベル	高／低　オープン性
＋／－　先行知識	＋／－　同一のジェンダー	高／低　感情の制御
＋／－　単一タスク	＋／－　親密	高／低　タスクの動機づけ
＋／－　タスク構造	＋／－　内容に関する知識の共有	低／高　不安
＋／－　少数の段階	＋／－　平等のステータスや役割	高／低　伝達の意志
＋／－　各段階の独立性	＋／－　文化的知識の共有	高／低　自己効力感

実証面において，Robinson（2005, 2007b）の認知仮説及び複数注意資源仮説と Skehan（1998）の単一資源の容量制限モデルのどちらが有効かについて明確な答えは出ていないようである。しかしながら，Malicka（2020）は，先行研究を総括すると，プランニング時間またはタスクの繰り返しなどの変数に沿った単純なタスクは，言語産出，特に正確さと構造的な複雑さに効果があるとしている。また，here-and-now/there-and-then の変数に沿った複雑なタスクは，統語的複雑さにつながるとしている。また，要素の数及び推論の変数に沿って操作した複雑なタスクは，語彙的な複雑さにつながる傾向があると総括している。このように，Robinson の認知仮説に基づく実証研究は蓄積してきており（小柳，2018c 参照），TBLT のタスクデザインやシラバスデザインを考える上でのタスクの枠組みとして使われるようになっている。Skehan がタスクの難易度を左右する変数として挙げている先行知識の有無やプランニング時間の有無は，Robinson の枠組みの資源分散変数に当たり，Robinson の方がより包括的な枠組みになっていると言えるだろう。

3.2.2　教育タスクの配列

Gilabert & Malicka（2022）は，TBLT の最終目標は，問題を解決する，相手を説得する，製品を売るなど，実生活で行うタスクを遂行できるようになることだと述べている。そして，そのために教室で行う教育タスクは目標タスクの少し易しいバージョンになり，タスクベースの教材は，教育タスクの連続から成るものだと見なしている。また，Long, Lee & Hillman（2019）は，教育タスクは文法ベースの教材のような言語的なコントロールをしないのが原則で，簡略化するのは言語ではなくタスクの複雑さであり，易しいタスクから始め，次第にタスクの複雑さを上げて目標タスクに近づけていくべきだと述べている。TBLT は文法を教えない教授法だとか，正確さを重視していないと言われることがあるが，Long（2016）は，それは誤解だとしている。例えば，学習者に未知であってもタスク遂行に必要な語彙やコロケーションなどは，インプット中に含ませて肯定証拠として提供される。意味交渉や余剰性（パラフレーズや同義語の提示）によって未知の語彙や表現を理解可能にすることも目ざしている。さらに，否定的フィードバックを与えることも重

要な指導テクニックだと考えていて，否定証拠を与える手段としている。TBLT は学習者の言語的ニーズを扱うもので，適切なインプットの提供，タスクベースの練習，Focus on Form，否定的フィードバックなど，言語形式の指導の全てが教育タスクを通して行われることが，構造シラバスとタスクの併用のような task-supported の言語指導とは異なる点なのである（Long, 2015）。

　Samuda & Bygate（2022）も，教育タスクは，学習者がインプットを通して意味交渉を行い，複雑な情報の束の中から特定の言語的側面に注意を向けるような配慮がなされているか，流暢さを実現するような機会を提供できているかという観点から検討されるべきだと述べている。その意味では，言語形式は事前に決定するものではないが，言語使用領域の予測は可能だとしている。ニーズ分析で目標談話の分析も行うので，タスクの中で出現する語彙やコロケーション，文構造などはその中で特定されているはずである（前述の表 3-4 参照）。Gilabert & Malicka（2022）も，実生活タスクにおいてどんな言語やスキルが必要か，さらに具体的に必要な語彙や発話行為など，言語的な要求度については，ニーズ分析を通じてあらかじめ把握しておく必要があるとしている。

　Long（2005a）は，従来のニーズ分析は，言語の専門家の意見が色濃く反映されたもので，SLA のプロセスとは一貫性がなく，文脈から遊離した情報が提供されていたという問題点を挙げていた。したがって，TBLT では，SLA の知見を反映させ，意味のある方法でニーズ分析の結果がタスクデザインに反映されるべきだと考えられている（Malicka, Guerrero & Norris, 2019）。2.2 では，Long, Doughty & Chaudron（1999）のハワイで道順を尋ねるタスクの目標談話分析の例を紹介したが，それを反映させた教育タスク（pedagogic task: PT）の例が示されている（Long, 2015, pp. 271–273）ので，以下（表 3-7）に紹介する。また，TBLT というと初級のサバイバルタスクや職業的なニーズのタスクは想像しやすいが，上級で TBLT が実現可能なのかという疑問が出されることがある。Long 自身が提供している上級の教育タスクの流れについての例を，表 3-8 に示した。上級になると，学業で，あるいは将来の専門職を見据えたタスクなど，上級なりのタスクのニーズが

あるはずである[3]。抽象的な話題についてディスカッションしたり，報告書を書くことなどもタスクになり得ると思われる。

表3-7　道順を聞いてそれに従うタスク（サバイバルレベル）
(Long, 2015, pp. 271–273; Long, Doughty & Chaudron, 1999; 小柳訳)

PT1（本物の会話）

教材：録音機器

手順：三つのサンプル会話のテープを2回ずつ聞かせる。（学習者は全てを理解できなくてもよい。）　（5分）

PT2（断片的な文）

教材：パワーポイントのスライド，学習者用ワークシート

手順：スクリーンで簡単な3枚の地図を1枚ずつ見せる。一つの地図につき道順の断片の文を20個2回ずつ読み上げる。
　　　学習者はワークシートで道順を指でなぞる。教師は道順をさらに2回読み上げ，スクリーン上で場所を示し，学習者は自分が正しかったかどうかを確認。できれば学習者に教師側の役もさせる。　　（10分）

PT3（今どこにいますか？）

教材：パワーポイントのスライド，新たな3枚の簡単な地図(PT2より詳細なもの)，学習者用ワークシート

手順：基本的にPT2と同じ手順。目的地の距離が長くなり道順は複雑に。
　　　途中で今どこにいるかをクラス全体で確認。次第に個々の学習者を指名。「今どこにいるか？」「右手に銀行があるか？」などの確認。教師からは未習の語彙を教えない。タスクをやりながら覚えていく。
　　　60の新しい断片的な文と質問を提示。　　（10分）

PT4（道を尋ねる）

教材：録音機器，PT3と同じ地図とワークシート
　　　PT3で使用した60の道順と質問から15の項目と，同じタイプの新たな15の項目とそのワークシート。

3　様々なレベル，ニーズのタスクの教材ユニットの例がLong（2015）に紹介されているので，参照されたい。

手順：最初のサンプル会話三つとさらに新しい会話三つをテープで聞かせる。学習者を四人のグループにして，その中でペアを作る。一方のペアが道順を聞き，他方のペアが道順を教える。後で役割を交代して同様の練習をする。　（10分）

PT5（示されたルートをたどる）

教材：学習者に関連するL2環境における本物の3次元の旅行者用のシティマップ。地図には様々な場所への五つの異なるルートが示されている。五つのルートを説明する音声を10セット。

手順：地図上に示された五つの色付きの線に従いながら，音声10セットのうち2セットを聞く。　（5分）

PT6（示されていないルートをたどる）

教材：PT5と同様の地図。地図に示された起点から示されていない目的地までの道順を説明する5セットの音声。

手順：個人作業。記された起点からテープの道順に沿って目的地を探す。
　　　確認の質問には声を出して答え，必要なら教師は訂正する。　（10分）

PT7（目的地への行き方を見つける）

教材：PT5＆6と同じ地図。新たな道順の音声5セット。

手順：新しい五つの道順を聞いて，途中確認の質問などを挟まずに一気に道順を言われて，たどり着けるか試してみる。　（10分）

PT8（出口タスク：仮想現実の地図タスク）

ビデオやオーディオを用いた目標タスクのシミュレーションによる言語運用のアセスメント。

* PT は教育タスク（pedagogic task）の略

表3-8　複雑な政治問題に関するプロジェクト（上級レベル）
（Long, 2015, pp. 294–295; 小柳訳）

領域：社会科／国際関係／政治学（スペイン語）
目標タスクのタイプ：社会科の研究プロジェクトを行い報告する
目標タスク：マドリードにあるスペイン中央政府と自治州*の間の緊張関係について研究し，口頭と文書で報告する

* 原文は "semi-autonomous regions" だが，スペインの実情に合わせて「自治州」と訳した。

期間：5週にわたり授業10時間と授業外にさらに約20時間

研究課題：

(1)マドリッド(中央政府)からの独立を求めている主要な自治州はどれか。

(2)それらの自治州の政治的，経済的状況や要求はどのように異なるのか。

(3)さらなる独立を求める人々と反対する人々の態度や意見はどのように異なるのか。

教育タスク：

1. 教師によるモジュールの導入。テーマや調査方法のガイダンス

2. テレビニュースのビデオ，政治的スピーチ，ドキュメンタリー番組などの視聴。内容についてのディスカッションやインプット中に出てくる語彙やコロケーションに学習者の注意を向けさせる。言語使用域や方言，ジェンダーによる違いなどにも気づかせる。テーマに関する読み物を与える。

3. 教室の外で，どのように調査を始めるかを説明する(インターネット検索や図書館のリソースを利用するなど)。学習者は次の授業でどんなことが見つかったかを報告する。

4. 二～三人のグループでテーマに関するスペイン人への質問紙調査をデザインする。教師は特別な語彙やコロケーション，内容についてアドバイスする。各グループの草案はクラス全体で一つの質問紙調査に統合する。

5. スペイン語母語話者による研究方法に関する講義。同じトピックについてスペイン語で読む(読解スキルについてフォローアップ活動を行う)。

6. 数人のスペイン語話者の教員，ジャーナリストなど(必要なら録音したもの)によるマドリッドと自治州との現在の関係についての講義。同じトピックの読解(読解スキルについてフォローアップ活動を行う)。

7. クラス全体でスペイン語話者の回答者について態度／意見に関する調査を行う。クラスでデータを分析，報告，考察する。

8. スペイン人の生か録音されたインタビューを観察する。インタビューにおける言語の問題にも学習者に注意を向けさせる。

9. 学習者はインタビューの練習をし録音する。批評したり言語上の問題に焦点を当てたりした上で，スペイン人へインタビュー(録音)を行う。

10. 録音テープは言語上の問題について批評される。学習者はインタビュー結果を要約し報告する。

11. 質問紙とインタビュー結果の最終の口頭報告を準備する。これらは内容と言語両方の観点から批評される。

12. 評価／出口タスク：録画した最終報告，及び研究結果と研究課題の回答について文書の報告書を作成し，それらを評価する。学習者には言語的な問題や改善の余地がある領域についてフィードバックをする。

3.2.3　タスク配列の SSARC モデル

　Long（2015）は，目標タスクを念頭に行う教育タスクの重みづけについて，目標タスクに内在する複雑さ，例えば，タスクの構成要素や段階，タスクの内容の時間的，空間的な位置づけなどを基準として挙げていた。そして，その中でインプットとアウトプットの活動を循環させるようなタスクの配列を推奨している。Long は，さらに，以下に紹介する Robinson の「SSARC モデル」にも言及し，タスクの配列を考慮する上での選択肢の一つとしている。Robinson（2010, 2015a, b, 2020, 2022）は，認知仮説と多次元注意資源モデルに基づいた「三つの構成要素から成るタスクの枠組み（本章表 3-6）」の提示に加え，タスクの配列については「SSARC モデル」を示し，より具体的な提案をしている（図 3-2 参照）。このアルファベットは，S（Simplify：簡略化）S（Stabilize：安定化）A（Automatize：自動化）R（Restructuring：再構築）C（Complexify：複雑化）を表したものである。

段階 1	＜SS: Simplify, Stabilize 単純なタスク，言語運用の安定化＞
	タスクは資源集約変数の次元においても資源分散変数の次元においても認知的要求度が低く単純なもので，言語運用を安定させる
	例　－意図的推論，＋プランニング時間
段階 2	＜A: Automatize 自動化＞
	タスクは資源集約変数の次元において簡単だが，資源分散変数の次元においては複雑にして，自動化を図る
	例　－意図的推論，－プランニング時間
段階 3	＜RC: Restructuring, Complexify 再構築，複雑化＞
	タスクは資源集約変数の次元においても資源分散変数の次元においても認知的要求度の高いものにする
	例　＋意図的推論，－プランニング時間

図 3-2　タスク配列の SSARC モデルによる教育タスクの複雑さの操作
（Robinson, 2022 に基づく；小柳訳）

このモデルでは，教育タスクの認知的な複雑さをどのように操作し，単純なタスクから複雑なタスクへと配列するかが示されている。認知的要求度は，資源集約変数と資源分散変数により操作される。前者は認知的要求度が上がるほど，学習者の注意が集約して内容に向かうとされているものである。この変数は，「±今ここ（here-and-now）」や推論の有無など，認知的／概念的な要求度に関わる。要求度に応じて，タスク遂行に必要な言語形式や語彙，コロケーションにも注意が向くと考えられる。後者は，プランニング時間や先行知識の有無などを含み，この変数がプラスになるほど，注意が言語運用全般に向けられ，流暢さを上げるのに役立つ。マイナスの方に操作すると，認知的要求度が上がり資源集約変数と同様の働きをすると考えられる。

SSARC モデルにおいて，第 1 段階では，資源集約変数と資源分散変数の両方で，タスクの認知的要求度を下げた単純なタスクを遂行し，安定してパフォーマンスができるような教育タスクを行う。例えば，資源集約変数の推論要求をなくして難易度を下げ，また，資源分散変数のプランニング時間を与えることでパフォーマンス全体に注意を向けることができる。このような単純なタスクによりスキルの安定化を図るのである。第 2 段階では，資源分散変数のみ認知的要求度を上げ，さらなる練習によりスキルの自動化を目ざす。第 3 段階では，資源集約変数においても認知的要求度を上げて複雑なタスクを行い，言語的により複雑な言語を産出できるよう促す。例えば，意図的推論を伴うタスクにして認知的に複雑にするのである。第 1，第 2 段階でスキルの安定化，自動化を図ったところで，第 3 段階ではさらに認知的複雑さを上げ，学習者の認知的な学習メカニズムに言語形式を取り込んで，既存の言語知識の再構築を促す。このようなプロセスを通じて学習者の言語発達を促進しようとしているのである。

Lambert & Robinson（2014）は，このモデルを使った初期の研究で，日本の英語専攻の大学生の物語要約タスクにおける実証研究を行っている。SSARC モデルに基づいたタスクの配列で物語の要約タスクを行った実験群と，内容中心の授業の中で同様のタスクを行うが，言語運用の改善は学習者自身に任されていた統制群を比較した。この実験群のタスク配列は，表 3-9,表 3-10 の通り，資源集約変数と資源分散変数が操作され，タスクの複雑さが

3段階に操作されている。既存の大学の2クラスを使った準実験で，事前に英語の熟達度や学習者要因（言語適性，動機づけ，学習背景など）に二つのグループに違いがないことを確認した。二つのグループ共，事後テストで統語的に複雑な従属節などを多く生成していることがわかったが，文法的な正確さや明示的な推論表現の使用においてSSARCモデルによる実験群の優位性は確立できなかった。これについては，領域専門家がタスクのパフォーマンスを評価したら，結果が変わっていた可能性があることや，この研究の参加者の英語の学習経験が豊富で，物語の要約という目標タスクに向かって，両グループ共，L2資源を活用できていたという可能性が指摘されている。

表3-9 操作された資源集約タスク要因
(Lambert & Robinson, 2014, p. 214; 小柳訳)

	レベル1	レベル2	レベル3
要素の数	観察可能な出来事	＋心的状態	＋無関係な出来事
推論要求	なし	意図的	意図的

表3-10 操作された資源分散タスク要因
(Lambert & Robinson, 2014, p. 214; 小柳訳)

	レベル1	レベル2	レベル3
プランニング時間	＋ → －	＋ → －	＋ → －
先行知識	＋ → －	＋ → －	＋ → －
段階の数	8～24枚の絵	60枚の絵	本物の物語
マルチタスク	単一	二重	二重

このようなサイクルで教育タスクを配列したモジュールの例を，Lambert（2020）が紹介している。日本の英語専攻の大学生のために考えられた短い物語を要約するというのが目標タスクで，2回のレッスンに分けて実施される。この中で操作されたのは，資源集約変数の視点取得と資源分散変数のプランニング時間である。段階1では，時間制限を設けず，プランニングの時間が十分に取れるようになっている。そして，次第にプランニング時間を短縮し，最後はプランニング時間なしでタスクを遂行することが求められ

る。資源集約変数については，段階2までは認知的負荷が低いが，段階3では登場人物それぞれの視点に立って，物語の中で登場人物が考え感じていることまでを表現する必要があり，認知的な負荷が上がっている。

　このモジュールの中で，まず，その時点のL2リソースを活性化し安定化を図るために，プランニングの時間がある中で，宿題として物語を読み，要約を書いて準備することが求められる。クラスでは，プランニングの時間と物語についての先行知識を排除することにより，次第に認知的要求度が上がるタスクを遂行してL2リソースの自動化を目ざす。それから，学習者は，理由づけや登場人物の視点を明示する方法に注意を向けられるようなインプット活動を行う。再び物語を要約する際には，理由づけや登場人物の視点を特定することにより，ナラティブをさらに複雑化し，再構成することが求められる。タスクの配列は表3-11の通りである。実際の授業の中では，アウトプット活動でSSARCモデルの3段階のタスクを操作するだけでなく，必要に応じてインプット活動が取り入れられている。特に第3段階は，認知的要求度を上げて言語形式に注意を向ける段階なので，その前にインプット活動として肯定証拠を与えておくのは有効だと思われる。このように，変数を操作するメインのタスクは三つであるが，実際の授業では，タスクベースの宿題やインプットのタスクが含まれ，グループの構成も工夫してあり，内容はより濃密なものになっている。

表3-11　SSARCモデルによるタスクの配列
(Lambert, 2020, pp. 27–28; 小柳訳)

タスク1：宿題　授業の前に，学習者は四つの物語のうち一つを読み，それをどう要約して話すかを書いてまとめたものを準備する。時間制限なし。

レッスン1
タスク2：4名のグループで物語を要約する。学習者はグループの中でペアになって自分の物語を要約して話し，パートナーの物語を再話できるようメモを取る。順番を交代して，プランニング時間なしでパートナーにその物語を要約して再話し，お互いの理解を確かめ合い，必要なら訂正する。グループの他の2名とも同じプロセスを繰り返す。これにより，1) 3回プランニングした物語を要約し，2)

三つの新たな物語をプランニングなしに再話することになる。これらのタスクに時間制限は設けない。

タスク3：熟達した話し手の四つの物語の要約を聞き，1) 主要な陳述がなされたかどうか，2) それぞれの語りに出来事が含まれていたかどうか，3) それぞれの物語について結論があったかどうかを特定し，4) 心的状態（remembers, wonders, hopes, anticipates 等）を説明するために 48 の単語のうちどれが使われたかどうかを見つけ出す。

タスク4：熟達した話し手が，学習者が宿題で準備した物語をどう語ったか，その文字起こしを読み，10 分間で自分の要約をどう改善するか計画する。学習者はタスク2* の流れを後で繰り返す必要があることを告げられる。

タスク5：タスク2* の流れを繰り返す。学習者の中では 1) 3 回プランニングした物語を要約し，2) 三つの新しい物語を再話することになる。毎回パートナーを変え，タスクを繰り返し，自動化を促すためにタスク遂行の時間制限は短縮していく。

宿題

タスク6：主要な要素が強調されたクラスで使った要約の文字版を復習する。四つの新しい物語のうち一つを読み，クラスで，または文字版から学んだことに基づいて要約を準備する。これらの物語は，日本人作家ではなく，（先行知識が少ない）アメリカ人作家のものを用い，前に要約したものより長くなっている（要素が多くなっている）。学習者は，物語の重要な出来事のみ選び，登場人物が何を考え感じて行動を起こしたのかを話し，物語が何を意味するかについて結論を出すように指示される。

レッスン2

タスク7：4 名のグループで物語を要約する。学習者はグループ内でペアになり自分の物語を要約し，パートナーの物語を再要約できるようメモを取る。学習者はプランニングの時間なしで，新しい物語をパートナーに要約して伝え返し，パートナーはその理解が正しいかをチェックし，必要なら訂正する。学習者は自分のグループ内の他の 2 名とも同様のプロセスを繰り返し，1) 準備した物語を 3 回繰り返す 2) プランニングなしで 3 回新しい物語を再話する。パフォーマンスに時間制限は設けない。

タスク 8：グループを変える。学習者は宿題で準備しなかった三つの物語のうち一つを選ぶ。異なるパートナーに 3 回物語を伝える。学習者は物語の重要な出来事のみを選び，登場人物が何を考え感じて行動を起こしたのかを話し，物語が何を意味しているかについて結論を出すように指示される。残る二つの準備していない物語についても 3 回同じプロセスを繰り返す。タスクを 3 回遂行する時間は，毎回短縮される。

---

* 原文はタスク 1 となっているが，内容から判断してタスク 2 とした。

3.2.4　ニーズ分析に基づくタスクデザイン

　教育タスクのデザインや配列にはニーズ分析の結果が反映されるべきだが，それがどうやって実現可能になるかを明確にした実証研究はあまり見られなかった。その中で，Gilabert & Malicka（2022）が例外として挙げているのが，Malicka, Guerrero & Norris（2019）の事例である。Malicka 等は，ホテルの受付係の仕事についてニーズ分析を行った。調査対象は，スペインのカタロニアのホテルのベテラン受付係（領域専門家）5 名と，インターンシップとして受付係をする学生（領域初心者）5 名で，全員がスペイン語話者かスペイン語／カタロニア語のバイリンガルであった。観光地として人気があるカタロニアのホテル業界では，英語でのゲストの応対が求められていた。ニーズ分析の方法は，職場の観察と調査対象者への半構造化インタビューであった。観察の目的は真正性のあるタスクの談話サンプルの収集や，受付係の言語的ニーズについて情報を収集することであった。観察者は少し離れたところで業務を見守り，3 時間の観察を 4 回行った。業務の邪魔をしないよう録音はせず，フィールドノートとして記録した。インタビューでは，日常のタスクの種類とその頻度，それらのタスクの難易度や，タスクを行うのに必要な言語について回答してもらった。10 名の参加者それぞれに 45 〜 75 分のインタビューを行い，それが録音された。

　観察と半構造化インタビューの結果から，受付係としてのタスクをまず列挙した。特定された目標タスクの大部分はゲストとの対面，または電話でのやりとりだったが，領域専門家からは，低頻度ではあるが，メールでのやりとりがあることも指摘された。インタビューと観察の分析結果は概ね一致していたが，インタビューからは出てこなかったことで観察から明らかになっ

たのは，ゲストとのやりとりの中で雑談のタスクがあることであった。また，観察により，それぞれのタスクの構成要素や段階がより明確になった。例えば，タスクには，描写する，説明する，謝罪する，説得する，正当化するというような構成要素があることが明らかになったのである。

　ニーズ分析で特定された目標タスクは50種類あったが，目標タスクそれぞれの頻度や難易度についてもインタビューで回答を得た。また，目標タスクを基に，言語の専門家であるMalicka等が上位概念の八つのタスクに分類した。Malicka, Guerrero & Norris（2019）が目標タスクの一部を論文中に公開しているので，表3-12に例として示す。タスクの難易度を決定するにあたり，チェックイン，チェックアウトは常に同じ手順で行われるので，易しいタスクと見なされた。ゲストの要求（毛布の追加，備え付け機器の破損など）への対処も，ホテルの施設部に仲介すればいいだけなので易しいタスクと判定された。比較的難しいと見なされたのは，お薦めのレストランを教える，道順を教える，オーバーブッキングに対処するという三つのタスクであった。

　難しいタスクについては，さらに認知的な難易度について分析を進めた。お薦めのレストランなどを教える場合，単純なタスクとは，受付係がなじみのあるエリアのよく知っているレストランで，ホテルのリーフレットに掲載されているなど限られたオプションから選んで薦める場合である。複雑なタスクは，その反対に受付係があまりよく知らないエリアの，行ったことがないレストランを薦める場合である。リーフレットが英語で書かれていれば，さらに難易度が上がる。すなわち，このタスクの変数はレストランのオプションの数と受付係のレストランの熟知度である。次に，道順を教えるタスクでは，単純なタスクとは，よく知っている狭いエリアの道順を対面で教えることで，交通手段のオプションが少ないものである。複雑なタスクとは，なじみのない，より広いエリアで交通手段のオプションが多い道順を電話で伝えるものである。さらに最も複雑なタスクは，運転中によく知らないエリアで道に迷ったゲストに，電話でホテルに戻る道を教えるものである。これは，インターネット上の地図で道を確認しながら，ゲストの位置情報から左右どちらに曲がるかなどの指示を出すので，難易度が高くなる。このタスクでは，他者の視点に立つかどうか，複数の情報源を使うか，複数の条件が重なるかどうかが変数となっている。

表 3-12 目標タスクのタイプ，目標タスク及びその頻度
(Malicka, Guerrero & Norris, 2019, p. 86; 小柳訳)

目標タスクのタイプ	目標タスク	目標タスクの頻度
ゲストの歓迎と送迎	・チェックイン ・チェックアウト	毎時
情報の提供	・ホテルの施設やサービスについての情報提供 ・料金に関する情報提供	毎時
道順の指示	・街中にある場所への道順を教える ・町の外の場所への道順を教える	日常的
推薦する	・関心のある場所を推薦する ・郷土料理を出すレストランを推薦する ・文化的イベントを推薦する	日常的
要求に対処	・禁煙室の希望 ・特別な眺望の部屋の希望 ・部屋の大きさの希望 ・部屋の階の希望 ・目覚ましコール ・部屋の備品の追加希望	1日に数回
問題解決	・部屋の中の設備(TV，エアコン，電灯，お湯など)の不具合 ・オーバーブッキング	1日に数回 時々
不満への対応	・部屋の騒音 ・エレベーターの遅さ ・部屋の湿気 ・朝食の不味さ	1週間に数回
事故や事件への対処法	・ホテルの敷地内(プールへの転落など) ・ホテルの敷地外(パスポートやその他の書類やお金の紛失など)	時々

　目標タスクの言語的難易度について，特に領域初心者からは専門用語の知識が不足していて，タスクで良いパフォーマンスをするためには不可欠だとの声があった。しかし，観察してみると，特定の専門語彙の欠如は会話の流れを邪魔することはなかったことが明らかになった。領域専門家は，丁寧で親切な対応であれば，専門用語を知らないことはそれほど問題ではないと考えているようだった。実際，領域初心者であるインターンの受付係は丁寧さ

を欠いた対応をしていることが観察され，訓練が必要だと判断された。また，トライアンギュレーションによりニーズ調査の結果を精査したところ，初心者のニーズは口頭のタスクに集中して言及していたが，領域専門家は仕事の一部として読み書きのスキルも必要なことに気づいており，経験により認識の違いがあることも明らかになった。また，インタビューを受けた調査対象者から日常のタスクやその頻度に関する直観的な意見が出されたが，観察を通してその確証が得られた。さらに，領域の初心者も専門家もタスクの言語的な要件について有意義な見解を示したが，言語専門家が業務を観察することにより，具体的な談話サンプルを収集し，言語材料を得ることが可能になった。このようにして，ニーズ分析の参加者×方法のトライアンギュレーションを通じて，情報を補完，補強し合い，ニーズ分析の信頼性が高められたと言えるだろう。

　Malicka, Guerrero & Norris（2019）は，ニーズ分析から得られたこのような情報に基づき開発した，教育ユニットの事例についても報告している。前述の認知的に複雑とされた三つのタスクのうち，オーバーブッキングの教育タスクのデザインが報告されている。これを選択したのは，オーバーブッキングのような問題解決タスクは受付係の業務に典型的なタスクのカテゴリーであり，タスクの複雑さを変数に分類して，複雑さの度合いを操作できると考えたからである。要素の数をタスクの変数とし，その中には①受付係がゲストについて保持している情報の数，②予約の詳細，③他の解決方法に関する情報が挙げられている。具体的にはゲストのプロフィール，ホテルや部屋のオプションで変数を操作した。また，タスクにおける心的操作として，状況への謝罪，他のオプションを説明する，解決方法の正当な理由づけをすることが求められ，推論の要求度もタスクの複雑さを上げる変数と見なされた。表3-6のRobinsonの表を最初に見ると，変数の何を操作していいか戸惑うかもしれないが，ニーズ分析で得られた情報に基づくと，どんな要素がタスクの複雑さに影響を与えているか見当がつくはずである。それを資源集約変数や資源分散変数に後から関連付けていけば，タスクの認知的複雑さの操作も容易になると考えられる。

　オーバーブッキングの単純なタスクは，ホテルでゲストにその時点で宿泊

可能な部屋のタイプの説明をするというものだった。ゲストの背景情報や特徴を考慮することなく，宿泊可能な部屋の情報（ホテル内の部屋の位置，予算，眺望，食事プラン等）を説明すればいいので，オプションの説明という一つの心的操作で済む。異なる情報を比較したり，ゲストとやりとりしたりする必要もないので，単純なタスクとされたのである。複雑なタスクでは，ゲストに状況の詳細を説明し，ゲストのプロフィールに合わせて宿泊可能な部屋のオプションを提示し，ゲストにとって最良の解決策を提案するというものであった。これは，ゲストに説明しながら，ゲストの顧客情報や部屋のオプションに同時に注意を向ける必要があり，作動記憶への負担が大きいものだと考えられる。要素の数と推論要求の難易度が両方同時に上がると，タスクが複雑になると見なされた。より複雑なタスクでは，謝罪，説明，推薦の全ての特徴をタスクが備え，特に一つのオプションに正当な理由づけをして薦める必要があった。情報の数を増やし，ホテルの場所，公共交通手段，インターネット，眺望，テラス，駐車場，プール，食事プランなどを含めれば，さらに認知的負荷が高いタスクになる。

このような教育タスクのデザインにおいて，Malicka, Guerrero, & Norris (2019) は，ニーズ分析がどのように活用されたかを以下のようにまとめている。

- 頻度が高いタスクは，頻度が低いタスクより早めに扱う。
- 認知的に易しいタスクから難しいタスクへと配列する。
- ニーズ分析によりタスクの複雑さを分析し文脈化する。
- 言語的な難易度の分析は，プレタスク（リスニングタスク等）の段階で必要な語彙や表現に触れさせるかどうかを検討する材料になる。
- 言語的要件によっては，例えば，丁寧さについては，プレタスクとして受付係とゲストの会話を聞かせたり，ポストタスクで受付係の様々な対応を示したりして適切かどうかを話し合ってもよい。
- ゲストの役をするタスクの参加者には，様々な特徴を備えたゲストを演じる必要がある。
- ニーズ分析はどんなパフォーマンスが適切で良いものなのかを教えて

くれる。それらを評価の基準に盛り込むことができる（例えば，丁寧さなどの語用的側面，領域固有の用語，ゲストとの雑談など）。

　SSARC モデルの実証研究は，上述の Lambert & Robinson（2014）を含み，いくつか（Kim & Payant, 2014; Levkina & Gilabert, 2014; Malicka, 2014 等）なされている。これらの研究では，単純なタスクから複雑なタスクへと配列したグループとランダムな配列のグループとが比較されたのだが，パフォーマンスに明確な違いが見いだせなかった。そこで，Malicka（2020）は，単純なタスクから複雑なタスクへと配列したグループと，ベースラインデータとして，個々のタスクを単独で行ったグループとを比較した。Malicka は，ツーリズムを学ぶ大学生を対象に，ホテルでの受付係のタスクで実験を行っている。これは，前述の Malicka, Guerrero & Norris（2019）が開発したタスク教材を使用したものである。タスクのゴールは，ゲストに部屋やホテルの変更先を提示して問題解決を図るというものである。実験の参加者には，ゲストのプロフィールとホテルの部屋，さらに別のホテルのオプションの情報が与えられた。操作した資源集約変数は要素の数と推論要求であった。前者は，三人のゲスト全てのプロフィールを使うかどうかで，後者は推論の有無で操作された。

　　単純なタスク（S）：ゲストのプロフィールを考慮せずに，ホテルが提供
　　　　　　　　　　　　できるオプションを提示する（一方向の情報伝達）。
　　複雑なタスク（C）：オーバーブッキング。謝罪，別の部屋／ホテルの描
　　　　　　　　　　　　写，ゲストのプロフィールに合ったオプションの提示。
　　より複雑なタスク（CC）：（C）の条件に加え，三人それぞれに最も良い
　　　　　　　　　　　　解決方法を見つけ出す。

　その結果，単純なタスク（S）から複雑なタスク（CC）への配列は，個々のタスクを単独で行った場合より，話す速度が速くなり，自己訂正が多かったことで部分的に正確さが高まり，句に含まれる語の数で測定した構造的複雑さが増したことが明らかになった。語彙的な複雑さにおいては違いが見ら

れなかった。タスクを配列したグループにおいて，正確さや構造的複雑さが上がったことは，Robinson（2010）の認知仮説の予測通りの結果である。流暢さも上がったのは，三つのタスクを繰り返したため，最初のタスクで遭遇した手順が複雑なタスクにも転移し，概念的なプランニングの負担が軽減され，メッセージの伝達が自動化されたのではないかと考えられる（Malicka, 2020）。

　以上，見てきたように，TBLT ではニーズ分析を行い，教育タスクのデザインや配列に至るまで，ニーズ分析で得られた結果を拠り所にして教材開発を行うことが推奨されている。一つのユニットの中での教育タスクの配列が重要で，単純で易しいタスクから複雑で難しいタスクに移行しながらパフォーマンスすることで，目標タスクに近づけようというものである。一つのコース，あるいは 1 冊の教科書として見た場合のシラバスは，モジュール式で構成され，その時々の学習者のニーズや教室での学習時間の制約の中で，優先順位を決めてクラスで扱うことになるだろう。その意味では，だれにでも使える教科書を制作するのは難しくなる可能性がある。教師の教材開発の能力が今まで以上に求められるだろう。ニーズ分析においては，どんな単語や表現などが必要なタスクなのかも分析するので，それは事前に把握できている。しかし，TBLT は，言語形式を中心にシラバスを構成するやり方とは全く異なるアプローチをとっている。目標タスクにおける行動目標の達成を促しながら，学習者に学んでほしい言語的側面は，インプットとアウトプットを組み合わせて，その中で学習者に気づかせる工夫が必要になる。

4.　言語運用能力のアセスメント

4.1　タスクベースの言語アセスメント（TBLA）

　言語テスティングにおいては，1990 年代頃から伝統的なテスティングに代わる新しいテスト手法（ポートフォリオ評価，パフォーマンス評価など）が様々提案されるようになった[5]。個別項目（discrete point）の語彙や文法のテストではなく，目標言語でどのようなコミュニケーションが行えるかを測

5　日本語教育におけるアセスメントの動向については，佐藤・熊谷（2010）を参照されたい。

定しようというパフォーマンス評価の流れ（McNamara, 1996 等）と相まって、TBLT における学習者の言語能力の測定方法として、「タスクベースの言語アセスメント（Task-Based Language Assessment: TBLA）」への関心が高まった。TBLA の目的は、学習者が基準に見合う適切なタスク遂行ができるかを判定するもので、TBLT 以外の領域にもタスクが使用されている（Norris, 2016; Van den Branden, 2021）。昨今は、「ヨーロッパ言語共通参照枠（Common European Framework of Reference for Languages: 以下、CEFR）」の Can-do 能力記述文によるレベル別の能力基準が外国語教育に導入されるようになり、どんなタスクが遂行できるかが言語アセスメントの開発や検証の拠り所にもなっている。CEFR は行動中心アプローチをとり、言語を使って行動として何ができるかを重視しているという点で、TBLT とは親和性が高い。ただし、CEFR の Can-do 能力記述文は TBLT でいうタスクより抽象度が高い記述になっているので、実際のアセスメントではより具体的なタスクの記述が必要である。近年は、英語の標準化された大規模試験（TOEFL-iBT や IELTS 等）[6] における熟達度テストや、職務固有（看護師, 航空管制官等）の言語能力のアセスメントにもタスクが用いられるようになっている。

　Long（2015）は、TBLT プログラムのゴールは、学習者に目標タスクを成功裡に遂行するために必要な言語能力を身につけさせることで、評価も当然タスクベースのパフォーマンステストになると述べている。Norris（2016）はタスクベースのパフォーマンスを評価する意義を、以下のように示している。

1) タスクベースのパフォーマンスは、機能的な言語使用に焦点を当てたカリキュラムやインストラクションと連携できる。
2) タスクベースのパフォーマンスは、個別項目のテストでは提供できない、特定の条件下における特定のタスクを達成する能力を測定できる。

6　TOEFL-iBT は、Test of English as a Foreign Language-Internet-Base Testing の略で、アメリカで開発された英語圏の大学、大学院留学のための英語能力証明に使用される。IELTS は International English Language Testing System の略で、イギリスで開発された英語圏の大学、大学院、就職や移住などの英語能力証明に使用される。

3) タスクベースのパフォーマンスは，コンテクストにおける意味のある
内容を伴った言語使用を抽出し，観察する機会を提供する。そこに
は，単なる言語以上の伝達的な言語使用が常により多く見られ，タス
クはこれらの次元をよりよくとらえることができる。

4) タスクベースのパフォーマンスは，一つの事例の中で言語能力や言語
発達の複数の側面（複雑さ／正確さ／流暢さ，内容的知識，手続き的
知識，専門的スキル，語用的感受性など）を明らかにすることができ
る。

5) タスクベースのパフォーマンスは，多くの場合，言語クラスやプログ
ラムが期待する目標を示したものなので，学習成果を有益に反映した
ものとして役立てられる。

（Norris, 2016, pp. 240–241; 小柳訳）

　このようなテストの評価は，集団基準準拠（norm-referenced）ではなく，
目標基準準拠（criterion-referenced）であるべきだとされている（Norris,
2016, 2018; Van den Brandon, 2021 等）。集団の中で人と比べて順位づけする
ような評価方法ではなく，学習者それぞれが基準に照らして目標が達成でき
たかどうかを評価するもので，タスク遂行という行動目標を掲げる TBLT
には理にかなった評価方法だと言えるであろう。目標基準準拠のテストの方
が，学習者やステークホルダーに利用価値のある情報を提供でき，ポジティ
ブなテストの波及効果も期待できる。また，現実社会で必要となるタスクの
パフォーマンスが評価されるので，測定すべき能力が測定され，テストとし
て表面的妥当性が高い（Norris, 2009 等）と言えるだろう。
　TBLA において問題になるのがタスクパフォーマンスの評価方法である。
Long（2015）は，評価の基準は領域専門家の判断が優先され，ニーズ分析
の第 2 段階の目標談話の分析を通して決定されるべきものだとしている。評
価の方法は，まず純粋にタスクが遂行できたかで評価する。そして，言語的
な側面の評価については，目標談話の分析結果に基づき，言語的正確さや社
会言語面や，語用的な側面の適切さがどこまで求められるかが決定される。
TBLA の焦点は言語形式ではないので，特定の言語形式などの出来を採点す

るというより，包括的なマクロレベルの評価が望ましい。しかしながら，伝達的かつ適切なタスクが評価に用いられることにはあまり異論はないとしても，それをどう評価するかは難しい問題である。一つの解決策として，CEFR などで示される言語熟達度に合わせてタスクの言語的要求度を上げていくことが考えられる。ただし，CEFR の能力の記述は，複雑さ，正確さ，流暢さ，語彙の多様性，社会言語的適切さが一直線に右肩上がりに発達していくことが前提となっており，SLA 研究の知見とは必ずしも一致しない（Van den Branden, 2021）ことが指摘されている。さらなる研究が必要な領域だと言えよう。TBLA の評価基準は，領域専門家の判断に委ねるか，教師が使用可能な評価尺度を開発するかを考える必要がある。複数の領域専門家が常に評価の現場にいるとは考えにくいので，評価尺度の開発が考え得る最良の解決策になると思われる。

　また，テストは評価のタイミングや目的により，総括的評価（summative assessment）と形成的評価（formative assessment）に分けられる。前者は，コースの終了時にタスクの遂行能力がどの程度伸びたかを評価するものである。後者は，学習者の言語発達をサポートするために，コースの途中で学習者にフィードバックすることを目的として行われるものである。総括的評価にタスクを取り入れるには，実際の目標領域における言語使用を反映させるために，信頼性のある代表的なタスクを選択し，真正性のあるタスクパフォーマンスの条件や基準を確立させる必要がある。さらに，試験実施の運営上の一貫性や，評価，採点の信頼性も確保する必要がある（Norris, 2009）。TBLA は，教室における形成的評価にまず取り入れやすい（Norris, 2009）と思われる。教師は学習成果をモニターすることで，学習者のコース途中のパフォーマンスについての情報が得られ，学習者にフィードバックすることができる。また，教師にとっては次のレッスンへの改善点を見いだすことができるであろう。

　TBLA の妥当性を高めるには，観察や評価の機会，評価者の数を増やすことも考慮すべき点だ（Van den Branden, 2021）と考えられる。タスクベースのアセスメントにおいて到達すべき目標や評価基準が明らかになれば，教師や学習者が参照できる包括的な枠組みを提供することができる。そして，教

師は指導の指針として役立てることができ，学習者には明確な学習目標がで
き，何を学ぶべきか，どのように学ぶべきかというアウェアネスが高まるこ
とが期待される。タスク成功の基準が明らかであれば，自己評価やピア評価
も可能になり，学習者の動機づけにもなるであろう。大規模試験に TBLA
を導入するにはハードルが高いかもしれないが，教室では導入してみる価値
がある（Norris, 2018）と考えられる。このように，タスクを TBLA の分析
単位として採用することで，カリキュラムにインパクトを与えることができ
るであろう。

　実際，Byrnes（2002）は，北米の大学のドイツ語学科のプログラムにお
いて TBLA を導入した事例で，テストの波及効果を報告している。ドイツ
語学科では，それまで 2 ～ 4 学期かけてドイツ語そのものを教え，その後，
文学や文化など内容的な科目に入り，そこからは取り立てて言語指導をする
ことはなくなるというプログラムであった。そのため，学習者は最低限のレ
ベル以上には言語を使いこなすことができないという問題があった。そこ
で，専門的な内容としても深い学習を可能にする，アカデミックレベルの言
語能力を身につける必要があると考え，初年度から文法より内容を重視し，
同時に効率的，効果的な言語学習になるようなカリキュラム改革に着手し
た。そのプロセスで，使用されるテキストの分析やジャンル，テーマの特定
などを進めたが，同時に評価の問題が浮上した。ドイツ語学科の教員は，カ
リキュラム策定者以外はほとんどが文学や文化の専門家で，外国語教育の専
門家ではなかった。そこで，レベルに合わせたライティングタスクや評価方
法を提示し，理解を求めた。評価方法を先に提示したことにより，結果的
に，学科内の教員がカリキュラム上のアーティキュレーションや指導方法に
も目を向けるようになったという，思わぬ波及効果が生まれたことが報告さ
れている。したがって，新たなカリキュラム策定において，言語能力の評価
を後回しにせず，同時にテストも開発することで，教員に指導がどうあるべ
きかという指針を提供することができると言えよう。アメリカでは外国語教
育における全米のスタンダードとして具体的な伝達目標が定められ，統合的
なパフォーマンス評価が推奨されている（Adair-Hauck & Troyan, 2013;
Adair-Hauck et al., 2006）。学習を促進するために，タスクパフォーマンスの

形成的評価について明確なガイドラインが示されており，それを採用したプログラムでは TBLA がうまく機能しているようである。

このように，TBLA には教育現場への良い波及効果がある（Norris, 2016, 2018; Norris & East, 2022; Van den Branden, 2021 等）。伝統的な教授法に慣れた教師や自身の経験に裏打ちされた自分なりのやり方を持っている教師にとって，TBLA を導入するのはためらいや抵抗感があり，新しい教授法にも疑心暗鬼かもしれない。経験の浅い教師は，専門性や経験が自分には不十分と考えたり，大規模なクラスサイズでは TBLA は無理だとか，文法中心の入試や大規模試験への対応を考えると躊躇することもあるだろう。しかし，Van den Branden（2021）は，TBLA には言語評価にインパクトを与えるという潜在的な可能性が秘められていると述べている。例えば，応用言語学の専門家がタスクベースのテストを開発すると，それが教室のテストのより良いモデルになる。また，利害の大きいハイステークなテストが TBLA になれば，教師にコミュニカティブなスキルの発達に注意を向けさせることになる。タスクベースのテストを知れば，教師に個別項目のテストと TBLA の評価との違いを認識させることにもなる。言語テストの役割は，実社会の目標言語使用領域でテストの受験者がどの程度のパフォーマンスができるかを推論できるものでなければならない（Bachman, 1990; Bachman & Palmer, 1996）。TBLA により，真正性のあるタスク遂行の言語運用能力を測定すれば，その推論が最小限で済み，信頼性も高いということになる。

今ではタスクベースのパフォーマンス評価が推奨されるようになっているが，一つのタスクの遂行能力が他のタスクにも転移できると一般化していいのか，タスクの内在的な複雑さや難易度を事前に予測できるのか，どのような評価尺度にするか，評価者のトレーニングをどうするかなど，解決すべき課題はまだまだ多い。Norris & East（2022）は，TBLA に二つのタイプ，強いバージョンと弱いバージョンがあっても良いとしている。強いバージョンでは，学習者ができるようになるべき特定のタスクに焦点を当て，現実の言語使用のコンテクストの中で，それらのタスクがどのように行われるかをシミュレーションするようなテストである。それは，タスク固有の基準によりタスクパフォーマンスが評価される。つまり，評価基準は領域専門家が判断す

る基準でタスク達成の成否を見るテストである。弱いバージョンとは，タスクを言語パフォーマンスを抽出するための手段ととらえ，言語熟達度の尺度や基準を使い，より広く結果の一般化を可能にすることを目ざすものである。

　強いバージョンの TBLA は，職業的な言語運用能力の測定に向いている。職務の現実的なコンテクストの中でタスクが設定され，学習者にパフォーマンスを求めるものである。また，学生を対象とする教室においても強いバージョンを実践することは可能である。研究初期にも，Robinson & Ross（1996）が，大学のアカデミック英語のコースで，図書館の文献サーチのリーディングタスクを行ったことを報告している。タスクは，テーマが与えられ，そのテーマにあった学術誌の論文を探し出し，図書館でその所在を見つけ，必要な論文をコピーするというものであった。ここでは，論文のコピーが提出できたかどうかでタスクの成果が評価された。強いバージョンでは，非言語的な成果，ここでは論文のコピーの提出だが，それが評価の対象になる。弱いバージョンの典型は，学業上の言語熟達度を測る大規模な標準化された TOEFL-iBT などの英語の試験である。まとまったテキストを読む，講義を聞く，小論文を書く，学問のトピックについて話すという複数のスキルを統合したテストを行い，現実世界の大学環境で遭遇するタスクへのレディネスを調べようとしている。それぞれのスキルに評価基準があり，点数として熟達度が数値化される。このような大学入試に用いる試験の形態は，教え方や学び方を改善する役割も果たしている（Norris, 2018）。テストには波及効果があるので，TBLA は TBLT と密接な関係にあると言えよう。

4.2　教室における TBLA
4.2.1　初期の提案
　外国語教育に TBLT を採用するなら，コースの目標，教授法との一貫性を考慮すると，学習者の言語運用能力のアセスメントもタスクベースにすべきである。前述のように，アカデミック英語の授業で，タスク遂行の成否を基準として評価した実例（Robinson & Ross, 1996）に触れたが，アカデミック英語や職務遂行のための外国語のプログラムでは，現実世界で求められるタスクがはっきりしている。しかし，特に，教育機関の必修／選択科目など

一般的な目的の教室では，タスク遂行の成否だけでなく，タスクを超えた学習者の熟達度についての情報がほしいと思うのも当然である。言語項目やサブスキルを測った方が，言語熟達度に関しては一般化が可能だという見解も成り立つ。

　そこで，前述のRobinson & Ross（1996）は，図書館の文献サーチのタスクで，手続き的知識を測る直接的なパフォーマンステストとして，文献サーチの段階毎に，必要な情報を見つけることができたか，タスクを遂行するのにどの程度教師の補助が必要だったかを成功の基準とした。そして，タスクの中の項目やスキルを分割して25問の多肢選択問題による間接的なパフォーマンステストも作成した。参加者は，まず，聴解，ディクテーション，クローズテスト，エッセイ，読解などから成るプレースメントテストを受け，それから，タスク遂行の後，間接的，直接的パフォーマンステストを受けた。スコアを分析したところ，直接的パフォーマンステストとプレースメントテストの相関は弱かった。また，プレースメントテストと間接的パフォーマンステストを合わせたスコアと直接的パフォーマンステストの相関は前者より高くなったが，それでも，やはり相関は弱かったことがわかった。したがって，アカデミック英語のように，学業で何が求められるかというタスクが明確な場合，従来のプレースメントテストや間接的なパフォーマンステストでは，学習者のアカデミック英語としての熟達度が適切に評価できないという問題を指摘している。コースの目標が学業や仕事などはっきりしている場合は，直接的なパフォーマンステストの方が，学習者の言語運用能力を反映しているという可能性が高い。

　TBLA導入初期のもう一つの提案は，タスクの難易度を決める変数のマトリックスを作成し，その変数の有無を操作して，それぞれのタスクの難易度を決定する方法である（Brown et al., 2002; Norris et al., 1998; Norris et al., 2002; Skehan, 1998）。その難易度インデックスにより学習者がどの難易度のタスクまで達成できたかを評価するものである。変数は，コードの複雑さ，認知的複雑さ，伝達的要求度の三つに大別される。一つ目のコードの複雑さというのは，言語的な複雑さのことで，使用されるコード（言語）の範囲や異なるインプット源の数により決定される。タスク遂行の成否だけでなく言

語的な要素もタスクの難易度の判定に含んでいる。二つ目の認知的複雑さは，情報処理の量やタイプからくる難しさで，インプット／アウトプットの構成や，インプットの利用可能性により決定される。三つ目の伝達的要求度というのは，伝達的な言語活動のタイプと，特定の伝達的行為の難易度に影響し得る調整変数の数によって決定される。しかしながら，調整変数はコントロールが難しく予測不可能なため，テストにおいて適切に考慮すべきは，タスクのモードと反応レベルだとされている（表3-13参照。）それぞれの変数をプラスかマイナスで評価し，タスクの難易度を事前に推定する。最大でプラスが六つで6点，マイナスが六つで0点になり，6点満点でタスクの難易度マトリックスを作成し，学習者が難易度何点までのタスクの遂行が可能かを見るのである。

表3-13　TBLAの難易度の変数　(Brown et al., 1998に基づく；小柳訳)

コードの複雑さ
範囲：当該タスクに固有のコード(語彙，文構造，語用的特徴など)がどの程度の広がりがあるか
異なるインプット源の数：受験者が複数の情報インプット源を解読する必要があるかどうか
認知的複雑さ
インプット／アウトプットの構成： 　　受験者がアウトプットを出すにあたり，インプットの情報を再編成するなどの操作が必要かどうか
インプットの利用可能性： 　　受験者がタスクパフォーマンスに必要な情報がどの程度利用できるか
伝達的要求度
モード：タスクパフォーマンスの成功に産出的要素，すなわちスピーキングやライティングを伴うかどうか
反応レベル：受験者がインプットに即座にリアルタイムで反応する必要があるかどうか

さらに，Brown et al.（2002）は，英語の熟達度が異なる 90 名の参加者に，上記の提案に基づき，難易度が異なる 13 段階のタスクを課した結果を分析した。全体的には，一般的な熟達度からタスクの難易度によるパフォーマンスが予測できることが明らかになった。熟達度が高いほど難易度が高いタスクに成功しており，包括的な能力尺度から，タスクのパフォーマンスの予測が可能だったことが報告されている。しかし，Norris et al.（2002）は，タスクの難易度の推定とタスクパフォーマンスとの間に関係があることは見いだせるものの，タスクの難易度の推定が信頼できるものだったかについては疑問視している。したがって，タスクの特徴，認知的処理と言語パフォーマンスの相互作用に関する研究がもっと必要だとしていた。第 2 章第 4 節でも議論したが，Skehan（1998）の TBLT 及びアセスメントの枠組みでは，タスクの認知的要求度として扱う変数の範囲が狭く，限界があったと思われる。しかしながら，明確なタスクの難易度の基準を確立できれば，難易度のマトリックスを作成し，そのマトリックスに基づいて，どの段階のタスクまでタスク遂行が可能かを試すテストを作成することは一つの選択肢と言えるだろう。

4.2.2　TBLA におけるタスクの複雑さの操作

　近年は，Robinson（2011, 2015）の認知仮説とタスクの枠組みに基づいたアセスメントの報告もなされている。例えば，Tamboli（2021）は，インドの中学校の英語（EFL）コースの学習者（CEFR の A2 ～ B1 レベル）12 名を対象に行ったスピーキングのアセスメントの事例を報告している。本章の表 3-6 の Robinson の枠組みに基づき，タスクの認知的複雑さを操作して，モノローグとダイアログのタスクそれぞれに，単純なタスクと複雑なタスクがデザインされた。モノローグの単純なタスクは，単純な絵を約 2 分で描写するタスクである。複雑なタスクでは，2 枚の絵が与えられ，その類似点，相違点について比較，対照させながら 2 分で描写し，その後で，自分なら描写した絵の中のどちらのイベントに加わりたいか自分の意見を表明し，その理由を述べるというものであった。モノローグのタスクの複雑さを Robinson の枠組みに当てはめると，表 3-14 のようになる。ダイアローグの

単純なタスクでは，ペアになって一度に一つのトピックについて意見を表明するものである。例えば，引っ越し先の新しい町の好きなところ，嫌いなところを相手に話すというようなタスクである。一人の学習者が話題を提供したら，もう一人の学習者は質問をし，その後は役割を反対にして，新しい学校の好き嫌いについて話すという指示が与えられる。複雑なタスクでは，クラスで旅行に出かけることになり，どこに行くか，理由づけもしながら話し合うというものである。ダイアローグタスクの認知的複雑さを整理したものが表 3-15 である。タスクへの慣れを防ぐため，四つそれぞれのタスクは少なくとも 3 日の間隔を置き，15 日間の日程の中で行われた。

表 3-14　モノローグタスクの特徴 (Tamboli, 2021, p. 302; 小柳訳)

認知的複雑さ	タスク A（単純）	タスク B（複雑）
資源集約変数	【＋少数の要素】 　少数の要素の単純な絵	【－少数の要素】 　より多くの要素と 2 枚の絵
	【－意図的推論】 　情報転移	【＋意図的推論】 　情報転移，意図の表明，好みのイベントの選択とその理由づけ
資源分散変数	【＋少数の段階】 　1 枚の絵の描写のみ	【－少数の段階】 　2 枚の絵の比較，対照

　Tamboli（2021）は，四つのタスクのパフォーマンスを語彙の多様性や統語的な知識の観点から分析し，タスクそれぞれに異なる語彙や文構造を抽出できたことを報告している。タスクの研究では，語彙の多様性を測定するために，異なり語数や低頻度の語彙の出現数などを数えるが，この研究では現場の教師が活用しやすい動詞のタイプ（自他動詞や使役動詞）の使用を見ている。また，統語については，動詞の補語や関係節，埋め込み節などの使用が調べられている。このような分析から，タスクの認知的複雑さを基準に設定したタスクにより，学習者の多様な言語を抽出することができたとしている。

表3-15　ダイアローグタスクの特徴（Tamboli, 2021, p. 304; 小柳訳）

タスクの特徴	タスクC（単純）	タスクD（複雑）
認知的複雑さ		
資源集約変数	【＋今ここ】 今起きているイベントへの言及	【−今ここ】 近い将来起きるであろうイベントへの言及
	【＋少数の要素】 学校や町について話すが詳細ではない	【−少数の要素】 詳細に話すための要素の数が多い
資源分散変数	【＋少数の段階】 情報をチェックして意見を述べるという少数の段階	【−少数の段階】 段階の数が増加（質疑応答，異なる意見の比較，訪問先の決定）
タスク条件		
参加者変数	【＋収束的解決】 話し合いと意見の表明のみで，同意は不要	【−収束的解決】 タスクの成果として訪問先を決めるために同意が必要
	【＋意味交渉不要】 意味交渉不要	【−意味交渉不要】 相手との意味交渉が必要

そして，Tamboli（2021）は，スピーキングのアセスメントのためにタスクをデザインする際のガイドラインを以下のように示している。

1. モノローグとダイアローグの両方の条件下で様々なスピーキングタスクを使用すること。
2. 学習者の注意を異なる言語的側面に向けさせ，より良いパフォーマンスをさせるために，タスクの様々な複雑さの変数を含めること。
3. スピーキングのアセスメントの構成概念に，言語能力と同様，伝達能力（言語機能など）を含めること。
4. アセスメントの構成概念に，タスク固有の言語的コンポーネントを含めること。
5. アセスメントの基準を作成する際に，タスク固有の言語的，伝達的コンポーネントを含めること。

（Tamboli, 2021, p. 313; 小柳訳）

表 3-16　内容に関する採点のチェックリスト（タスク D）
（Tamboli, 2021, p. 314; 小柳訳）

1	訪問すべき場所について一般的な情報を求めたり提供したりする
2	場所について意見を求めたり表明したりする
3	異なる意見を比較する
4	同意，不同意，決定を支持する
5	選択を交渉する
6	訪問先を決定する

表 3-17　意思決定（ダイアローグ）タスクにおけるタスク固有の包括的アセスメント
の基準（Tamboli, 2021, p. 315; 小柳訳）

正確さ	言語の複雑さ	全体的な内容	
		言語機能の使用	流暢さとインタラクション方略
簡単な構造と複雑な構造の使用，少しの誤りはあるが意味には影響しない	単一動詞句と複合動詞句がほどよく混ざった発話	詳細に適切な情報を提供し，タスクの焦点（決定がなされるべき主要なアイデア）に基づいて決定する（タスクに適切な内容のチェックリスト—表 3-16 を参照）	話者が労力（ポーズや繰り返し）を伴いながらも，情報を進んで提供することができる
	複雑な発話における that や wh 標識を伴う関係節の存在		以下の機能に基づきパフォーマンスすることができる：質問したり答えたりする，意見を表明する，意見を評価する，決定しそれを表明する，決定を支持／拒否する
時制や主語と動詞の一致の使用の試みはあるが，均一である必要はない	自他動詞，使役動詞がほどよく混ざった動詞の補語の使用		
	意見を表明する(but, because)，理由を述べる(because)，決定する(therefore, so)ための接続詞の使用		

　さらに，Tamboli（2021）は，語彙の多様性と統語的知識の観点からタスクパフォーマンスを分析し，これらの結果を基にアセスメントの基準を作成している。四つのうち最も認知的複雑さが高いと推定したダイアローグの意

思決定タスク（タスクD）の内容的な側面に関する採点のチェックリスト（表3-16）と，タスク固有のアセスメントの基準の包括的なモデル（表3-17）を例示する（論文中には，他にもタスク毎にミクロレベルの言語の基準も示されているので，必要に応じて参照されたい）。

　その他にも，Patil（2021）が読解力のアセスメントにTBLAを取り入れるための提案をしている。リーディングは，従来，指示詞が指す内容を設問にしたり，語，句，文などの意味を問う多肢選択問題や，スキミングやスキャニングの問題を出すなど，読解の下位スキルを測ってきた。しかし，包括的にテキスト全体を理解する能力を測ってこなかったという問題が指摘されている。直接テストで測定できる言語産出と異なり，リスニングやリーディングはそのプロセスに直接入り込んで評価することが難しいので，間接テストと見なされる。従来の個別項目の語彙や文法のテストをするのではなく，スキルを測ろうとすると，導入しやすいのは言語産出より，理解のリスニングとリーディングである。日本語能力試験でもスピーキングとライティングは含まれていないが，リスニングとリーディングのセクションは存在する。しかし，下位スキルを測れば全体的な理解ができると推論するという点では，ペーパーテストで個別項目の文法能力を測れば言語産出ができると推論することと同様の問題を内包していると言える。

　Patil（2021）は全体的テキスト理解（whole text comprehension）を促すため，口頭または書面による自由要約再生（free summary recall）をTBLAとして取り入れた。テキスト全体を理解するためには，学習者は，まず，表層の言語的特徴に注意を向けることにより，テキストの文字通りの意味を理解することが必要である。そして，さらには，文章に潜んでいる意味に注意を向けることにより，テキストの段落を超えたアイデア間に存在するつながりから推論的の意味を理解しなくてはならない。全体的に理解したことを要約するには，それらを統合して要約命題として主要なアイディアを表現する必要がある。よって，全体的テキスト理解は，断片的な下位スキルではなく，高次の読解スキルの発達を目ざしたものなのである。Patil（2021）は，Robinson（2011）のタスクの認知的複雑さの枠組みを用い，資源集約変数や資源分散変数の観点からテキストの難易度を決定し，要約再生タスクに用

いるテキストを選択することを提案している。また，このような分析が要約再生タスクを評価する基準の作成にもつながるとしている。このように，TBLT を採用したコースの学習者の言語運用能力のアセスメントとして TBLA は重要だが，ここでも，タスクの認知的複雑さを分析した上で，その基準をアセスメントに用いることが可能だと言えよう。

4.3 大規模試験における TBLA

英語に関する大規模試験では，文法を単独で問うセクションはなく，4 技能を直接測定するテストが行われている。中でも，TOEFL iBT や IELTS は英語圏の大学，大学院進学にスコアが使用されるので，学問的なコンテクストにおけるタスクを意識した問題作りになっている。Norris（2018）は，TOEFL iBT の開発過程について報告している。教室談話やその他の言語使用場面を観察し，北米の大学で典型的な 4 技能のタスクについてデータのコーパスを構築し，それを分析して，プロトタイプのタスクや言語，内容を明確にしていったことが記されている。インターネットベースのテストなので，紙のテストではできなかった視聴覚のレアリア，図表などが用いられ，コンピュータ画面上で革新的な回答形式も可能になったということである。例えば，リスニングやリーディングでは，大学場面の真正性のあるインプットの理解を評価することが可能になる。リスニングでは教室の講義や学生と教師の会話などが問題のインプットとなる。ライティングでは，まずパッセージを読み，同じトピックの講義を聞き，その内容を論じるエッセイを書くというようなスキルを統合した出題もされている。また，一般的なトピックについて意見を即興でまとめるというようなライティングのタスクも出題されている。スピーキングでは，一般的なトピックについて意見を表明したり，アカデミックなリーディングとリスニングから得た内容を統合したりするタスク，その内容の議論をするタスク，会話や講義からのインプットに反応するタスクなどが盛り込まれている。複数のスキルが統合されたタスクが導入され，受験者には教室場面を想定してメモを取ることも許容され，実際のアカデミック場面に近づけたものになっている。

TOEFL iBT は，従来の英語学習が「言語そのものについて学ぶこと」に

焦点があり，コミュニケーションができなくてもテストで良い点数を取って
しまうという反省から，言語スキルを組み合わせたコミュニケーション重視
の実践的な学習方法，教授法を期待したテストになっている。日本人の英語
学習者にとっては，以前の紙ベースのテストより難易度が高いものになった
が，TOEFL iBT の高得点を目ざして勉強すれば，それは，すなわちアメリカ
の大学や大学院ですぐに通用するスキルを身につけたということになるはず
である。大規模試験のテスト形式は，教育現場に与える波及効果が大きいの
で，将来必要になるであろうタスクを課すことにより，学習者の言語運用の
サンプルを抽出，評価し，熟達度を判定することは有意義だと思われる。

5. プログラム評価
5.1 プログラム評価の方法

　Long（2000）が TBLT の開発サイクルの中で最終段階としていたのが，
プログラム評価である。Norris（2006）によれば，評価とは「プログラムの
価値を理解，改善，判断することを含む様々な目的で，教育プログラムを構
成するあらゆる要素についての情報を収集するプロセス」（p. 579）と定義
される。TBLT の開発のサイクルの第 1 段階はニーズ分析だったが，これは
TBLT 導入以前の従来のプログラムの妥当性の評価という側面もある。本項
では，TBLT を導入，実施した時点での評価を扱う。Norris & Davis（2022）
は，プログラム評価には二つの意味があると述べている。一つは，TBLT の
理論を構築，検証するための評価である。言語指導に関する他の理論やアプ
ローチよりも推奨できるものかを検討するもので，常にエビデンスに基づい
たものであるべきだとしている。もう一つは，教育実践として TBLT の理
解を深め，改善点を見いだすための評価である。こちらは，専門家からの批
判や，TBLT を試した経験の内省や観察により意見を収集するもので，必ず
しもエビデンスに基づいたものではない。ただし，この二つの境界線はしば
しば曖昧だとも述べている。カリキュラムに TBLT を採用したら，コース
終了後に振り返る必要があるが，客観的なエビデンスとしてのデータを収集
すれば，所属機関における TBLT の成果を検証し，次のコースの実施にむ
けて改善に役立てられるだけでなく，TBLT の理論そのものの検証にも寄与

すると考えられる。

　エビデンスに基づく評価には，マクロレベルの教授法の比較と，ミクロレベルで，TBLT の個別の要素を教師及び学習者の立場から検証したり，タスク遂行のプロセスを観察することが求められる（Norris & Davis, 2022）。マクロレベルの教授法の比較についてはメタ分析[7]も行われているが，まだ問題も多いようである。本書第 1 章で述べたように，Focus on Form が提案されるようになったのは，教授法という大雑把な単位では比較が難しかったため，もっとミクロな指導テクニックのレベルで比較しようという背景があったからである。教授法レベルで比較すると，少規模の研究や，研究者が教室の教師も兼ねる場合は，事前に意図した指導手順が忠実に実行される可能性が高く，効果は高めに出る傾向がある。しかし，調査対象の人数規模が大きくなると，教師の教え方にも多くのバリエーションが生まれ，TBLT として意図した手順がその通りになされたかは曖昧になってしまう（Xuan, Cheung & Li, 2022 の議論も参照）。

　マクロレベルで task-based と task-supported の言語指導の比較と銘打った研究（Li, Ellis & Zhu, 2016）があるが，現実世界のタスクをターゲットにした指導ではなく，実験の主たる活動がディクトグロスであり，それに加え，明示的な指導やフィードバックの有無で比較しており，task-based とする実験群の手順は，本章で扱ったような TBLT の指導にはなっていない。マクロレベルのタスクを用いたプログラムの評価について，Bryfonski & McKay（2017）が，52 本の論文をメタ分析に使用している。そのうち，伝統的な文法ベースのプログラムとタスクを用いたプログラムを比較した 25 本の論文の結果を統合し，TBLT の全体的な効果量は大程度（$\alpha = 0.93$）としている。しかしながら，この論文の結果は様々な批判を浴びることになった。特にタスクの定義が曖昧で，言語フォーカスの練習までもタスクと見なしていて，task-supported と task-based が区別されていないことが問題だとされた（Boers & Faez, 2023; Boers et al., 2021; Xuan, Cheung & Li, 2022 等）。上述の

7　メタ分析とは，同様の研究課題，例えば，ある指導テクニックの効果を扱った研究が蓄積した際に，それらの結果を統合して実際にどれほど有効性があるかを客観的に検証するタイプの先行研究レビューの方法である。

Bryfonski & McKay を著者に含む Boers et al.（2021）のメタ分析の再検証において，メタ分析に含める論文の基準を厳格化すると，Bryfonski & McKay（2017）の比較研究でその基準を満たす論文は 1 本しかなかったという。このオリジナルの分析に用いた論文には，未刊行の論文や学位論文，査読なしの論文も多く含まれ，主要な応用言語学の雑誌に掲載されたものがほとんどなかったということも問題視された。Boers et al.（2021）は，Bryfonski & McKay（2017）がメタ分析に採用した研究は，task-supported の研究者の論文（Bygate, Skehan & Swain, 2001; R. Ellis, 2003; Nunan, 2004; Willis, 1996; Willis & Willis, 2007）の引用しかなく，task-based の研究はまだほとんど行われていないと述べている。したがって，タスクを task-supported のタスクと見なすなら，先行研究では伝統的な文法ベースのカリキュラムより有効であることは言えるようである（Boers et al., 2021; Xuan, Chenun & Li, 2022）。

　ミクロレベルとして，Long（2015）は TBLT の方法論上の 10 の原則（Doughty & Long, 2003; 本書第 2 章 4.2 を参照）を掲げている。提案当初も先行研究のエビデンスに基づいた提案であったが，その後 20 年近くの間にさらに 10 の原則それぞれに実証研究やメタ分析論文が蓄積されていることが示されている。それで，Long は TBLT の 10 の原則の有効性が証明されているので，それが TBLT の有効性を示していると主張している。Norris & Davis（2022）は，TBLT に関わる理論やロジック，主張を検証するための評価には，教授法のレベルで比較するのは難しいという否定的な見方をしている。学習者の熟達度や動機づけなどの個人差，教師の力量など錯綜するタスク以外の様々な要因が絡んでくるので，純粋に TBLT 全体の効果を見いだすのは困難だということであろう。よって，Long（2015）のように，ミクロレベルで比較することが妥当だと言えよう。

　Norris & Davis（2022）は，教育機関レベルで実施する TBLT のプログラム評価についての提案もしている。まず，TBLT のプログラムの有効性を調べる以前に，実施の忠実度（fidelity of implementation）という観点からプログラムを評価すべきだとしている。プログラムがどの程度目的に沿ってデザインされ，操作されていたか，意図した手順から逸脱していなかったかを評価するのが先決だということである。TBLT にはなじみのない教師や学習者

も多いはずなので，教育刷新が悪い方向に歪められないように，まずは
TBLTの教室活動が意図した通りに進められていたかを確認する必要がある
のである。この目的で評価することは，タスクベースの学習のシークエンス
がうまくつながっていたか，タスクベースの教材がうまく機能していたか，
タスクベースのアセスメントがどの程度効果的に実施されていたか，という
ようなことである。TBLTは既存の商業的な教科書を避け，ローカル化
（localization）した独自の教材開発が推奨されているので，タスクベースの
教材が効果的だったかという検証が必要である。また，TBLTプログラムの
インストラクションに教師と学習者が効果的に参加していたかということも
評価の対象になる。その上で，学習者の学習成果の評価として，タスクベー
スの運用能力のアセスメントを行い，学習者の能力の伸びを見る必要があ
る。学習者の能力評価はタスク開発のサイクルにも含まれているが，TBLT
の学習成果の評価を超えて，プログラム評価においても，説明責任を果たす
ために有効だと言えよう。

5.2　プログラム評価の実例

　タスクベースのシラバスやコースについて学習者や教師の反応を調べるの
は教育実践の振り返りになり，さらなる改善点が明らかになる可能性があ
る。McDonough & Chaikitmongkol（2007）は，タイの大学のタスクベース
の英語のコースで事例研究を行った。タスクシラバスを導入する以前は，統
合的シラバスでFonFSによる英語教育が行われていた。タイ政府が他国の
人々とコミュニケーションできるような英語能力の習得を重視する方針を打
ち出したこともあり，タスクシラバスによりコースが刷新され，三つのアカ
デミックタスクがデザインされた。一つ目は国際的な文化交流プログラムに
応募する，二つ目は社会や環境へのアウェアネスに関する若者のセミナーに
参加する，三つ目は，英語のテレビ局に10代向けのプログラムを提案する
というものだった。それぞれのタスク終了後に，学生はそれらのタスクの満
足度について多肢選択で回答するタスク評価が行われた。また，学生が書い
た学習記録や教室観察における教師のコメントに基づき，コース評価の質問
紙が作成され，学期の最終日に実施された。二次的なデータソースとして，

タスク評価やコース評価，教室観察のコメントに基づき，さらに詳細に行っ
たインタビューの結果や教室観察におけるフィールドノートを質的に分析し
た。その結果，教師も学生も概してタスクベースのコースに肯定的な反応を
示していた。コースの始まりには，明示的な文法のインストラクションがな
いことへの否定的な反応もあったが，コースが進むにつれ，学生の自律学習
が促進されたことや，現実世界のアカデミックなニーズがコースの目標に
なっていることを認識しているようだった。一方で，学習者はタスクをうま
く遂行するために，さらなる教師のサポートやガイダンスを必要としている
ことも明らかになり，一つの課で行うタスクの数を減らす，補助教材を作成
するなどが，コース改善の検討課題になった。TBLT は教室外ですぐに目標
言語を使用する機会があまりない外国語環境で採用するのは難しいのではな
いかという声があるが，この研究では外国語環境でも TBLT の導入が可能
であり，かつ有意義であることを示唆している。

　さらに，Kim, Jung & Tracy-Ventura（2017）は，韓国の大学の英語コース
において，新たに TBLT を導入した最初の学期の学習者 27 名の TBLT に対
する認識を調べている。外国語環境の英語（EFL）における学習者のニーズ
を特定するのは難しいとしながらも，学習者の身近なトピックから選択し，
仕事の世界，旅行，学生生活のイベントの三つのユニットとしてタスクをデ
ザインしている。そして，ユニットが終わる度に，タスクの難易度，タスク
パフォーマンスの確信度など TBLT に対する認識について質問紙調査を行っ
た。27 名のうち 1 名の学生については，学習日誌のエントリーも分析に含
めた。その結果，学習者は 1 学期の中で学習が進むほど，TBLT の授業への
興味が増していったことが明らかになった。ユニット 1 の直後は，それま
での授業とは異なる TBLT の新たな授業形態への戸惑いが見られたが，次
第に，多くの学生は，話す練習やコンテクストにおけるクラスメートとのや
りとりを有意義だと感じるようになったようである。したがって，Kim,
Jung & Tracy-Ventura（2017）は，タスクベースの学習を成功させるために，
学習者にメタ認知ストラテジーの指導をすることや，学んだタスクが将来，
必要になる可能性があることを意識づけることが重要だとしている。

　以上のように，教師や学習者の TBLT に対する意見を収集することもプ

ログラム評価の情報の一端を担っている。しかし，前述の Norris & Davis (2022) が指摘しているように，文法指導が重要というビリーフの強い教師や学習者がいたら，意見がそちらに引きずられ，TBLT を採用するプログラム改革を行えない可能性もある。よって，もっとエビデンスに基づいた評価をすることも重要になる。様々なリソースの情報を収集し，包括的にプログラム評価をしたのが，González-Lioret & Nielson (2015) である。プログラム評価の実践例はあっても，多くが質的で，理論的根拠に基づいて評価を論じたものが少ないことから，この研究は，質的，量的データを含め評価をどう行うべきか，そのモデルを提示することも研究目的として掲げていた。González-Lioret & Nielson は，アメリカの政府機関職員（国境警備員）のスペイン語のプログラムに TBLT を採用し，それ以前の文法ベースの授業を受けた学習者と，TBLT で 1 学期学んだ学習者の比較などを行った。国境警備員は国境警備の職務において，スペイン語で移民とのやりとりが必要な場面が多くあり，TBLT により職務に直結した言語運用能力を身につけられることが期待できる。

　一つ目の調査では，TBLT を実施する以前の文法ベースの授業を受けた学習者と，TBLT 導入後の学習者に，絵を見ながら物語るタスクを実施した。その結果，TBLT による学習者の方が流暢さや構造的複雑さが有意に高く，文法的な正確さには両者に差がないことが明らかになった。TBLT は文法を重視していないという批判を受けるが，この結果を見ると，TBLT でも文法ベースの授業と同等の正確さを身につけていたということである。事前テストは行っていないが，参加者のほとんどは既習歴がなかったということである。二つ目の調査は，コンピュータによるインタビューテストである。使用されたスペイン語の Versan Spanish Test は，ACTFL-OPI とも相関が高いとされているもので，熟達度を測るテストだとされている。TBLT のクラスでは，事前テストとしてもこのスペイン語のテストが実施されていた。特に TBLT を意図したわけではない外部の熟達度テストで学習者のスコアの伸びが見られたことから，TBLT の授業で全般的な熟達度も向上させることができたとしている。三つ目の調査は質問紙調査で，4 段階のリカート尺度で答える項目と自由記述により回答する項目で構成され，学習者の意見が収集さ

れた。前の学期に文法ベースの授業を受けた学習者には質問紙調査ができなかったため，既に国境警備員として勤務している元学習者に協力を求めた。量的データから，TBLT の授業を受けた学習者は，コース終了後もスペイン語学習継続の意思があり，受講したコースが職務をどうこなすべきかに焦点を当てていたという認識があり，職務のニーズに合っていることを実感していることが明らかになった。また，自由記述においても，職務に関わることがコースに組み込まれていたことに満足感が高く，職務に就くにあたり有益な訓練を受けられたと感じていることが明らかになった。

　このように，González-Lioret & Nielson は様々な角度から，TBLT のプログラム評価を行っている。TBLT 開発のサイクルの第 1 段階のニーズ分析でトライアンギュレーションが推奨されているが，プログラム評価においてもトライアンギュレーションは必要である。しかしながら，González-Lioret & Nielson（2015）は，プログラム評価は時間がかかる複雑なプロセスで，完全に科学的な厳密さで調査することは難しいという限界も認めている。現実の教育現場では，グループ比較の無作為サンプリングをすることは不可能で，事前テストのデータ収集が難しいこともある。したがって，就職後に現実世界のタスクに，TBLT のプログラムで習得したスキルがどの程度転移できていたかという情報を収集する必要性が指摘されている。また，パフォーマンスベースのアセスメントで学習成果を測定することにより，就職後に予想される実際の状況にどれほど対処できるかを示す必要がある。そして，タスク遂行がうまくいかなかった学習者にはフィードバックを与えることも重要である。プログラム評価は，TBLT を導入した最初の学期に行うのはもちろんであるが，その後もしばらくはプログラムが一巡する度に評価を行い，改善を重ねて TBLT のプログラムを定着させる必要があるだろう。

第 4 章

TBLT における教室指導

1.　学習者が習得すべき言語能力

1.1　課題遂行能力の習得

　コミュニカティブアプローチが外国語教育に導入されて以来，学習者が身につけるべき能力が伝達能力（communicative competence）であることは一般的になっているだろう。Canale & Swain（1980）の定義によると，伝達能力は，文法能力（grammatical competence），談話能力（discourse competence），社会言語的能力（sociolinguistic competence），方略的能力（strategic competence）から成るものとされている。この中で，文法能力は外国語教育で最も重視されてきたものである。談話能力は，あるまとまった長さの発話やテキストを構成する能力のことである。社会言語的能力は，目標言語の文化の規範に応じた適切なコミュニケーションをする能力のことである。方略的能力には，コミュニケーションの挫折を修復するストラテジーと，コミュニケーションの効率を高めるストラテジーを使う能力が含まれる。ただ，この定義は四つの構成要素から成ることを主張しているだけで，これらの異なる能力がどのように組み合わされ，統合されて，伝達的な言語運用に至るかは説明されていない。TBLT で目ざすのも伝達能力であるが，タスクとの関連でいえば課題遂行能力が重要になる。

　日本語教師の中で，伝達能力の習得を日本語コースのゴールに据えることに異議を唱える人はあまりいないであろう。しかし，実際の教室指導で伝達能力を高めるような授業ができているかというと，それは別問題である。日本国内で日本語を教える場合，教室の外にはその気になれば日本語を使う機会がたくさんあるので，教室で教えるべきは文法と読解だと考える日本語教

師は今でも少なからずいるように思われる。また，多くの日本語教師が自身も文法と読解中心の英語教育を受けてきたからか，文法と読解は比較的教えやすいと思うようである。スピーキングやライティングなどは労力や時間を伴うのでできれば避けたいとか，どうやって教えたらいいかわからない，どうやって評価したらいいかわからないと思っている教師もいるように思われる。英語教育においても大学の入試改革でスピーキングやライティングが導入されようとすると，必ず反対する人が現れ，「中学高校でやるべきは文法と読解で，会話はやりたい人だけ大学に入ってからやればいい」などという有識者の発言も聞かれ，筆者はそのような発言を聞く度に落胆している。学習者の課題遂行能力の習得を目ざす授業を考える前に，まず，コミュニケーションにおいて言語を使うというのはどういうことなのかを改めて正しく理解しておく必要がある。それがわかれば，教室活動の一つひとつがそのメカニズムに照らしてなぜ良いのか，あるいは良くないのかがより良く理解できるはずである。

1.2　言語運用の心理言語的側面

　第1章の3.2で，SLA がインプットからアウトプットに至るプロセスであることを述べたが，言語運用もやはりインプットからアウトプットに至る情報処理の一種だと考えられている。言語運用をもっと心理言語学的な用語で表現すると「言語処理（language processing）」ということになる。基本的には，言語産出は，頭の中で何らかの伝達したいメッセージが浮かび，その曖昧模糊としたメッセージに対応する概念の見出し語を心的辞書から呼び出し，それを文法的な構造に配列し，さらに心的辞書の音韻形式にアクセスし，文の音韻構造を生成し，調音器官に発話の指令を出すというプロセスから成る。言語理解は，言語産出とは反対で，まず，音声を解析し，文法構造を解析し，前後の文脈と照らして談話として理解するというプロセスがある。言語理解には音から始まるボトムアップの処理に加え，背景知識や場面，状況に関する知識を使って理解を補うトップダウンの処理も行っている。それを図式化したものが図4-1である。この Levelt（1989, 1993）の処理過程を示した図式は，元々は L1 のスピーキングのモデルであったが，de

Bot（1992）がL2にも適用して以来，L2のモデルとしても用いられるようになり（Kormos, 2006; Segalowitz, 2010等），30年以上たった今でも有効なモデルとしてとらえられている（de Bot & Bátyi, 2022; Simard, 2022等）。

　この図式の中で，丸で囲まれた心的辞書は宣言的知識である。心的辞書には見出し語と語彙素があり，長期記憶では別々に格納されている。見出し語とは概念的な意味や，品詞が何であるかというような文法的役割の基礎的情報が含まれている。語彙素は音韻形式，または文字形式の情報が入っている。私たちは日常生活の中で，こんな意味の単語があったと覚えてはいるが，発音がわからないとか，文字を見て知っている単語だと認識できるけれど，意味を思い出せないという経験をしていることからも，見出し語と語彙素の情報は別々に格納されていることがわかるだろう。de Bot & Bátyi（2022）は，言語処理は基本的に統語処理（syntactic processing）ではなく語彙処理（lexical processing）で行われると見ており，心的辞書を活性化するプロセスを重視している。心的辞書以外の四角で囲ったところは，手続き的知識だとされている。つまり，言語処理のシステム自体は，概ね手続き的知識によって機能していると言えよう。したがって，言語運用能力は言語知識ではなくスキルとしてとらえる必要がある。第1章第2節で述べたように，相互交流論的アプローチのISLA研究から，習得が起きる重要な場は，インタラクションで意味交渉が起きるところだとされている。すなわち，言語処理システムを動かしながら，傍らで学習者の頭の中では言語学習も進行しているのである。ISLA研究が依拠するもう一つの理論である認知的アプローチでは，認知的な作業場は頭の中にある作動記憶（working memory）とされるが，ここで言語の分析など認知的な処理が起きていて，それが言語学習につながっていくのである。

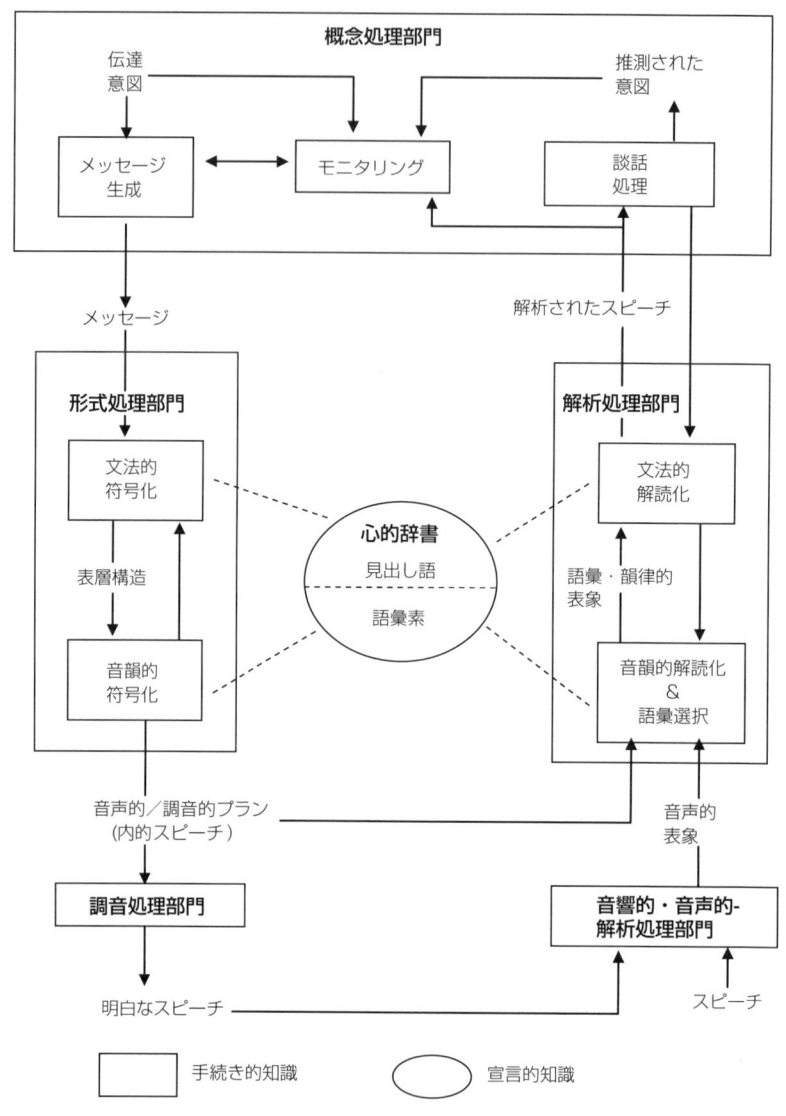

図 4-1　言語使用の処理過程
(Levelt, 1993, p. 2 に基づく; 小柳, 2004 訳)

言語処理システムを動かしながら，言語学習も同時に行っているという具体例を挙げてみよう。学習者は，インプットを受けて何の矛盾も検知しない場合は，通常の言語処理をするだけである。しかし，この言語処理システムが対処不可能と判断した時が，認知的な意味での「気づき」となり，そこから言語学習が始まる。例えば，知らない単語や表現を耳にした場合は，意味はわからなくても，とりあえず心的辞書の語彙素に音韻形式を登録しておく。逆に，アウトプットを出そうとして表現したい概念に相当する語彙が見つからない場合には，心的辞書に見出し語として登録しておくだろう。意味交渉を行う中で何度かそのような経験をするうちに，言語形式と意味が結びつく瞬間が訪れるはずである。言語形式と意味のマッピングは，心的辞書の見出し語と語彙素を結びつける過程で起きる（Doughty, 2001）。さらに機能と結びつけるためには，コンテクストの中で練習することが必須である。しかも，マッピングは一度きりで完了するものではない。コンテクストの中で何度も言語形式を使用しているうちに，意味や機能との結びつきがさらに強固になっていく。マッピングが強化されると，長期記憶から検索するのも速くなり，スキルが自動化され，流暢な言語運用につながると考えられる。

　言語処理において会話の場合は，相手の発話を理解しながら，次の自分の発話をプランニングし，時には相手の出方によっては発話する前に話すことを修正して発話プランを変更することもある。理解と産出が同時進行で進み，また産出過程でも，発話しながら次の発話のプランニングも始まっていて，様々なプロセスが同時並行的に起きているのである。このように見てくると，言語運用というのは認知的に高次で複雑なスキルであることがわかるであろう。また，これまで教師も学生も重要だと思ってきた文法の知識を直接使うプロセスは含まれていないことにも気づくだろう。言語処理における文法処理と，文法規則や文法知識を得ることにより培われるメタ言語的アウェアネスは，性質の異なるものだと考えられる（Doughty, 2003）。学習者の言語処理が伝達的なコンテクストにおいて FonM モードで進行する中で，教師にできることは，適切なタイミングで FonF モードにより言語形式にも注意を向けさせ，言語形式と意味／機能を同時処理する瞬間をできるだけ多く作ることである。

1.3　複雑さ，正確さ，流暢さ（CAF）

　タスクを用いた ISLA や応用言語学の研究で，学習者の言語運用の指標として近年しばしば使われるようになったのが，複雑さ（Complexity: C），正確さ（Accuracy: A），流暢さ（Fluency: F）の 3 要素である（Housen, Kuiken & Vedder, 2012a, b 等）。それぞれのアルファベットの頭文字を取って，CAF と呼ばれている。コミュニカティブアプローチでは正確さと流暢さを伸ばすことを目ざしていたが，それに複雑さも加わった[1]。複雑さには語彙の多様性や低頻度語彙の使用などの語彙的な複雑さと，複文の使用などの構文的な複雑さが含まれる。正確さは，誤りのない句や節が全体の発話に占める割合などで測定される。時には特定の言語形式の発達段階や正確さを見ることもある。流暢さは，ポーズの長さや言い淀みの数などで示される。研究では，発話の文字起こしをして，句などの分析単位に発話を区切り，語の数を数えたりポーズ時間を測るなど，相当な時間と労力を要する。日々の授業に追われる教育現場ではもちろん，そのようなことをやっている時間的余裕はないが，言語運用をこのような三つの側面でとらえることができることは知っておいたらいいだろう。

　これまでのコミュニカティブアプローチのように正確さと流暢さだけで言語運用をとらえると，誤りをおかすことのない安全で易しい文型のみを使って，流暢に言語を使い続けることが可能かもしれない。複雑さという観点が加わったのは，習得を一段階上に引き上げるためである。複雑さを評価することで，より高度な熟達度を目ざすことができるのである。ただし，第 2 章第 4 節で紹介したように，Robinson（2005, 2007b 等）は，タスクの認知的な複雑さと言語的複雑さは連動すると見ているので，易しいタスクや日常的な話題ばかりを扱っていては，複雑さはなかなか上がっていかない。教室で学習者の言語的複雑さを評価したい場合は，複雑さを引き出せるようにタスクの複雑さを考慮する必要がある。

　それから，ISLA 研究の成果からもたらされた知見を理解し，日本語教師

1　CAF に加え，伝達的適切さ（communicative adequacy）を加えるという提案もある。伝達目標達成の成否や母語話者から見た発話の自然さなどが含まれる（Palottie, 2009; Révész, Ekiept & Gilabert, 2016 等）。

は正確さの呪縛から解き放たれる必要があると思われる。Pienemann（1998）の示した普遍の発達段階では，最初の段階は単語や決まり文句の発話が始まるレベルである。また，ACTFL（America Council on the Teaching of Foreign Languages）という全米外国語教育学会が開発した OPI（Oral Proficiency Interview）は日本語教育にも取り入れられているが，一番下のレベルはやはり「語や句のレベルで文法はないに等しい」とされている。ACTFL-OPI が日本語教育に入ってきた時，「OPI では文法を測れない」と言っている教師の声をよく耳にしたものだ。初級は初級なりに教室で教えられた文を完全文の形で誤りなく発話することが期待されていたからであろうか。あるいは，文法のペーパーテストのように点数で結果がでない OPI にもどかしさを感じていたのかもしれない。また，教室のテストでできる学生と OPI の判定結果の良い学生との間にギャップを感じたのかもしれない。以下は，ACTFL-OPI で初級（novice）と判定された学習者の発話である。

T:	えっと，王さんは，趣味がありますか。趣味は何でしょう。
S:	趣味は……すいえん，です。
T:	水泳？
S:	はい。
T:	ああ，そうですか。
S:	台湾で，いつも，すいえんてま，今，日本て，あんまり，じがん，じがんはないです。
T:	ああ。ああ，そう。台湾にいる時は，よく泳ぎました？
S:	はい，そうです。
T:	ふーん。あの，1週間にどれくらい？
S:	にがい。2, 3がい？　ぐらい？
T:	ふーん，2, 3回ぐらい。
S:	うん。
T:	で，何メーターぐらい泳ぐんですか。
S:	なんまえ？
T:	何メーターぐらい。

S: 何メーターぐらい？

T: 泳ぐんですか。

S: ……500メートルぐらい。

T: 500メートルぐらい？

S: はい，そうです。

T: ふーん。ああ，そうですか。早いですか。

S: ……遅いです。

T: ふふふ。でも，泳ぐのが好き？

S: うん。 （牧野他, 2001, pp. 216–217）

　このレベルでは文の形になっていない断片的な発話が多い。教室では，文型を中心とする限られた範囲の練習しかしないが，教室の外で自発的に発話する必要に迫られた場合は，初学者の発話が語や決まり文句のレベルになってしまうのは，よくあることだと思われる。第1章の3.3で扱った普遍の発達段階を見ても，第1段階は単語や決まり文句の発話が見られる段階である。OPIで文法が測れないとしたら，文法のペーパーテストなら文法が測れるだろうか。それで点数が良かった学習者は日本語を話すことも上手な学習者ばかりだろうか。日本語教師は，言語運用レベルで学習者の日本語がどのように発達していくのかをよく理解しておく必要がある。文法は1回きりの指導で習得されるものではなく，類似表現やもっと複雑な表現が色々出てくると，それまで正しく使えていた文型が誤用に転じることはよくあることである。日本語の学習者のよく知られた誤用に「新しいの車」のような「の」の挿入があるが，初級の短い文の中で一つの形容詞を名詞につける練習をしている限りは，このような誤用はあまり見られない。しかし，複文や連体修飾の文を使い始めて，長い修飾語を名詞につけようとすると「の」が挿入される誤りが起きる。教えたから，説明したから学習者は使えるものという思い込みは捨てなくてはならないだろう。

　ACTFL-OPIの発音の基準でも，初級は「母語の影響が強く，外国人の日本語に慣れている人にもわかりにくい」とある。つまり，オーディオリンガルの時代に求められたように，最初から完璧な発音で話せるようになるわけ

ではない。もちろん，文法にしろ発音にしろ，誤った形あるいは不完全な形のまま言語発達が停滞することがないよう，教室ではフィードバックを与えるなどして日本語学習をサポートしていかなければならない。TOEFL-iBTをはじめ世界の外国語の大規模試験では，文法のセクションがなくなり，4技能を直接測ることがトレンドになっている。それは言語が知識ではなくスキルだと考えられるようになっているからにほかならない。日本語能力試験には相変わらず言語知識のセクションが残っているが，本当の意味での習得を考えるなら，教室ではもっとスキル重視の教育と評価をしていくべきである。読解などはスキルとして独立して教えられているが，第3章5.2でも触れたように，読解の下位スキルが多肢選択式の問題で測定されることが多く，それらの下位スキルを駆使して実際に全体的な読解ができているかは測定されていないという指摘もある。上級の学習者を教えていると，多肢選択問題ならできるのに，テキストから理解したことを自分の言葉で表現できない学習者がいることに気づいたことはないだろうか。それから，口頭能力の「話す」指導と評価は，まだまだ改善の余地があると思われる。また，多様なタスクを遂行するには，4技能を統合してバランスよく教えた方が，遂行できるタスクのタイプが増えるので，TBLTの可能性も広がると思われる。実生活の課題遂行能力を考えた場合，4技能それぞれが単独で使われるのではなく，実生活では複数の技能を組み合わせて使っていることの方が多い。したがって，テストを行う場合も，4技能をそれぞれ単独で測定するだけでなく，実生活のタスクに応じた技能を複合した評価も必要になると思われる。

2. コンテクストの中で教える意味

2.1 文法説明の是非

　第1章，第2章を読んでくださった方はもうおわかりのように，文法説明により得られたメタ言語的知識は，SLAにはあまり役に立っていないように思われる。ISLA研究では，教師の文法説明そのものが習得を起こしたというようなエビデンスはない。本章1.2で言語処理のプロセスについて紹介したが，言語処理に，いわゆる教育文法として教えられるようなメタ言語的知識を使うプロセスは存在しない。練習の前に詳細な文法説明をする効果は

かなり限定的だと思われる。易しい規則なら文法説明することの多少の効果はあるとされるが、そのような規則は説明されなくても、学習者自身がインプットから自分で発見できる可能性も高い。このような ISLA 研究からの知見に反して、現場の教師には文法をきちんと説明して学習者にわからせなければという使命感のようなものが強いようである。日本国内の直接法の授業では、文法説明というより既習語彙と文型でどのように新しい文型を導入するかということに心を砕くが、学習が進むと、日本語で説明を加えることも可能になる。媒介語が使えれば、練習に入る前に何らかの説明をすることも多いだろう。

　ISLA 研究では、明示的／宣言的知識を使うかどうかは別にして、言語をスキルとしてとらえる場合には、L1 と同様に、暗示的学習メカニズムを活性化する必要があると考えられている。「気づき仮説」を提唱した Schmidt (1990) が、典型的な暗示的学習の事例として挙げていたのが、フランス語の名詞のジェンダーに関する NS の文法知識であった。フランス語の名詞には男性形と女性形があり、具体名詞はジェンダーを一つひとつ覚える必要があるが、抽象名詞は名詞の語尾の音韻及び形態素で区別することができる。Schmidt (1990) は Tucker, Lambert & Rigault (1977) を引用して、フランス語の NS の多くはそのような区別に関する規則を記述できないばかりか、規則の存在にすら気がついていなかったことを報告している。Schmidt は、(1) NS は FLA のある時点で規則性に気づいていたが、そのあとは手続き的知識として貯蔵した、(2) インプットの中から無意識に規則を帰納的に導き出した、(3) 関連する言語形式を記憶に蓄積していったが、規則に気づくことはなかった、という三つの可能性を示している。二つ目と三つ目は今の用法基盤的アプローチの見解とも一致する。

　その後、Holmes & Dejean de la Batie (1999) が、コンピュータ実験により、ジェンダーの規則性のある既知語と未知語、規則性のない名詞についてジェンダーの判断課題を NS と NNS に課して、比較した。その結果、NNS は既知語も未知語も同様の速さ、正答率で判断できていたが、規則性のない名詞の判断には時間を要したということである。一方、NS は既知語に関して規則性の有無に関わらず語彙単位で素早く正確に判断していたが、未知語

の判断には時間がかかるという結果になった。この実験からは，NNS の方が宣言的知識に頼る傾向があり，NS は規則に関わらず，既知語か未知語かでパフォーマンスの対比が見られることが明らかになった。

　SLA の研究では，コンピュータに人間が受けるようなインプットを与えて，どんなアウトプットが出てくるかを調べるような実験をすることがある。Sokolik & Smith（1992）は，フランス語の名詞のジェンダーで実験を行った結果から，明示的規則を適用するのではなく，低次の知覚段階で名詞の語尾の形からジェンダーが判断できるようになり，未知語の名詞にも適用できるようになるとしている。したがって，コンピュータ実験ではあるが，NNS も文法規則を教えられなくても，NS と同様の暗示的学習が可能であることを示唆している。フランス語の学習経験がある筆者にとって，フランス語の NS が名詞のジェンダーの規則を知らないという事実を知った時は衝撃だった。フランス語を学び始めた時，教師には具体名詞のジェンダーは一つひとつ覚える必要があるが，上級の抽象語彙レベルになると規則性があるから楽になると言われていたからである。

　それで，筆者は，日本語 NS が学校では絶対に習わない「テ形」の規則について実験してみようと思い立った。学習者からも「テ形」のことを日本人に話したら知らなかったと言われることがあった。国文法では，用言の活用形が特定の語に続く時に，発音の便宜上，元の音とは異なる音で発音し，文字を改めることを「音便」といい，動詞にはイ音便，撥音便，促音便があるということが説明されている。国文法は既に日本語が使えている NS のために日本語の規則性を後づけで記述したものである。日本語をゼロから学ぶ外国人にはそれができないので，日本語教育独自の教育文法の体系が確立している。学習者は，動詞のグループ分けや動詞の語尾からテ形を作る方法を学ぶのである。

　小柳（2003）は，日本人，帰国子女，それから初級後半，中級の前半，後半，上級の日本語学習者（主として英語圏）171 名を対象に調査を行った。アンケートは絵を見て「何をしていますか。」という問いに答える問題15 項目と，動詞の辞書形からテ形に変換して「（　　）います」の括弧内を埋める問題 24 項目であった。そのうち 13 項目はテ形の異なるカテゴリー

から選んだ動詞で，11 項目は架空の動詞であった。その結果が図 4-2 である。左の棒グラフは絵描写課題，中央と右の棒グラフはテ形の変換課題において，存在する本動詞と架空の偽動詞のスコアを別々に示したものである。統計分析の結果の有意差もその下に示した。

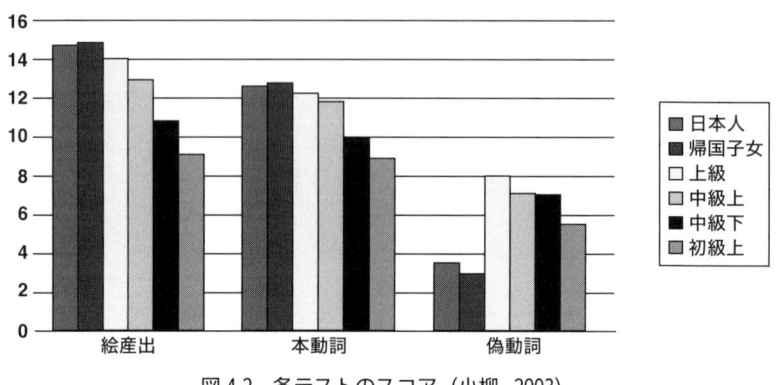

図 4-2　各テストのスコア（小柳，2003）

| 絵産出：日本人＝帰国子女＝上級＞中級上＞中級下＞初級上 |
| 本動詞：日本人＝帰国子女＝上級＝中級上＞中級下＞初級上 |
| 偽動詞：日本人＝帰国子女＜上級＞中級上＝中級下＞初級上 |

　これを見ると，絵産出や本動詞の活用では，日本人や帰国子女がよくできていて，学習者はレベルが下がるにつれ，スコアも下がっている。しかし，偽動詞では，上級学習者が最もできていて，日本人と帰国子女との差も統計的に有意だった。つまり，日本人よりも学習者の方ができたのである。さらに，調査では規則に関するアウェアネスを問う質問もしている。規則があると答えたのは NS が 61.1%，NNS が 85.7% であった。規則を詳細に記述できた NS は皆無だった。規則があると思っている NNS でも，偽動詞の変換に関しては感覚に頼る人が多く，中級学習者に規則に依存する傾向が最も見られた。初級学習者は，規則があると分かっていても推測や勘に頼る人が多かった。このような結果を見ると，NS のテ形に関する知識は規則ベースでなく用例ベースのように思われる。また，NNS に関しても，規則ベースの知識が

あることと，偽動詞の変換ができることには相関関係が見られなかった。

　日本語の FLA では，筆者の知る限り，テ形の形の誤りは報告されていない（伊藤，1991; 岩立，1997; 柴田，1990; 村杉，2014; Clancy, 1985 等）。テ形は親から受けるインプットの中で要求や命令形として「V- テ」が高い頻度で現れ，習得の初期から子どもの発話にも現れる。活用形というより定型動詞のように使用され，やがて，テ形は「タベテ，タベテナイ，タベテルノ，タベテイイ」と分化していく（柴田，1990）。子どもの習得の問題では，以下のように，「入ってます」の言語形式と意味のマッピングがうまくいかず，「入って」を使ってしまうというような誤用例が示されている。つまり，過剰般化による「テ形」の活用の形の誤りではないということである。過剰般化のような誤りは FonFS のようなインストラクションで起きるとされ，暗示的学習は不必要な過剰般化が避けられることも強みの一つとされている。用法基盤的アプローチの習得観に立てば，規則を教えれば一斉にどの動詞も正しく活用ができるというわけではないので，文法規則の提示方法については再考の余地が残されていると思われる。

　　例（中にベルがあるおもちゃについて話している）
　　　親：まだ入ってますか。
　　　子：入って。　　　　　　　　　　　　　　　　　　　（Clancy, 1985）

　表 4-1 では，二つの教科書の「テ形」の導入を比較してみた。一つ目の教科書は，直接法の典型的な教科書で，日本国内では最もよく使用されている『みんなの日本語』である。この教科書は文型シラバスなので，14 課でテ形が登場し，「V- てください」と「V- ています」の文型が同時に提出されている。この課の文型練習で使われる動詞のリストを見ても，タスクになるような共通の伝達的なコンテクストはあまり思い浮かばないのではないだろうか。そして，モデル会話はタクシー運転手と客の会話になっていて，これもまた，文型練習に出てきた動詞とはあまり関連していないようにも見える。このような文型シラバスを使うと，テ形が初出のこの課では，教師はおそらく時間を割いて「テ形」の作り方の説明をすることが多いだろう。マス形もしくは

辞書形からテ形に変換させる口ならし練習を行うことも多いと思われる。

表4-1　テ形の導入に関する教科書比較

1)『みんなの日本語初級 I 』(スリーエーネットワーク) 　　　V-てください 　　　　　　見せて，手伝って，つけて，閉めて，撮って，話して，飲んで，入って， 　　　　　　座って，食べて，使って 　　　V-ています 　　　　　　書いて，電話をして，寝て，読んで，釣りをして，雨が降って 　　　モデル会話 　　　　　　タクシー運転手と客の会話で，道順を言う場面
(2)『できる日本語初級』(アルク) 　　　L8：簡単に自分の家族や友達について友達や周りの人に紹介することができる 　　　　　　① 家族や友達の人数やどこに住んでいるかなどを話すことができる 　　　　　　　　～に住んでいます，～で働いています 　　　L9：サークルや交流イベントに参加した時，自分の好みや趣味を話したり相手 　　　　　に質問したりすることができる 　　　　　　③ 休みの日にしたことについて話すことができる。また，自分が知って 　　　　　　　いることの手順を話すことができる。 　　　　　　　見て，行って，会って，食事して，買い物をして，料理をして 　　　　　　　(どうやって)予約して，乗って，見せて，払って

　一方，二つ目の『できる日本語』は，各課に行動目標が掲げられ，シラバスの右端にはその課で学ぶ文型が掲載されているが，どんな文型を学ぶかではなく，行動として何ができるようになるかを中心に据えた，新しいタイプの教科書である。「テ形」の初出は第8課だが，ここでは家族や友人のことを話すのに「住んでいます」と「働いています」しか出てこない。次の課では，休みの日にしたことを話したり，何かの手順を話したりするために「テ形」が出てくる。動詞は限られているので，語彙のように「テ形」を覚えればいい。行動目標により場面を想定すると，文型ありきではないので，限られた動詞しか出てこないのである。このような教科書では，「テ形」は動詞毎にそのまま覚えれば十分である。説明するとしても，動詞が蓄積してきて

学習者が何か規則性があるのではないかと気づき始めた時が説明のチャンスである。用法基盤的アプローチの SLA が予測するように，最初は動詞固有の使い方があって，そのうちに共通性が共有されローカルルールができるというプロセスにも合致している。もちろん，活用の規則を学習者に教えることが全く無駄というわけではない。規則を知っていれば，学習者が新しい動詞に出会った時に自分で活用させることができる。ただ，テ形が出てきた初期の段階で全ての変換規則を教えて，形だけの変換練習を繰り返すのは習得のプロセスに合致しているとはいえず，かえって効率的ではないように思われる。

　ISLA の研究者の中には文法説明のようなメタ言語的知識は教室から一切排除すべき（Doughty, 2003; Long & Robinson, 1998 等）という強い見解もあり，文法説明が習得を起こすというエビデンスもない。しかし，欧米語の話者が言語体系の全く異なる日本語を学ぶ際には，もう少し柔軟に対応してもいいかもしれない。ただし，説明するタイミングも重要で，基本的には暗示的学習メカニズムで帰納的に学んでいて学習者が規則について疑問を持ち始めた頃に，後から説明した方がいいと思われる。実際，日本語でも類似する「～ソウダ／ヨウダ／ラシイ／ミタイダ」のそれぞれの文型に応じたタスクをする際に，区別について事前に文法説明を受けたグループの方が，受けなかったグループより，これらの文型の習得に効果があったという研究（Moroishi, 1999）がある。この実験の学習者は，それぞれの文型は既に習っており，その時に説明は受けていたかもしれない。しかし，学習が進み，類似表現がどう違うのか迷い始めた時点での説明は，各文型の初出段階での説明より学習者の頭の中でストンと腑に落ち，記憶にも残ると考えられる。

　上述の『できる日本語』の行動目標は，タスクシラバスの目標タスクの記述に似ているが，行動で目標を示し，伝達的なコンテクストの中で教育タスクをやるような授業では，従来のような一つの文法項目について詳細に説明する必要はなくなるはずである。何かの文型を使うとしても，一つの目標タスクで必要な用法は，これまで文型として一括して扱っていたことのほんの一部にしかならない。授業外に参照できる文法書や PC 上のネット教材などにアクセスできる環境があれば，授業の時間の多くを文法説明に使う必要は

あまりないだろう。ただし，個人差への配慮は必要で，TBLT はインストラクションの個別化を推奨している。言語学習に向く潜在的な基本的認知能力のことを「言語適性」と言うが，その中の構成要素に言語分析能力がある。言語分析能力が高ければ，説明されなくても自分でパターンや規則性を見つけることができる。しかし，言語分析能力が低い学生こそ，文法説明を必要としていて，説明してもらわなければ納得できないと思っている可能性は高い。

　SLA は言語形式と意味／機能のマッピングのプロセスとされるが，教師が知っておいた方がいいことは，説明を受ければすぐに三者が結びつくわけではないということである。言語学習には必ず伝達的なコンテクストが必要で，その中で練習を重ねることでマッピングが進むのである。例えば，迷惑受け身を教える時，学習者に迷惑な気持ちを表すことを説明したり，絵を見て一文レベルの受け身文で表現するような練習をしたりするだけでは，マッピングは進まない。実際，田中（1996, 1997）の受け身の研究でも，日本で迷惑受け身を習って自国に帰国した学生が，その後も受け身をなかなか使えていなかったことを明らかにしている。学習者が迷惑な気持ちになるようなタスク使用の場面を用意して，その中で繰り返し練習する必要がある。受け身を練習するというより，もっとまとまった談話の中で会話のやりとりをしながら，その中に受け身も含まれているというようなタスクが必要である。また，マッピングが起きるというのは，手続き的記憶として瞬時に反応できるようになるということで，究極には手続き的記憶の脳のネットワークが形成される必要がある。説明すればいいという単純なことではないことは肝に銘じておくべきであろう。文法説明よりどんな練習をするかの方がその何倍も重要だと思われる。

　しかし，今度は逆に「文法説明をしなくていいなら教師は楽でいいですね。」とか，「『できる日本語』を使うようになった若い教師が日本語の文法をあまり勉強しなくなった。」というような声も聞くようになった。授業で詳細な文法説明をしないからといって，教師が学習者に教えるための文法知識を身につけなくていいということではない。教師は文法をしっかり勉強した上でどんなタスクをするべきかを考え，大きな文法体系の中のどの部分を利用

してタスクが遂行されるのかを俯瞰して見ることができる能力が必要になる。教師は一つの言語形式が出てきたら，全ての規則や用法を説明してしまった方が教えやすいと思うかもしれないが，授業は教師が文法の勉強の成果をプレゼンする場所ではない。文法知識を与えるにしても，小出しにして，遂行するタスクに必要なことのみを与えていくべきである。TBLT を実施するには，むしろ今まで以上に教師の高い能力が求められると言ってもいいだろう。

2.2　文法ドリルの是非

　日本語教育では，口ならし練習，文型練習，パターンプラクティス，機械的ドリルなどと呼ばれる様々な文法ドリルが行われてきた。具体的には，反復練習，代入練習，変換練習，文完成練習，拡張練習などと呼ばれるものである。直接法にしろ，オーディオリンガルにしろ，初級では口頭練習が重視されるので，少なくとも日本語教師の多くが受けた文法訳読法のような伝統的な英語教育と比べると，話せる学習者をずっと多く育てているように思われる。実際，半年か 1 年しか日本語を勉強していない学習者の発話を聞くと，一般の日本人には驚く人が多い。自分自身の中学生時代の英語を思い浮かべて比較しているからであろうか。授業で文法ドリルのように声を出して練習していると，教師も学習者もやった感がある。しかし，このような練習は本当に習得につながっているのだろうか。既に第 1 章でも扱ったように，このような練習をする教授法は FonFS に分類されていて，ISLA においては問題があるとされている。文法ドリルでは意味交渉につながるようなインタラクションは起きない。1 文レベルの練習で，意味をあまり考えずに代入練習や変換練習を行うことも多く，何よりコンテクストが欠如しているので，言語形式と意味／機能のマッピングは起きないのである。

　ここで筆者（小柳, 1998; Koyanagi, 1999）が以前アメリカの大学で行った，教育的介入の効果を調べた実験を紹介する。目標言語形式は条件文「と」で，2 週にわたり 50 分のセッションを 6 回行った。短い会話を聞いて内容に合った絵を選択する指導を受けたインプット群，6 回のうち 3 回をインプット群と同様の指導を受け，残る 3 回は指名された学生が教師とインタラクションをして，それ以外の学生は絵を選択するという指導を受けたア

ウトプット群と，オーディオリンガルのような機械的ドリルを行ったドリル群を比較した。ベースラインデータとして，何も指導を受けずにテストのみ受けた統制群も設けた。参加者は無作為配分によりグループ分けされた。テストは4種類行ったが，そのうち，絵を見て文を言うテストの結果を図4-3に示した。事前テストは指導が始まる10日前に行い，事後テスト1は指導直後，事後テスト2は2か月後に行った。

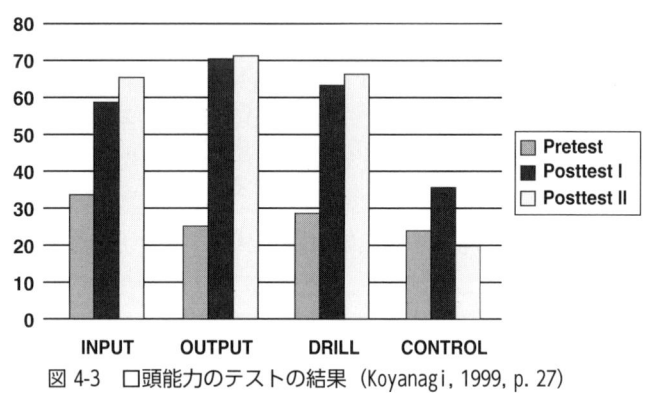

図 4-3　口頭能力のテストの結果（Koyanagi, 1999, p. 27）

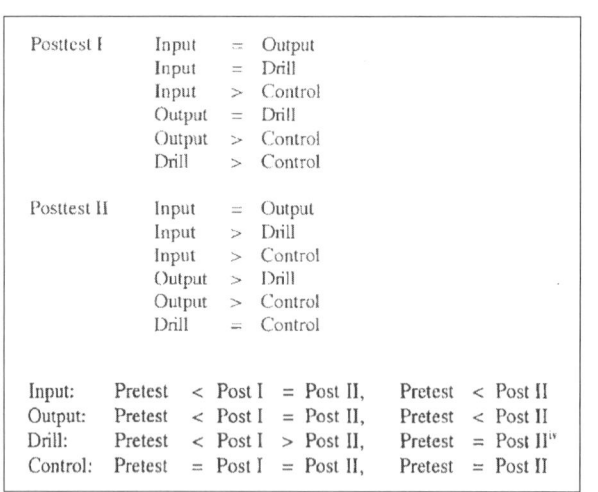

図 4-4　教室指導の口頭能力への効果（Koyanagi, 1999, pp. 28-29）のまとめ

ドリル群は，インプット群とアウトプット群で用いられるのと同等の文を使ってオーディオリンガルの機械的ドリルを行ったのだが，指導直後は文が記憶に残っていて，絵を見ても何らかの発話ができているようだった。2か月後まで維持できなかったのは，やはり単なる形式のみに焦点を当てたFonFS モードの練習だったからだと思われる。言語産出の始まりにはメッセージ生成のプロセスがあるが，その部分がないままに口頭練習をしても，言語形式と意味／機能のマッピングが起きなかったと考えられる。よって，持続効果がなかったのであろう。筆者が新米教師だった頃，「口をついて出てくるまで口ならし練習を十分やってね。」と先輩教師に言われたものである。しかし，口ならし練習では，本当の意味で口をついて出てくるようにはならない。その一方で，言語産出を全くしていないインプット群は，口頭能力でアウトプット群と同等の効果があった。これは，言語処理のシステムを動かしながら言語理解の課題をこなしていたので，その効果が言語産出にも及んだものと考えられる。

文法説明や文法ドリルの役割を見てくると，従来型の教え方の問題点が見えてくる。まず，FonFS モードの教授法は，言語処理システム全体を効率よく動かしていないことが問題である。コンテクストが欠如した練習は習得に必要な言語形式と意味／機能のマッピングを起こすことができない。FonFS モードの教授法は統合的な学習アプローチで，学習者が習ったことを組み合わせて，実際の場面ではそれらを足し合わせてパフォーマンスすることが求められる。しかしながら，そのような学習アプローチは ISLA 研究でわかっている習得過程に反していると言えよう。FonFS の中でも，コミュニカティブアプローチは，文法ドリルに終始することなく，統合的に足し合わせるプロセスも教室活動に取り込んで，コミュニカティブなアクティビティを行う。ただ，それも文法を使うための練習になりがちである。

このような教え方をする教師のビリーフには，文法説明として与えた文法知識（＝宣言的知識）が練習によって手続き的知識になるという考え方が根底にあるように思われる。第 2 章第 3 節で述べたように，このようなビリーフを支えるスキル習得論という理論が存在するが，これで説明できるSLA のプロセスはかなり限定的であり，単純な易しい規則にしか適用でき

ないとされる。本章1.2で見たように，言語を使うというのはかなり複雑で高次の認知スキルである。複雑なスキルの習得は，認知心理学でも暗示的学習の方が有利だと考えられている（Berry, 1998; Doughty, 2003 等）。また，脳科学の知見を見ても，宣言的知識が手続き的知識に変換するプロセスは存在しないようである（Hulstijn, 2002; 川人・銅谷・春野, 2002 等）。したがって，分析的アプローチをとる教授法の方が，心理言語面から見て理にかなっていると言えよう。

2.3　暗示的学習メカニズムの活性化

　分析的な学習アプローチをとるということは，すなわち暗示的学習のメカニズムを活性化させるような教え方をすることを意味する。暗示的学習はコンテクストに依存した学習なので，言語学習においてもコンテクストがあることが大前提になる。その場を提供するのがタスクである。タスクベースで教えると，言語形式ありきではなくなるので，従来の文法説明のやり方は役に立たなくなるはずである。文法説明をした後の練習が文型練習や文法の練習問題を解くことであれば，説明した内容が教室活動に直結している。しかし，行動目標に基づき設定されたタスクでは，それは必要なくなるであろう。むしろ，目標タスクにあるような経験をしたことがあるかを話し合うなど，タスクを身近に感じられるような工夫や，背景知識を活性化するような，別の形の説明や話し合いの形があると思われる。

　第1章の4.1で述べたが，暗示的学習は明示的学習との対比で論じられる。転移適切性処理の原理に従えば，明示的学習は明示的／宣言的知識を測る文法のペーパーテストには効果があるが，自発的な言語産出や4技能，すなわち暗示的な性質のスキルの習得につながるのは暗示的学習の方だと考えられる。Long（2015）は，自然習得の初級の学習者でもコロケーションが正しく使えるのに，教室習得の上級者がコロケーションを習得していないという問題を指摘し，チャンク学習の重要性を説いている。例えば，mistakeという名詞と一緒に使う動詞は make なのか do なのかというような組み合わせの習得である。教室学習者は，make と mistake を別々に長期記憶に入れていて，チャンクとして取り出せない傾向がある。

筆者も，アメリカに住んでいた時に，英語で名詞は思い浮かんでも，それと一緒に使う動詞が出てこなかったり，動詞と一緒に使われる前置詞がすぐに思い浮かばなかったりして言い淀む経験を多くしたものである。これは，ただ口に出して言ってみるくらいではなかなか記憶単位としてのチャンクにならないということだと思われる。暗示的学習の記憶のメカニズムであるチャンキング，すなわち処理できるチャンクの単位をもっと大きな単位に統合していくプロセスを促進するには，コンテクストの中で何度も練習する必要がある。『英語は決まり文句が 8 割』（中田, 2022）という本が出版されているが，今はかたまりで覚える定型表現の重要性が見直されている。語彙やコロケーションは宣言的記憶なので，もちろん，最初にかたまりとして覚える必要はあるが，実際に使えるようにするためにはコンテクストの中で何度も遭遇する経験をすることが不可欠である。

　伝達的なコンテクストがある中で暗示的学習をすることの利点は，教室の外で同様の場面に出会った時には，関連する語彙や表現，文型などが一度に事例のように長期記憶から検索されることである（Logan, 1988, 1990）。言語使用で必要な，関連する語彙や文型をスタンバイさせておくことができるので，必要になったらすぐに取り出して使えるのである。また，事例のような大きなチャンクで呼び出せるので，流暢さを生み出す源にもなる。すなわち，教室で学習したことが，教室の外の実地場面にもすぐに転移しやすいと言えよう。このような暗示的学習で形成される手続き的記憶は，持続性のある強固な記憶である。また，自然習得や暗示的学習の時は，動機づけに対応する大脳辺縁系という脳領域が活性化するようである。つまり認知と情意の相互作用もあるのである。もちろん，暗示的学習には限界があって，大人は宣言的知識で言語を学ぼうとしがちである。しかし，だから明示的学習が必要なのではなく，明示的モードが優勢にならないように，暗示的学習のメカニズムを活性化するような教師のサポートが必要なのである（理論の詳細は，小柳, 2016b, 2018b を参照されたい）。

　第 2 章 4.1 で紹介した TBLT 提唱者の Long（1985b）のタスクの定義は，日常生活や学業，仕事で遭遇し得る場面において遂行すべき課題をタスクとしている。つまり，学習目標は言語形式や言語機能を学ぶことではなく，何

かのタスクを遂行できるようにすることである。したがって，TBLT の学習目標は言語項目ではなく，行動として何ができるようになるかで示される。そして，このような考え方は，最近，日本語教育でも取り入れられるようになった CEFR の行動中心アプローチとも親和性が高い。CEFR は欧州評議会（Council of Europe）を中心に，どの言語にも共通の能力基準を定めたもので，Can-do 能力記述文で各レベルの基準が決められている。その根底にあるのが行動中心アプローチという考え方である。日本語教育でも国際交流基金が CEFR に倣って「JF 日本語教育スタンダード」を，文化庁が国内の日本語教育向けに「日本語教育の参照枠」を作成している。課題遂行能力を目標に掲げている点で，TBLT とも相性がいいと考えられる。

　第 2 節で紹介した『できる日本語』は，シラバスが行動目標で示されている。以下に一つの課の行動目標を示す。この課では，下位目標として，できることがさらに二つ挙げられている。タスクシラバスの目標タスクは，必ずしも「〜ことができる（Can-do）」の形でなくてもいいのだが，この程度の具体的な行動目標を示すのが望ましいと思われる。『できる日本語』のシラバスには，右端の方に学習項目として文型が書かれている。以下の第 8課だったら授受表現である。この教科書は TBLT の教科書ではないが，初級文型を使って行動目標がうまく設定してあり，一つの参考になるだろう。

　　『できる日本語　初中級』第 8 課より（本冊 p.243 より抜粋）
　　行動目標：これまでの経験の中でしてもらって嬉しかったことについて
　　　　　　　感謝の気持ちを表現することができる。
　　　　できること①：親切にされた経験を話したり，親しい人に手助けを
　　　　　　　　　　　申し出たりすることができる。
　　　　できること②：自分がお世話になったことを他人に話すことができ
　　　　　　　　　　　る。お世話になった人にお礼を言うことができる。

　ただし，『できる日本語』は目標談話のニーズ分析まではやっていないと思われるので，もし初級で扱われるようなタスクで目標談話を分析したら，私たちが初級文型として扱っていたものが，実はあまり必要ないという可能

性もある[2]。第 3 節で紹介した筆者の実験では，条件文「と」を使って道順を教えるタスクなどを作成したが，その後，ある勉強会で，道順を教える場面のロールプレイを NS にやってもらったデータを分析したら，「～と」が全く出てこなかったということがあった。NS は「～て」の方を使用していた。いずれにしても，コンテクストに依存した暗示的学習のメカニズムを活性化させることが，本当の意味でのスキルとしての習得につながるので，タスクにより伝達的なコンテクストを提供することはとても重要になる。

3.　インタラクションの重要性

3.1　インプットの意義

　　言語学習はインプットを受けるところから始まるので，インプットが重要なことは言うまでもない。大学で SLA を教えていると，時々文法の規則などの情報をインプットすることを SLA におけるインプットだと思ってしまう学生がいるのだが，ここでいうインプットとは NS の会話を耳にしたり，NS が書いたテキストを読んだりという，実際に NS が使用している場面の目標言語の素材のことである。TBLT は，「知っている文法や語彙を使えるように練習するには良い教授法だが，新しいことを学ぶにはふさわしくない」とする声もある。しかし，インプットには肯定証拠（＝目標言語で何が可能かという情報）が多く含まれているので，説明しなくても学習者がピックアップできる語彙や文法も多いはずである。学習者同士でペアワークをしていれば，同胞のクラスメートが使う言語もインプットになる。そして，インプットは量的に多いに越したことはない。というのも，インプットを受けたとしても，自分でアウトプットできることは，インプットよりずっとサイズが小さくなるからである。ご自身の L1 のことを考えてみても，産出できる語彙より理解できる語彙の方がずっと多いであろう。言語学習の教室で

2　目標談話の分析による提案ではないが，日本語学的知見やコーパス研究などのデータを基に，新たな文法シラバスの提案がなされている（庵・山内, 2015）。ただし，Long（2015）が指摘しているように，コーパスに出てくる頻度と，ある特定の目標タスクに出てくる頻度が一致しているか，また，新たな文法シラバスがタスクの目標談話分析に基づいた言語使用の基準と一致しているかは検討が必要である。

は，できるだけ多種多様なインプットを大量に与えた方がいいと考えられる。日本に住んでいる学習者は，教室の外にインプットの機会がふんだんにあるように思われがちだが，学習者に適切なインプットが提供されているとは言い難く，だからこそ教室学習をする意義があるのである。

　また，直接法では媒介語を使わないので，日本語のインプットは十分与えていると教師は思いがちである。しかし，本当に習得に必要なインプットが与えられているだろうか。『みんなの日本語』で授受表現を導入するレッスンの流れについて，『教え方の手引き』には以下のように記されている。この教科書は文型シラバスで，『教え方の手引き』には学習目標が記載されている。しかし，学習目標を行動目標で示した『できる日本語』と比べると，言語的な目標になっていることがわかる。「いただく」を導入するには，既習の「もらう」を使って，お見舞いや誕生日にもらったものを挙げていって，くれた相手を目上の人に変えて新出の「いただく」を対比させて導入し，意味をわからせようとする。授受表現が使える頃には学習者は日本語がかなり理解できるようになっているので，導入した後に，上下関係により，また物の授受の方向により異なる動詞を使うことを図式化して説明することもできるだろう。

『みんなの日本語 初級Ⅱ 教え方の手引き』第41課（pp.134 〜 135, 138）
学習目標：上下や親疎の関係をわきまえ授受表現を使うことができる

1. 学習項目「いただく」の導入
　　1）わたしは先月，病気で入院しました。いろいろな人にお見舞いをもらいました。弟にCDをもらいました。友達に果物をもらいました。部長に花をいただきました。
　　2）きのうはわたしの誕生日でした。私はプレゼントをたくさんもらいました。妹にハンカチをもらいました。彼にバッグをもらいました。英語の先生に本をいただきました。

2. 学習項目「V-ていただく」の導入
　　1）わたしは結婚するとき，たくさんの人を招待しました。大学の友

達に来てもらいました。大学の先生に来<u>ていただきました</u>。先生
にお願いして，スピーチをし<u>ていただきました</u>。

2) わたしはミラーです。

日本へ来てから，いろいろな人に親切にしてもらいました。隣の
家の子どもに日本の歌を教えてもらいました。友達に日本語を英
語に翻訳してもらいました。先生に漢字のまちがいを直し<u>ていた</u>
<u>だきました</u>。

　このような導入は，もちろん媒介語で説明するより日本語に触れる機会は
多くなるが，学習者の左の耳から入って右の耳に抜けていくような受け身的
なインプットに思えてならない。クラスの学習者全員が，新しく導入した部
分以外のインプットを理解できるとも限らないので，「i＋1」のインプット
である保証はない。このような導入に続く練習も代入練習のようなドリルな
ので，言語形式と意味／機能の関係について学習者の気づきを起こすような
インプットにはならないと思われる。また一文レベルの用法の導入であっ
て，まとまった会話の中に出てくるものではない。もちろん，これは，あく
まで『教え方の手引き』による導入例である。「教科書<u>を</u>教える」のではな
く，「教科書<u>で</u>教える」とよく言われるので，これに様々な工夫を加えて教
えている教師も多いとは思われる。

　では，行動目標を学習目標にしている『できる日本語』では，どのように
授受表現を扱っているだろうか。第2節で扱った『できる日本語　初中級』
の第8課の導入部は，まず「話してみよう」というセクションがあり，イ
ラストではお礼のカードや花をもらっている場面，駅の階段で男の人が重た
そうなスーツケースを持っている女の人に声をかけている場面が描かれてい
る。それは，絵からどんな場面かを想像したり，同様の経験があるかを話し
合ったりして，学習者の背景知識を活性化することを意図している。その次
に「聞いてみよう」があり，友達の家に遊びに行った場面で，部屋の調度品
をほめたり，持ち寄りの料理について話をしている。この会話は，最初は
「だれとだれが話していますか。」「どこで話していますか。」などの問いかけ
をして，会話の全体の流れをつかむようにし，次第に質問を絞って，会話の

細かい場面にも注意を向けさせる。未習の語彙や文型が含まれていても，教師が質問を繰り返すことにより，コンテクストから類推できるような会話が展開されている。

図 4-5 『できる日本語 初中級』第 8 課の導入

（『できる日本語 初中級本冊』pp. 103-105,
『できる日本語 教え方ガイド＆イラストデータ CD-ROM』より）

さらに，その後には「チャレンジ！」というセクションがあって，学校の休み時間に学生同士が話しているという設定で，コマ漫画の絵を見ながら，「聞いてみよう」で聞いたような会話をペアで作っていくような練習になっている。ここでも，教師がヒントになるような質問をするなどして，会話の作成を助けることになっている。それぞれのコマ漫画にはモデルになる会話の音声があり，後で会話を確認することができる。このような構成では，学習者は自分たちで会話を構築できるように，最初に聞いたリスニングの音声に耳をそばだてて，内容や言語形式にも注意を向けながら聞き取っていく必要がある。直接法の典型的な導入のように受け身的に説明を聞くのではなく，能動的にリスニングに関わり，学習者自身が何かに気づけるようなインプットを提供する必要がある。『できる日本語』には導入に一つの会話しかないが，TBLT にするなら，このような会話がもっとたくさんあると理想的である。

　また，オーラルのインプットのみならず，書かれたテキストを提供することも可能である。中級以上のタスクとなると，テキストで読んだ情報を基に何かのタスクに発展させることができるだろう。インプットは Krashen（1985）の「インプット仮説」の主張のような簡略化したインプットではなく，精緻化したインプットが求められる。音声言語では，生に近い自然なインプットが提供される中で，意味交渉をすることが，すなわち精緻化と言えるだろう。また，ティーチャートークをする場合，直接法で教えていると，教師は既習文型と語彙のみで話すことが上手になるが，未知のものを含んで話す内容から類推できるような話し方も必要である。文字言語においては，学習者のレベルによって生教材の読みのテキストが必ずしも最良の選択ではないこともある。かといって簡略化してしまうと，確かに理解することはできるが，新たに何か習得できる機会を逃しているとも考えられる（Yano, Long & Rossc, 1994）。簡略化すると，論理構成がわかる接続詞や情報の繰り返しや言い換えなどが省略される傾向にある。精緻化する場合は，むしろ省略はせず，「すなわち」などを使って難しい語彙の説明を加えたりして，テキストから語彙や表現などを学べるようにすることも有益である。

国内の日本語教育では，媒介語を使用しないことが一般的なので，文法説明や教室活動の指示も日本語のみを使って行われる。しかしながら，これでインプットを十分与えているとは思わずに，本当に習得に必要なインプットの機会が提供できているか，見直す余地は大いにある。また，日本国内で教えていると，教室の外には日本語を使う機会が十分あるのだから，教室でやるべきは文法と読解だと主張する教師もいるが，音韻処理能力がその後の言語学習に影響を及ぼし続ける（後述の本章5.1.1）とされているので，言語の基本はやはり音である。直接法の教室では，初級の段階から音声のインプットがあふれているようで，実際には必ずしも学習者のニーズやレディネスに合ったインプットが提供されているわけではない。教室で量的にも質的にもリッチなインプットを提供することが大切である。

3.2 ペアワーク／グループワークの意義

コミュニカティブアプローチが広まってからは，授業の中でペアワークやグループワークが取り入れられることが多くなっている。しかし，何のためにやっているか，SLAにどんな効果があるのかを理解してやっているだろうか。筆者は，授業参観などで，教科書の文型練習のページを開いてペアで練習させている場面や，文法の練習問題をペアで相談しながら解いている場面に遭遇したことが何度かある。この後にもっと伝達的なコンテクストで言語を使うペアワークがあるならまだいいのだが，このようなやり方をする教師の授業では，大抵ペアワークは文法練習に終始していた。ISLAの知見から，なぜペアワークやグループワークが推奨されているのか，その意義を考えるべきだと思われる。

もし，教室活動にペアワークやグループワークがないとしたら，授業はどうしても教師主導で進んでいくことになる。そのような授業形態では，教師が一方的に説明し，教師が答えを知っている提示質問（display questions）をしがちである。そこでは，学習者の答えが完全なものでなくても，発音が聞き取りにくくても，教師はなんとなくわかってしまい，聞き返したりせずにやり過ごしてしまうことがあるかもしれない。また，日本語教師は教え慣れてくると，学習者の既習文型と既習語彙のみを使って話すことが上手になる

が，それは簡略化されたインプットであって，習得に必要な気づきにはつながらない可能性がある。つまり，教師主導の授業では，SLA に必要とされる意味交渉は起こりにくいのである。学習者の側も，教師に明確化要求をするのは失礼だと感じることもあり，教師に意味交渉をしかけることはあまりないだろう。また，教師に指名されて L2 で何か答えなくてはならない学習者にとって，教室は緊張を強いられ不安が高まる場になってしまう。しかし，学習者同士で助け合いながらグループワークをすると，学習者の緊張感や不安をほぐすことができ，情緒面でも習得に好ましい環境になるのである。

　グループワークには (1) 言語の練習機会を増やす，(2) 学生の対話の質を改善する，(3) 個別指導を促進する，(4) 活動的で情緒的に安心できる雰囲気を作り出す，5) 学習者の動機づけを高めるという利点があるとされている (Long & Porter, 1985)。グループワークでタスクを行うことにより，インタラクションにおける意味交渉が起きやすくなるのである。第 1 章の2.1 で述べた通り，意味交渉が起こりやすいタスクは特定されている。参加者間にインフォメーションギャップがあって，お互いのインフォメーションを共有しないとゴールに辿り着けないタスク，タスクのゴールが収束的でただ一つのゴールを目ざすようなタスクである。ペアやグループでやりとりを繰り返すことによって，学習者は言語形式に気づいたり，言語形式と意味／機能のマッピングを促進したりするのである。よって，コンテクストから遊離した文型練習などにペアワークやグループワークは使うべきではないと思われる。教師からよく聞かれる声は，他の学習者の誤った発話を聞いて，それを取り込んでしまうのではないかということである。しかし，教師主導でもグループワークでも同程度に非文法的な文は含まれているとされる。FonFS のような規則学習は，過剰般化の誤りを誘発しやすいが，FonF による指導は，自然習得の学習者と同様に，そのような誤りはおかさない (Long, 2016) とされている。したがって，TBLT の原則に則って授業をやっていれば，他の学習者の目標言語から逸脱した発話を聞いても，それを取り込む心配はそれほどないと思われる。

　また，ペアワークやグループワークの意義は，意味交渉の機会を提供することだけではない。クラスメートとタスクを遂行するプロセスは，必ずしも

意味交渉が起きなくても，協働学習による学びの場になる。言語能力が低い学習者は，自分より言語能力の高い学習者から何かを学び取ることができるし，言語能力が高い学習者は，言語能力が低い学習者をサポートすることで学ぶことがあるはずである。SLA には，第 1 章第 5 節で扱ったように，社会文化理論（Lantolf, 2000a, b）という思考を表出する手段として言語があると考え，社会的なインタラクションを重視する立場がある。その見解では，教師から，あるいは他の学習者から手助けしてもらう「足場かけ（scaffolding）」を重視している。そして，学習者が到達し得る潜在能力の幅を「最近接発達領域（zone of proximal development）」と言うが，足場かけをされることによって，潜在能力の幅の上限まで能力が引き上げられる可能性がある（Lantolf, 2000a）。

　外国語教育に限らず，教育全般においてアクティブラーニングや反転授業などが推奨されているように，学習者が能動的に自らの学びに関わるという意味でも，ペアワークやグループワークは必要である。言語はコミュニケーションの手段なので，教室の中で学習者同士が助け合ってコミュニケーションをするプロセスは，教室の外で実地に言語を使う準備としても大切である。このような学習者主体の活動を考える際に，懸念の声としてしばしば聞かれるのが学習者間の能力差や積極性の違いなどである。教師としては同等の能力で同程度に真剣に活動に取り組む学習者がそろっている方が，教えやすいに決まっている。しかし，実生活でも同質の人とばかり付き合っていくことはできない。むしろそのギャップを埋めるところに学習者としての成長を見いだしていくことも必要である。

　インタラクション仮説の実証研究が盛んだった時代に，タスクのタイプを操作して意味交渉が高頻度で起きるタスクの特徴が見いだされたが，学習者の違いによる影響についても調べる研究が行われた。例えば，言語能力の低い学習者が情報提供者の役になり，言語能力の高い方が情報の受け手に回ると，双方に効果があったことが示されている（Yule & MacDonald, 1990）。能力の低い学習者は相手に情報を伝えるために話さざるを得ないし，能力の高い学習者は，相手の立場に立ってやりとりをすることによって社会的スキルを身につけられたということである。また，学習者の積極性を調べた研究

（Cameron & Epling, 1989）では，問題解決タスクにおいて，積極的な学習者と消極的な学習者を組み合わせたら，積極的な学習者同士のペアと同等の高いパフォーマンスが見られたということである。言語能力や積極性との関係を見いだせなかった研究もあるのだが，総合的に見ると，ペアやグループのメンバー構成を教師が考慮することにより，活発なインタラクションを生み出すことができると言えそうである。

　さらに，毎回同じようなタスクをやると飽きてしまい意味交渉が減るという研究（Gass & Varonis, 1985）がある一方で，タスクに不慣れな学習者は何をすべきか戸惑ったという報告（Plough & Gass, 1993）もある。ペアを組む相手との親しさの関係も，タスクのパフォーマンスに影響するようである。母語の異なる学習者のペアの方が，母語が同じ学習者のペアより意味交渉が多く起きるという研究（Gass & Varonis, 1984）や，お互いをあまり知らない同士のペアはインタラクションの最初は意味交渉をあまり行わなかったという研究（Plough & Gass, 1993）もある。このように，様々な要因が影響することは確かなのだが，ケースバイケースなので，ペアワークやグループワークの構成員の組み合わせは，日々学習者を観察している教師が工夫して考えるべきことである。学習者の違いを教えにくいと考えるのではなく，むしろグループダイナミクスを生む源だととらえた方がいいだろう。

　また，ペアやグループでロールプレイなどのタスクを練習して，それを後でクラスの前でやってもらうこともあるだろう。人数が多い場合には練習中に全てのペアやグループの間を教師が回ることができなかったり，全てのペア，グループに発表してもらう時間がない場合もある。そのような場合は，代表のペアやグループに，あるいは一人の学習者を指名して，教師と学習者でタスクをやることもできる。実証研究では，タスクを遂行した学習者だけでなく，それを観察していた学習者にも同等のインパクトが及んだという研究（Mackey, 1999; Muranoi, 2000 等）があり，勇気づけられる結果ではないだろうか。いずれにしても，ペアワークやグループワークは何のためにやるのかを理解し，実施する際には教師がペアやグループの組み合わせにも気を配り，有効活用する必要がある。

4. Focus on Form の手法

4.1 タスクの認知的複雑さの操作

　Focus on Form（FonF）を具現化する方法として，これまでは否定的フィードバックなどの指導テクニックが扱われることが多かったが，TBLTでは，タスクの認知的複雑さの操作も FonF の 1 つの手段となる。Robinson（2001a, b, 2005, 2007b）の「認知仮説」では，タスクの認知的複雑さが上がれば，それだけ文法的により正確で，統語的により複雑な言語を産出して言語発達が進むと考えられる。TBLT ではタスクシラバスの配列における基準を，言語形式の難易度ではなくタスク自体の複雑さ，つまりタスクの認知的要求度によって決定するとしている。実証研究においては，タスクの認知的複雑さを操作することにより言語運用にどのようなインパクトがあるかという検証も行われている。

　タスクの認知的複雑さの基準を確立することは，TBLT 実現に向けた大きな研究課題だとされている（R. Ellis, 2017; Long, 2016）。そんな中で，Robinson（2009, 2011）が提案している三つの構成要素から成るタスクの枠組み（Triadic Componential Framework）は，一つの拠り所になるだろう（第 3 章 3.2.1 も参照されたい）。表 4-2（第 3 章から再掲）の左側の列に示されたものが，タスクの複雑さ（task complexity）で，認知的な負荷から見た複雑さを指す。例えば，資源集約変数の「＋／－ 今ここ」は，相手と共有するコンテクストで今起きているイベントに言及する際には，現在の時制やアスペクトの形態素に注意が向くが，認知的な負荷は低い。しかし，時間や空間を相手と共有していないイベントに言及する場合には，認知的負荷はかかるが，それだけ注意が言語形式に集中して向かい，過去形の形態素などの習得を促進すると考えられる。また，「－／＋ 意図的推論」の変数において，認知的要求度を上げると，他者の頭の中の状態に言及するために英語なら *suspect that, wonders whether* のような表現に注意が向くと考えられる。

表 4-2 三つの構成要素から成るタスクの枠組み
(Robinson, 2009, 2011 に基づく; 小柳, 2013 訳)

タスクの複雑さ <task complexity> (認知的要因)	タスク遂行条件 <task condition> (相互交流的要因)	タスクの難易度 <task difficulty> (学習者要因)
分類基準：認知的要求度 分類手順：情報理論的分析	分類基準：相互交流的要求度 分類手順：行動記述的分析	分類基準：能力的要件 分類手順：能力評価分析
下位分類 a. 資源集約変数 　(認知的／概念的要求度)	下位分類 a. 参加型変数 　(相互交流的要求度)	下位分類 a. 能力変数及びタスクに 　適切な認知資源の違い
＋／－　今ここ ＋／－　少数の要素 －／＋　空間的推論 －／＋　因果的推論 －／＋　意図的推論 －／＋　視点取得	＋／－　開かれた解決 ＋／－　一方通行の情報の流れ ＋／－　収束の解決 ＋／－　複数の参加者 ＋／－　複数の貢献の必要性 ＋／－　意味交渉不要	高／低　作動記憶 高／低　推論 高／低　課題のスイッチ 高／低　適性 高／低　場独立型 高／低　心(mind)の察知
b. 資源分散変数 　(運用的／手続き的要求度)	b. 参加者変数 　(相互交流参加者の要求度)	b. 情意的変数及びタスクに 　適切な状況-特性の違い
＋／－　プランニング時間 ＋／－　先行知識 ＋／－　単一タスク ＋／－　タスク構造 ＋／－　少数の段階 ＋／－　各段階の独立性	＋／－　同様の熟達度レベル ＋／－　同一のジェンダー ＋／－　親密 ＋／－　内容に関する知識の共有 ＋／－　平等のステータスや役割 ＋／－　文化的知識の共有	高／低　オープン性 高／低　感情の制御 高／低　タスクの動機づけ 低／高　不安 高／低　伝達の意志 高／低　自己効力感

　Robinson の枠組みで，資源分散変数とされるものは，マイナスの方向に操作すると資源集約変数と同等の効果があるとされ，例えば，先行知識のないタスクを扱うと，それだけ認知的要求度が高くなる。第 3 章で扱ったように，ホテルの受付係が，ホテルから離れた自分になじみのない地域のレストランをお客に推薦するタスクは，自分になじみのある地域の行ったことがあるレストランを推薦するタスクより認知的要求度が上がっている。タスクが認知的に複雑になると，学習者の注意は言語形式に向かい，正確さと複雑さに効果をもたらすので，これも FonF の役割を果たしていると言えるだろう。ただし，これはタスクデザインの段階で決定しておく必要がある。この

表を見てどの変数を操作しようかと考えると認知的な複雑さの操作はハードルが高いと思うかもしれないが，第3章で示したように，ニーズ分析を行えば，どのような要素がタスクを難しくしているかという情報が得られるはずである。それを，この枠組みと照らして変数を決定すれば，認知的な複雑さの操作も容易になるであろう。

4.2 タスクのプランニングと繰り返し

　タスクの認知的複雑さを事前に操作しておくことにより，学習者の言語運用にインパクトを与えることが可能だが，これはタスクデザインの段階から考えておくことである。それに加え，タスクを遂行する手順もそれと同様に，学習者の言語運用に影響を及ぼすことができる（Skehan, 2016）。その中には，プレタスクとしての事前プランニングや，ポストタスクのアクティビティなどが含まれる。タスクを行う際に，メインタスクを単体で行うだけでなく，前後にそれに付随する活動を伴うことが多いと思われる。メインタスクの前に，インプット活動により，タスクのパフォーマンスのヒントを与えておくこともその一つである。中でも TBLT でよく研究されているのが，タスクのプランニングである。Skehan（2016）はタスクの「条件（conditions）」としてプランニングを位置づけているが，前述の Robinson（2009, 2011）のタスクの枠組みでは，プランニングはタスクの認知的複雑さの資源分散変数に位置づけられている。資源分散変数は，認知的に易しい方向にタスクを操作すれば，タスクの言語運用全般に注意が行き渡り，流暢さが上がると考えられている。よって，プランニングの時間があれば，学習者の言語運用全般にインパクトを与えられる可能性がある。初期の研究（Crookes, 1989）では，プランニングの時間が与えられると，学習者はより複雑な言語を産出したことが報告された。考える時間がなく展開する自然習得環境の NS との会話と異なり，これは教室指導を受ける利点でもあるとされてきた。近年の研究では，プランニングは流暢さの改善を支持するものが多いようである。

　プランニングと言っても，いくつかの種類のプランニングがある（図 4-6 参照）。事前の準備としてのプランニングだけでなく，タスク内プランニングもある。前者には，準備としてタスクを行って再度同じタスクを行う「リ

ハーサル（rehearsal）」と，タスクをどう遂行するかというストラテジーを考えて準備する「方略的プランニング（strategic planning）」がある。後者のタスク内プランニングは，タスクをやりながら，次の発話を考えるオンラインプランニングのことで，時間的なプレッシャーがあるかどうかでさらに区別される。時間制限があればプランニングする猶予はあまりないが，時間制限がなければ，考えながら話すことが可能になる。プランニングの時間の長さや，プランニングで何を準備するかという指示によっても，学習者の言語運用に異なるインパクトを与えることができる。

図4-6　タスクベースのプランニング（R. Ellis, 2005; 小柳, 2018c 訳）

　上記のような分類の中で，まず，タスクの「リハーサル」は，教室で前に出てペアでタスクを遂行するというような本番のパフォーマンスの前に同じタスクを事前に通しでやってみることである。いきなり人前でタスクを遂行するのは緊張を強いられるが，ペアで一度練習しておくことで，クラスで発表する本番はもう少しリラックスしてパフォーマンスをすることができるだろう。また，一度どんなメッセージを伝えるかを準備しているので，本番ではもっと言語形式に注意が向けられ，語彙や文法の正確さが改善したり，談話が洗練されたというような研究結果（Bygate & Samuda, 2005; Lynch & Maclean, 2000 等）が出ている。

　もう一つの事前プランニングである方略的プランニングというのは，タスクをどのように遂行するかを準備することである。ただ漠然と準備するように言われた場合や，言語形式に注意して準備するように言われた場合など，

教師の指示の出し方によってプランニングの時間をどう使うかが変わり，言語運用のどの側面にインパクトがあるかは異なるようである。方略的プランニングで流暢さと複雑さが改善したという研究が多いのだが，正確さについては，ただ漠然と準備するように言われた方が正確さが改善した（Foster & Skehan, 1996）ようである。正確さは，そもそもあまり習得が進んでいない言語形式についてはそれほど改善せず，未習得，または習得途上の言語形式には，プランニングではなく，他の FonF のテクニックを使った方が有効である可能性が高い。

　また，プランニングの時間が 1 分なら正確さは改善されたが，それ以上長くなっても正確さはあまり変わらなかった（Mehnert, 1998）という研究もある。おそらく，短時間なら語彙や文法を長期記憶から検索して思い出すのに使えるが，元々習得できていない言語形式であれば，準備する時間があっても正確さはそれほど改善しないのだと思われる。方略的プランニングは，タスクで何を話すべきかを準備することにより，本番のパフォーマンスの認知的負担や心理的なプレッシャーを軽減してくれると考えられる。また，言うべきことが決まれば，学習者は自然に言語形式にも注意を向けるようになるので，気づきや言語形式と意味／機能のマッピングを促すとされている（Ortega, 1999）。

　図 4-6 の R. Ellis（2005）の分類の中のタスク内プランニングは，「オンラインプランニング」とも呼ばれている。タスクを行う時に時間制限を課すかどうかで区別される。時間的なプレッシャーがなければ，学習者は自分の発話を考えながら，モニターしながら話す可能性が高い。そのような条件では，時間が十分にあるので発話の言語形式に注意を払い，正確さや複雑さは上がるが，流暢さはどうしても落ちてしまう。TBLT の研究では，学習者がその時点で本来どの程度の流暢さがあるかにも左右されるので，タスク遂行時の時間的プレッシャーの有無をコントロールして実験で結果を出すのは難しいとされている。しかし，教育実践におけるプランニングでは，事前プランニングのリハーサルや方略的プランニングを活用して学習者のパフォーマンスを改善することができると思われる。

　さらに，本タスクの直前のリハーサルだけでなく，もっと広く「タスクの

繰り返し」も効果がある。これは，時間を置いてもう一度同じタスクをやってみるというものである。例えば，学会のポスター発表で何回も同じ内容の説明を繰り返すうちに，次第に語彙や文法の正確さが上がったという報告（Lynch & Maclean, 2000）がある。Bui & Yu（2021）は，TBLT の研究で，リハーサルとタスクの繰り返しが同義語のように扱われたり，操作上の定義が曖昧で明確に区別されていないというような問題点を指摘している。タスクのリハーサルは，次に本番があることが学習者に認識されているが，タスクの繰り返しについて調べた研究では，後で同じタスクを繰り返すことは知らされていないことが多いようである。したがって，リハーサルは，Levelt（1993 等）の言語処理のモデルにおける概念化処理に注意を向けさせ，本番のタスク遂行時には概念化処理の負荷が軽減され，形式処理や構音処理に注意を向けさせるものととらえられる。一方で，タスクの繰り返しは，言語処理の手続き全般に注意が向けられるものとして見るべきだとされている（Bui & Yu, 2021）。

　実験ではタスクを 5 回，6 回と繰り返したものもある。学習者は繰り返しに飽きてしまうのではないかと心配されるが，学習者（特に熟達度が高い者）はむしろ繰り返しに肯定的だったという報告（Lambert et al., 2017）もある。また，まとまった内容の話をパートナーにするようなタスクで，長い時間を置かず，一つの授業の中で，繰り返す度に制限時間を短縮し，聞き役の相手を変えていくと，流暢さにインパクトが与えられたというような研究（Averart & Nation, 1991; De Jong & Perfetti, 2011 等）もある。教師の指示や励まし次第では，学習者に飽きさせずに同じタスクを繰り返し，達成感をもたらすことは可能だと思われる。タスクを繰り返すと，メッセージの概念化や文法処理などにバランスよく注意が配分され，言語処理が効率的にできるようになるのではないかと考えられる（Bygate & Samuda, 2005）。

4.3　教師のフィードバック

　TBLT で教える場合，教師のフィードバックは不可欠である。暗示的学習のメカニズムの活性化を目ざしてはいるが，従来の規則重視の学習ではないからこそ，学習者には何が正しいのか，間違っているのかを知らせる情報が

必要である。SLA に必要なのは，目標言語で何ができるかという情報である肯定証拠と，目標言語で何ができないかという情報である否定証拠である。インプットを重視して，目標言語に触れる機会を多く作り出そうとする TBLT の教室では，生のインプットをできるだけ多く与えようとするので，量的にも質的にもリッチな肯定証拠を提供することができる。事前にこのような使い方は非文法的あるいは不適切であると説明することも否定証拠にあたるが，TBLT ではそのような事前の文法説明は避けようという教授法である。だからこそ，タスクの中で，教師のフィードバックにより学習者に未知の言語形式や誤用に気づかせることが重要になる。そのようなフィードバックは，ISLA 研究では否定的フィードバック（negative feedback）もしくは訂正フィードバック（corrective feedback）と呼ばれる。

表 4-3　訂正フィードバックの分類
(Adams, Nuevo & Egi, 2011, p. 44 に基づく; 小柳, 2016 訳)

インプット／アウトプットの区別	フィードバック	NNS の誤りに対する NS のフィードバックの例	明示的／暗示的の区別
インプット提供	明示的訂正	No, it's not goed—went.	より明示的
	リキャスト	John went to school.	より暗示的
アウトプット誘導	メタ言語的フィードバック	-ed is for past tense of regular verbs, and "go" is an irregular verb.	より明示的
	抽出	John...?	
	反復	John goed to school?	
	明確化要求	Pardon?	より暗示的

教師のフィードバックには明示的なものから暗示的なものまで，様々なタイプがある。Adams, Nuevo & Egi（2011）の分類によると，フィードバックは大きく分けると，インプットを提供するものとアウトプットを誘導するものがある。インプット提供型には，明示的な訂正とリキャストがある。アウトプット誘導型はプロンプト（prompt）と呼ばれるが，こちらも明示的なメタ言語的フィードバックから，抽出（elicitation），反復（repetition），そして暗示的な明確化要求が含まれる。ISLA研究では，暗示的でコミュニケーションの流れを阻害しないリキャストが注目を集めたが，リキャストより学習者からアウトプットを引き出すプロンプトの方が有効だという主張（Lyster, 1998; Lyster & Ranta, 1997）もあった。というのも，リキャストを受けた際に学習者が気づいたことの何らかの反応を示すアップテイクが見られなかったため，SLAには寄与していないのではないかと疑問視されたからである。

　しかしながら，リキャストについては「プライミング」という暗示的な気づきが見られることや，プライミングがあった学習者は，単にアップテイクがあった学習者より発達段階が上がっていたことが示されている。プライミングとは，前に受けた刺激により後続の刺激に対する反応が変容するという心理学の用語である（第1章4.2でも言及）。以下のインタラクションの例（McDonough & Mackey, 2006）は，普遍の発達段階があるとされる英語の疑問文について，リキャストを受けた後の学習者の反応を示している。一つ目の例では学習者はリキャストされた文を繰り返しているが，次に疑問文を言う必要が生じた際には元の発達段階の疑問文に戻っている。一方，二つ目の例では，学習者は"yeah"と言っただけでリキャストされた疑問文を繰り返してはいないが，その後の発話ではリキャストされた段階の疑問文を使っている。これがプライミングである。リキャスト直後には表だった反応は見られなかったし，学習者も気づいたという自覚がなかったかもしれないが，それでも学習者は暗示的に気づいていたということである。そして，事後テストでも後者のプライミング効果が見られた学習者の方が，疑問文の発達段階が上がっていたことが明らかになった。

(1) リキャスト直後に繰り返しをともなう場合

NNS: where you live in Vietnam? （段階 3）

NS: where did I stay in Vietnam? （リキャスト　段階 5）

NNS: where did you stay? （繰り返し　段階 5）

NS: I started in Hanoi and went down the coast to Hui and Danang and I ended in Saigon

NNS: where the event take place? （段階 3　誤りは未訂正）

(2) リキャストの後にプライミング産出がある場合

NNS: why he get divorced? （段階 3）

NS: why did he get divorced? （リキャスト　段階 5）

NNS: yeah

NS: because he knew his wife was having an affair so he didn't want to be with her anymore

NNS: so where did Mr. Smith live? （段階 5）

NS: with his friend

（McDonough & Mackey, 2006, pp. 710–711）（第 1 章から再掲）

　リキャストの妥当性は，記憶のメカニズムからも説明がつく。作動記憶で注意の焦点が当たっている時間は 20 秒程度だが，少し前まで注意を向けていた情報は，焦点的注意の周辺にある流動性注意（roving attention）の範囲内にあり，再び注意を向けると再活性化することが比較的容易だとされている（Doughty, 2001）。したがって，学習者はリキャストを受けた場合に，流動性注意を使えば，少し前の自らの発話を即座に再活性化して作動記憶の作業場に戻し，認知比較を可能にするのである。そうなると，認知比較に使える時間の猶予は 40 秒程度と，それまで考えられていたより長くなるのである。コミュニケーションの中で言語形式についてフィードバックを受ける方が深い処理につながり，言語形式と意味／機能のマッピングが起きやすい（Lightbown, 2014）と言える。コミュニケーションがどんどん進んでいる状況では，学習者がリキャストを繰り返すことが不適切な場面もあるし，大人の学習者は心の中で「あ，そうか」と思っても口に出さないこともあるはず

である。また，プライミング効果が示すように，学習者が気づいたという自覚がなくても，実は気づいていることもあり，このような暗示的な気づきがむしろ SLA では重要だ（Robinson, 2003）とされている。

　なお，プロンプト（誘導）の中でもリキャストと同程度に暗示的な明確化要求をリキャストと比較すると，その効果に違いは見られなかったようである（McDonough, 2007）。リキャストは，誤った発話の直後に提供されること，フィードバックのタイプが一貫していて，学習者に対する他の反応とは区別されていること，ある期間，特定の言語形式に対して集中的に行うことが成功の秘訣だとされている（Doughty, 1999a, b）。よって，発音も助詞も文末表現も，と欲張って何もかもにフィードバックしてもあまり効果がないかもしれない。タスクの遂行に必要な言語形式に焦点を当ててフィードバックを与えるのがいいと思われる。TBLT は言語形式の目標を定めてタスクを設計するわけではないが，タスクを行う際に必要で，学習者に誤りが出やすい言語形式はあると思われる。いくつかのメタ分析によるレビューの結果（Goo, 2019; Loewen & Sato, 2018）を見ても，リキャストは明示的フィードバックと比較すると，教育的介入直後の事後テストでは明示的フィードバックとの効果の違いは小さいのだが，リキャストの方が持続効果はずっとあることが明らかになっている。暗示的学習の効果はインストラクション直後より少し遅れて現れる傾向があることを覚えておいた方がいい。

　どんなタイプのフィードバックが有効かという問題は，教室活動で何をやっているか，文法練習なのかコミュニカティブなタスクをやっているのかにもよるので，Goo & Mackey（2013）は，このような論争を続けるのは建設的ではないと述べている。教師が臨機応変に使い分けていく必要がある。例えば，アウトプットを引き出すとされる明確化要求をまずやってみて，学習者がうまく言えなかった時にリキャストをするというように2段階でフィードバックするという方法も可能である。実証研究では何が習得を起こしたかを厳密に調べるため，調べたいフィードバックや指導のタイプ以外の要素を排除して実験を行うことが多いが，教育実践の場では，複数のタイプのフィードバックを組み合わせるなど柔軟に対応できると思われる。

　TBLT において暗示的フィードバックが有効なのは，コミュニケーション

の流れを阻害しない自然な反応だからである。メッセージのやりとりに集中している学習者の意欲をそがない方法でもある。また，作動記憶上で言語処理システムが稼働している中で，すぐにフィードバックを受けた言語形式を正しい形で記憶に内在化することもできる。ただ，FonF や TBLT の提唱者の Long（2015）は，文法説明をするような明示的フィードバックを完全に否定しているわけではない。状況に応じて，タスクを遂行することが目的の活動の中で，手短に文法を説明することは認めている。あくまでもその時点の学習者の状況を観察しながら，場合によっては一言説明を添えることはあり得るだろう。一般的には，明示的な訂正やメタ言語的フィードバックは，文型練習や文法の練習問題を解いている時には有効なフィードバックである。しかし，明示的フィードバックは，明示的／宣言的知識にしかつながらないだろう。TBLT では文型練習はやらないので，明示的フィードバックをする場面は限られると思われる。易しい言語形式なら明示的フィードバックでアウトプットをすぐに訂正することは可能だが，複雑で難しい言語形式については暗示的フィードバックを継続して与え続けないと，スキルとしての習得にはなかなかつながらないことには留意したい。

　下記に示したのは，日本語でリキャストと明確化要求をした場合に考えられるやりとりである。伝達的なコンテクストにおいて，学習者の言語処理モードを FonM から FonF にスイッチさせるためには，暗示的フィードバックの方が有効である。特にリキャストは，頭の中では自分が意図して表現しようとしたことと，実際にアウトプットしたこととの認知比較が可能になる（Granena & Yilmaz, 2022b）。したがって，FonF としてのフィードバックは，リキャストのように，作動記憶という認知的なメカニズムから妥当性が説明できるものであることが望ましい。明確化要求は，学習者が既に少し知っている言語形式に対してフィードバックするには有効だと思われる。

　　＜リキャスト＞
　　　S　：　昨日，リサさんに<u>新宿</u>に会いました。
　　　T　：　ああ，<u>新宿</u>で会いましたか。何をしましたか。

＜明確化要求＞

    S ： 昨日，リサさんに<u>新宿に</u>会いました。

    T ： えっ，昨日リサさんに，何？

    S ： リサさんに…<u>新宿で</u>会いました。

    T ： そうでしたか。何をしましたか。

　しかしながら，人数が多いクラスで教師が全部のグループを回ることはできない。少人数のクラスでも誤りが生じた時に教師がそのグループに居合わせるとも限らない。タスクが終わった後に，あるグループから出てきた誤りの問題を他のグループにも共有したいというケースもあるだろう。そのような場合は，グループワークが終わって全体で振り返るということも考えられる。そこで，フィードバックのタイミングについても，ISLA 研究で最近，関心を集めるようになった。直後（immediate）フィードバックと遅延（delayed）フィードバックの比較の研究はまだ少ないが，やはり直後フィードバックの方が習得への効果があるようである（Granena & Yilmaz, 2022b）。遅延フィードバックの問題は，伝達的なコンテクストから離れてしまうので，どうしても明示的な FonFS モードのフィードバックになりがちで，心理言語面から見て妥当性を欠いている。したがって，遅延フィードバックを与えると，本来習得すべき暗示的／手続き的知識ではなく，明示的／宣言的知識に終わってしまう可能性がある（Li, Ellis & Zhu, 2016）。

　最近の Fu & Li（2022）の研究でも，タスクの中で直後にフィードバックを与えたグループ，タスク終了後にフィードバックを与えたグループ，タスクのみのグループ，タスクなしで事前／事後テストのみを受けた統制群を比較し，直後フィードバックが最も効果があるという結果を見いだしている。ただ，遅延フィードバックで少し期待が持てるのは，ビデオ録画でグループワークの場面をもう一度見せながら，そこでフィードバックを与えると，直後のフィードバックと同様の状況になり，効果があったという報告（Canals et al., 2021）があることである。後からフィードバックする場合でも，伝達的なコンテクストがあれば効果的に働く可能性はある。第 6 節でも述べたように，ISLA 研究には，インタラクションを行った学習者だけでなく，そ

れを観察していた学習者にも同等の効果があったという研究（Mackey, 1999; Muranoi, 2000 等）がある。人数が多い場合は，ペアワークやグループワークの後に，代表の学習者ペアにもう一度タスクをクラスの前でやってもらうか，一人の学習者を指名して教師とタスクをやってもらい，その時に教師がフィードバックする方が有効だと言えるだろう。いずれにしても，このようなことを知った上で，教室でどのようにフィードバックすべきかを考えていく必要があると思われる。

4.4　その他の Focus on Form

　TBLT はこれまでの ISLA 研究の成果を集約させた教授法だが，特に FonF を具現化する方法として提案されてきた（Long, 1991）。TBLT では伝達的なコンテクストで意味のあるコミュニケーションを行う中で，いかに学習者の注意を言語形式にも向けさせるかが重要になる。FonF の指導テクニックは様々提案されている（Doughty & Williams, 1998c; Long & Robinson, 1998 等）が，TBLT においてはタスクの認知的な複雑さを操作することも FonF につながる（本章 4.1 を参照）。タスクの認知的要求度が上がると，学習者は言語形式に集約的に注意を向け，正確さや複雑さに影響を及ぼすと考えられる（Robinson, 2005, 2007, 2011 等）。また，タスクを遂行する際にプランニングの時間を与えることも，学習者の言語運用にインパクトを与えることができる（本章 4.2 を参照）。プランニングにより，複雑さや流暢さが増すことが期待できる。

　これらの方法以外にも，教室で使える FonF モードにする指導テクニックは考えられる。以下は，Norris & Ortega（2000）が教室指導の効果に関する実証研究のメタ分析を行い，FonF/FonFS/FonM を分類した際に用いた FonF の操作上の定義である。これらは実験デザイン上備えるべき特徴なので，教育実践では全てをそのまま適用するのは難しいかもしれない。しかし，意味に従事したタスクであること，タスクである言語形式を使用することが必須か，少なくとも自然であること，教育的介入が自然であることなどは，教室で実践する場合にも FonF の要件として参考になる。このような要件を満たせば，オリジナルの FonF の教育的介入を行うことも可能である。

言語形式と意味の統合。以下のいずれかの特徴を含む。

(a) 言語形式以前に意味活動に従事するタスクをデザインする。

(b) タスク中の L2 のある言語形式使用の必然性，ナチュラルさを追求する。

(c) 教育的介入が自然である。

(d) L2 の心的過程（例　気づき）が立証されている。

(e) 学習者のニーズ分析により目標言語形式を選択する。

(f) 中間言語の制約を考慮する。

　Long（2015）は，FonF について以下のように述べている。Long の念頭にある FonF は，言語的な問題が生じた際にそれに反応して行うものである。コミュニケーションを行う中で，数秒というような単位の時間で FonM から FonF に処理モードをスイッチさせることを目ざしているのである。

> Focus on Form は，コミュニケーションの最中（TBLT では典型的には生徒が問題解決タスクに従事している時）に言語的な問題が生じたら，コンテクストにおいてそれらの問題に学習者の注意を引き寄せるために，様々な教育的手順の反応的な使用を伴う。それにより，コード的特徴への注意が学習者の内的シラバス，発達段階や処理能力と同期する可能性を高めることができる。　　　　　　　　　　　　　　（Long, 2015, p. 27; 小柳訳）

　手短に文法説明することも Long は場合によっては必要なケースがあることを認めているが，あくまでコンテクストの中で行うべきだとしている。つまり，タスクの前に，あるいはポストタスクとして文法説明や文型練習をするような FonFS とは全く異なるものだと強調している。FonFS による統合的アプローチの問題点として，教師が教える順序と学習者が習得する順序が一致していないことや，学習者には普遍の発達段階が存在し，発達段階に合っていなければ教室指導は効果がないこと，教室にいる全員の学習者の発達段階に合わせるのはほとんど不可能なことなどが指摘されてきた。しか

し，学習者に言語的問題が生じた時にそれに応える形で FonF による教育的介入を行うということは，学習者の習得上のニーズに沿った，いわば学習者の内的シラバスに合致した指導を行えるということである。

　FonF は，その定義に基づくと，反応的（reactive）で暗示的な指導テクニックのことなので，学習者の発話に付随して提供される暗示的なフィードバックは典型的な FonF である。それに加え，反応的でないが，インプットを与える際に，予防的（proactive）にインプットを操作することも可能である。例えば，インプット洪水（input flood）といって，意図的に特定の言語形式を多く含ませて，生起頻度を上げることにより学習者に気づかせようという方法がある。また，インプット強化（input enhancement）といって，インプットの質を高める試みもある。テキストに目標言語形式を太字，斜体，ハイライトすることにより際立たせたり，イントネーションで強調するというようなことが行われる。ただし，テキストのインプット強化は，他の指導テクニックと組み合わせないと，それ自体では効果が小さい（Lee & Huang, 2008）ようである。

　学習の最初の段階でモデルとして与えるインプットだけでなく，インタラクションの機会があることも重要である。インタラクション仮説（Long, 1996）が示すように，教師とのやりとりや学習者同士のやりとりにおいて意味交渉を行うプロセスを通して提供される，理解可能なインプットが習得を促進すると考えられる。教師からのフィードバック，またペアの相手の発話もインプットとして有効である。明確化要求や理解チェックをするような会話的調整の特徴は，教室外の NS との会話でも起きるので，教室外の実践の前段階としての練習にもなる。また，相手から明確化要求や反復要求をされると，強要アウトプット（pushed output）（Swain, 1993）が引き出される。アウトプットを出さなければ，教師やクラスメートからフィードバックを受けることができない。アウトプットを出そうとして，初めて自分が目標言語で言えることと言えないことのギャップに気づくこともできる。また，文を組み立てようとして内省的に言語形式に注意を向けることも可能である。さらに，教師と学習者，あるいは学習者同士で会話のやりとりをしていると，教師やクラスメートが，言おうとしてうまく言えないことを補ってく

れることもある。このような足場かけもインタラクションを行うことの恩恵になるだろう（Long, 2023）。

　FonF は，FonM モードで教室指導を行っている中で，適宜，学習者の注意を言語形式に向けさせることである。すなわち，コミュニケーション活動と統合して言語形式や言語形式と意味／機能の関係に注意が向くように教育的介入をする方法である。しかし，意味のあるコンテクストから遊離して行う（"isolated"）教育的介入の方法も認める立場の研究者もいる（Li, Ellis & Zhu, 2016; Spada, 2022）。R. Ellis や Spada は FonF/FonFS を区別せず，Form-Focused Instruction という語を好んで使っているが，遊離型というのは FonFS を指しているように思われる。Spada の主張は，伝達的なコンテクストで教育的介入が行われると，特に熟達度の低い学習者には言語の全ての側面（言語形式，意味，機能）に注意を向けることが難しい可能性があることや，コミュニカティブな練習を中断されたりしないので，遊離型の教育的介入の方が学習者の意欲を高めるということである。

　このような対比は，前節の直後フィードバックと遅延フィードバックの議論にも通じるところがある。Li, Ellis & Zhu（2016）は実証研究で，タスクの前に明示的指導を行う効果を調べているが，明示的説明＋タスク＋フィードバックを行った task-supported の指導グループが，事前の明示的説明がなかったグループより英語の受け身形の習得において効果があったとしている。しかし，効果があったといっても，明示的知識のテストにおける結果なので，暗示的／手続き的知識の習得につながるかは調査されていない。文法指導が先行するのは TBLT のやり方ではないが，後から介入する場合も，詳細な文法説明や文型練習をするなど，言語形式のみに注意が向く従来型の FonFS モードに陥らないように注意すべきである。遊離型の FonFS による教育的介入は，暗示的／手続き的知識の習得にはつながりにくいので，それは念頭に置いておくべきである。

　明示的知識と暗示的知識には接点はないとしながらも，明示的な学習モードをオプションとしてとらえてもよいという見解（Hulstijn, 2002 等）もあるので，例えば本章の第 2 節で扱った日本語の「テ形」の規則は，既習の動詞がある程度蓄積してきた段階で提示することもあり得るだろう。その場

合でも，伝達的なコンテクスト抜きで，辞書型やマス形からの変換練習をしつこく繰り返すのは，あまり建設的でない。規則を教えるといっても，辞書形が「－く」で終わる動詞のテ形は「－って」になるというように，タスク活動の中で問題になった動詞のみ，そのグループの「テ形」の作り方だけ手短に説明する方法も考えられる。規則を簡潔に教えた上で，引き続きコンテクストの中で新しい動詞の「テ形」も覚えていくべきである。いずれにしても，文法規則によっては明示的な学習モードを使う必要が生じる場合があるだろうが，そのタイミングや，いかに手短に済ませるかを検討しなくてはならない。

5. 学習者の個人差への配慮

　「TBLT の方法論上の原則」（Doughty & Long, 2003; Long, 2015）の中で，インストラクションを個別化することが原則の一つとして挙げられている。第3章で扱ったように，ニーズ分析を行い，それを TBLT の開発サイクルの全ての段階で活用することが奨励されているが，これは，ある学習者集団に固有の伝達ニーズに沿ったカリキュラムにするためである。TBLT で学習者が使用すべき言語形式を限定しないのも，学習者が表現したいことを表現するということが優先されているからである。そして，個別化というもう一つの意味は，学習者の個人差に配慮するということである。特に，学習者一人ひとりの心理言語面における記憶や言語適性などを考慮してインストラクションを行うべきだと考えられている。また，Robinson（2007, 2011 等）の「三つの構成要素から成るタスクの枠組み」において，個人差は「タスクの難易度」に関わる学習者変数として分類されている。学習者がタスクに感じる難易度は，学習者の記憶や適性などの能力変数や，動機づけや不安などの情意的変数により左右されるものなのである。学習者要因からくる個人差がタスクの言語運用や習得にも影響するので，それらに配慮した教室活動を行うことが求められる。TBLT ではペアワークやグループワークを多用するが，これも教師が学習者一人ひとりをよく観察する機会が作られ，学習者の個別の問題に対応してフィードバックを与えることを可能にするものである。

学習者要因の中で年齢の影響は大きいが，思春期を過ぎた大人の学習者にとって重要なのは言語適性と動機づけである。言語適性とは，言語学習に向くかどうかという潜在能力のことで，基本的な認知能力が関わる。動機づけとは学習意欲のことで，学習環境や，言語能力に対する自己確信や言語不安などの様々な要因が動機づけに絡み合っている。また，動機づけは，言語学習を始める単なるきっかけや理由のことではなく，積極的な学習行動を伴って初めて動機づけと見なすことができる。Dörnyei（2010, p. 248）は，学習者要因の中で言語適性と到達度との相関が最も高く，時に 0.50 近い相関を示した研究もあるとしている。動機づけは，それに次いで高く，0.30 〜 0.40 の範囲の相関を示していると述べている。本節では，言語適性と動機づけについて TBLT の視点から見ていきたい（言語適性と動機づけの詳細なレビューは小柳, 2012, 2018a, d を参照されたい）。

5.1 言語適性

5.1.1 音韻処理能力の重要性

第 4 章 2.3 で暗示的学習のメカニズムについて触れてきたが，習得の基礎となるのは音である。L1 を習得する子どもは，母音や子音を識別し，L1 固有のアクセントやイントネーションを頼りに，単語を切り出し一語文が言えるようになる。そして，さらに，より大きなチャンクをインプットから切り出せるようになる。チャンクの単位がさらに大きくなると，単語の配列から文法のパターンを見いだし，形式スキーマを抽出していくというプロセスが習得に関わっている。言い換えるなら，音韻処理から統語処理は連続線上につながっているということである。よって，言語適性の一つの構成要素とされる音韻処理能力は，習得に重要な役割を果たしていると考えられる。音がきちんと分析できないということは，その先の文法的な分析もできないというところにつながっているのである。Sparks & Ganschow（1993）は，伝統的には外国語学習の問題は，消極的な態度，動機づけの低さ，言語不安の高さ，非効率的な学習ストラテジーの使用などにより説明されてきたが，多くの場合は，言語ベースの問題に起因するものだと主張している。言語適性が生得的なものか，あるいは後天的に変えられるものかという問題については

見解の相違が存在するが，生得的，あるいは人生の早い時期に決まってしまうものとする見方が大勢を占めている。外国語学習における L1 の影響を示して，「外国語学習障害」という存在を広めたのが Sparks やその同僚達による一連の研究である（研究のまとめは，Sparks, 2022 を参照されたい）。

　音韻処理能力と一口に言っても，下位スキルには様々なものが含まれる。例えば，音素や音素の並びを正しく識別する能力，音素の配列通りに発音する能力，目標言語の音韻的特徴を見つけ出す能力，音声言語の音韻構造に対する認識，音韻情報を一時的に記憶にとどめる能力などである。L1 でディスレクシアという読みの障害と認定される子どもは，この音韻処理能力が弱いとされる（Sparks et al., 2006, 2008, 2009, 2011）。読解と音韻処理能力は一見無関係のように思うかもしれない。しかし，読解においては文字情報を一旦抽象レベルの音韻情報に変換してから，頭の中では聴解と同様の理解のプロセスをたどるとされている。ディスレクシアは音韻処理能力に問題があるケースが多く，それがやがては外国語学習障害を引き起こすようである。音韻処理能力の問題は，L1 では読み書きにしか出ないが，L2 では文法や 4 技能全てに影響を及ぼし続けるのである（Ganschow & Sparks, 2001; Sparks & Ganschow, 2001; Sparks et al., 2006, 2008, 2011; Tarone & Bigelow, 2005 等）。ディスレクシア以外の学習障害は，外国語学習障害とは無関係だということである。また，外国語学習障害と認定された学生は，外国語以外では普通以上の成績を取っていることも多く，外国語学習障害は一般的な知性とも無関係だとされている。

　L1 の音韻処理能力，特に音韻意識（phonological awareness）は，L2 にも転移すると考えられている。L2 が L1 とは異なる音韻体系であっても，L1 の音韻処理能力は L2 に転移するのである。音韻意識は「スピーチにおける単語の内的な音声構造に関する知識」（Hu, 2008）「スピーチの流れの中の個々の音韻ユニットを操作する力」（Yopp, 1988）などと定義される。小学校に入学する前には，口頭の音韻処理能力はひと通り発達しているが，小学校で文字学習を始めると，音韻処理能力はさらに強化される（Ravid & Tolchinksy, 2002）。バイリンガリズムでは 6 歳前後で国境を越えて L2 環境に置かれた子どもの中に，L1 にも L2 にも苦労するケースが多いと言われ

る。6歳頃にL1環境を離れると，移住した先の家庭環境，教育環境などにもよるが，多くはL2中心の環境で，L1でリテラシースキルを発達させ音韻処理能力を強化する機会が失われるか，その機会が減少する。そこにL2が入ってきても，今度はその言語をL1とする子どもと比べると，既におよそ6年近くのハンディがある。バイリンガリズムには「共有基底言語能力モデル（Common Underlying Proficiency Model）」（Cummins, 1980, 1981）という理論があり，よく氷山に例えて説明される。氷山のようにL1の能力もL2の能力も表面に現れるのはほんの少し，氷山の一角だが，根底には水面下に氷山が広がっているように，言語能力の根底には，L1にもL2にも共通する言語の土台が存在すると考えられている。その根底にある能力が何かということは長年，明確にされてこなかったが，Geva（2000）は，それが音韻処理能力だと見ている。それぐらいL1で発達した音韻処理能力が言語習得には重要だということである。

　筆者の経験では，漢字圏からの留学生は，上級になってもあまり話せなかったり，話せても文法や発音が不正確なケースが多いような印象がある。聞いてみると，自国では短期間で文法を詰め込まれ，口頭練習はおろそかにされていることが多いようである。本来はL1の音韻処理能力は有しているはずだが，初級の段階でそれをL2に転移させることができていないからではないかと思わざるを得ない。また，読解はできるように見えるが，実は漢字が日本語として正確に読めていないため，心的辞書に日本語の音韻形式が正しく形成されていないようである。読みは文字情報を音韻情報に変換してから聴解と同様の理解のプロセスをたどるのだが，日本語の音韻形式がしっかりできていないと，記憶におけるリハーサル（心的復唱）がうまくできないため，テキストを読み進めるために必要な情報をきちんと記憶に留めておけないのではないかと思われる。そのためか，背景知識などトップダウン処理に頼りすぎる傾向も見られる。これは学習者のせいではなく，教え方がずいぶん影響しているのではないかと筆者は感じている。L1で音韻処理能力が育っていれば，潜在的にL2でも発揮できる音韻処理能力を有しているはずである。したがって，学習初期段階でL2でも改めてオーラルを重視してL2の音韻処理能力を身につけることには重要な意味がある。ただし，機械

的なドリルで口から音を出す練習をすればいいという意味ではなく，伝達的なコンテクストがある中でチャンク学習が促進するような指導が必要になる。また，日本語教育では年少者教育の需要が高まっているが，日本語だけでなく年少者のL1の発達，維持を考慮することも重要になる。外国語学習の基礎として音韻処理能力が重要であることを，日本語教師ももっと知っておくべきであろう。

5.1.2　言語適性とインストラクション

言語適性は複数の構成要素から成る複合体で，学習者には適性の強みと弱みがあり，学習者それぞれに適性のプロフィールを形成しているとされている（Robinson, 2002）。認知心理学には「適性処遇交互作用（Aptitude-Treatment Interaction）」（Cronback & Snow, 1977; Snow, 1987, 1991）という考え方があり，適性の強みとインストラクション（処遇）が合致した時にインストラクションの効果が最大限になると考えられている。Robinson（2002）はこの考え方をSLAにも適用し，学習者の適性プロフィールに合わせてインストラクションを行うのが効果的だとしている。また，Sawyer & Ranta（2001）は，学習者に学習ストラテジーを使うようにトレーニングする効果を調べた研究で成果が上がっていないことから，学習者を根本的に変えることは難しく，学習者に合わせてインストラクションを変える方が効果的だと述べている。さらに，近年のISLA研究では明示的学習と暗示的学習の比較が関心を集めているが，それぞれの学習に向く適性があることも指摘されている（Yilmaz & Granena, 2021）。

Robinson（2002）の提案のインストラクションというのは，マクロレベルの教授法ではなく，FonFの指導テクニックの中でどれを用いるかという，もっとミクロなレベルで議論している。この枠組みを使えば，リキャストの効果を調べた実験で，気づきは起きたが学習効果につながっていない学習者がいた場合，適性プロフィールに照らして考えると，インプットと既存知識との認知比較に必要なパターン認識の適性は高かったが，音韻的短期記憶が弱くて長期記憶に統合するための心的リハーサルがうまくいかなかったというような解釈が可能になる。このような研究は，理論的にはインストラク

ションの効果を探る研究の解釈に役立ち，言語適性分野の研究にも寄与する
ものだが，教育現場で学習者の適性プロフィールを事前に測定し，学習者一
人ひとりに合わせて教室で対応するというのは困難であろう。したがって，
このような考え方があることを知った上で，教育現場では学習者の弱みを補
うようなサポートをすることを考える方が現実的だと思われる。言語適性の
大きな構成要素として，Skehan（1998）は，音韻処理能力と言語分析能力，
記憶を挙げている。これなら，言語適性テストを行って厳密に学習者の適性
プロフィールを把握しなくても，この学習者は音に弱い，覚えることに苦労
しているようだ，というような学習者の特徴はある程度見極められるのでは
ないかと思われる（言語適性とインストラクションの関係の詳細について
は，向山 2018a を参照されたい）。

　前述のように，音の分析から統語の分析へと連続線上につながっていると
したら，言語分析能力の根底には音韻処理能力が関係している可能性がある
（小柳，2012, 2018a）。従来の言語適性テスト，例えば，今でも研究目的で使
用される MLAT（Modern Language Aptitude Test）（Carroll & Sapon, 1959）
の言語分析能力を測るとされるサブテストは，英語の NS が L1 の英語の文
の中の語の文法的な機能を見いだすテストになっていて，明示的学習の適性
を測るものである。しかし，言語分析能力は，伝統的な明示的指導だけでな
く，もっとコミュニカティブな教授法にも説明力があるとされている。音韻
処理能力の発達に支えられた言語分析能力が高い学習者は，おそらく文法説
明などなくても自分でパターン認識ができると考えられる。むしろ，文法説
明が必要なのは言語分析能力が低い学習者であろう。そのような学習者に
は，授業外学習で文法解説書などで確認できる環境があることは大いに助け
になるはずである。

　また，Skehan は記憶を一つの構成要素としているが，MLAT で測定され
てきたのは，機械的に丸暗記するような記憶力のことであった。しかし，
SLA が情報処理の認知的メカニズムでとらえられるようになるにつれ，作
動記憶を新たな言語適性として見る動きが強くなっている。作動記憶は，情
報の処理と保持を同時に行う能動的な記憶である。作動記憶の容量が大きい
ほど，リキャストに気づきやすく，習得が促進したという研究結果（Kim,

Payant & Pearson, 2015; Mackey et al., 2002）が出ている（言語適性や作動記憶と TBLT の関係に関する議論は Ellis et al., 2020 の第 5 章，Wen, 2016 を参照されたい）。前節の 4.2 で扱ったタスクのプランニングや繰り返しでは，そこに作動記憶が関わっているので，プランニングをすることは認知的負荷を軽減するのに役立つ。実際，作動記憶の容量が小さい学習者は，ストレスがある状況では言語不安が高まる（Rai et al., 2011）という研究結果があり，言語学習を阻む言語不安をなくすためにもプランニングや繰り返しは有効である。例えば，クラスの前でタスク遂行をやって見せる前にリハーサルやプランニングの機会があると，作動記憶が弱い学習者でも，話す内容に注意を向け準備しておけるので，本番では言語不安のレベルが下がり，もっと言語形式に注意を向けることが可能になるはずである。また，一度やったタスクを直後，あるいは時間を置いて繰り返すと，作動記憶上の一連の言語処理が自動化され，流暢さが上がると予測できる。タスクを行う手順を教師が工夫することで，学習者の認知的負担を軽減して，作動記憶の容量が低い学習者をサポートすることが可能になると思われる。大人の作動記憶の容量自体を変えることは難しいが，練習を積むと，自動化したスキルに必要な認知容量は減少するので，頭の中に新たな学習スペースを生み出すことができ，学習者の習得が促進すると考えられる。

5.2　動機づけ

5.2.1　動機づけを高めるストラテジー

　松村（2017）は，日本の英語教育における TBLT について論じる中で，PPP 型指導の学習者への影響という観点から，問題点を以下のように指摘している。PPP 型というのは，第 2 章第 3 節でも触れたが，英語教育でよく採用される Presentation（説明）→ Practice（ドリルによる練習）→ Production（より自発的に文法を使う練習）という授業の流れである。日本語教育では，PPP という用語はあまり使われないが，文型の導入，説明をしてから文型練習，そして文型を使ったコミュニカティブなアクティビティをするというような流れは，しばしば用いられる方法だと思われる。松村は，PPP のように，現実社会の基準とは異なる基準で正確さを伸ばしてから言語運用につな

げるという教え方は，昨今の CEFR など「できること」を重視する外国語
教育の考え方とは相容れないものだと述べている。日本語教育のこれまでの
教え方の問題点にも通じるものがある。

　　＜ PPP 型指導の学習者への影響＞
・学習者が本当の意味で自由・自発的で創造的な言語使用や理解を経験
　しにくい。
・分析的で言語的知性（適性）の高い学習者にしか向かない。
・当座の必要や関心と無関係に行われる文法事項の説明も，機械的な練
　習も，用いるべき表現が指定（示唆）されている表出活動も，多くの
　学習者にとっては取り組みへの意欲が湧きにくく，説明が理解できな
　かったとき，（できることが指定されている）練習課題で間違ったと
　き，活動が不首尾に終わったときの挫折感も大きい。
・結果的に多くの学習者が学習意欲を失い，英語への苦手意識を持って
　コースを終える（学校を卒業する）ことになる。
・学習が文法の説明と練習から始まることで，言語の習得とは文法を学
　ぶことであるとの理解，そして英語を口にするときには正しい文で受
　け答えしなければならないという思い込みが学習者の内に形成されが
　ちである。
・正しく，完全な構造の文を頭の中で（多くの場合，日本語からの翻訳
　によって）組み立ててから口に出そうとするものの，思うようにでき
　ない体験から，自信を喪失する学習者が少なくない。
・言語を分析の対象として客観的に理解することから始まる指導を反映
　して，テストもまた英語の知識とその応用を求めるものとなり，評価
　と学習の循環の中で学習者は上記のような状況へといっそう追い込ま
　れていくことになる。　　　　　　　　　　　　　　（松村，2017, p. 10）

　言語学習とは文法知識を身につけることだという強いビリーフがある学習
者，また，そのような従来型の外国語教育を受けてきた学習者にとって，
TBLT による授業を不満に思ったり，フラストレーションを感じたりするこ
とがあるかもしれない。TBLT の授業なのに，言語運用が相変わらず従来型

の個別項目文法のペーパーテストで評価されるとしたら，学習者の不満は
いっそう募るであろう。しかし，TBLT に合わせて適切に学習者のパフォー
マンスが評価され，教室の外でも習ったことが使えそうだということになれ
ば，学習者もその良さに気づくはずである。その意味では，学習者が教室で
タスク遂行の達成感を味わい，適切に評価されたという満足感を得る経験を
積み重ねれば，TBLT においては，従来型の授業よりむしろ動機づけが高ま
る可能性を秘めている。TBLT は，従来の教え方より，教室活動自体が学習
意欲を刺激するものである。

　今の SLA 理論では，動機づけは静的なものではなくダイナミックなもの
とされており，学習者の動機づけレベルは日々一定ではなく，言語学習を続
ける長い年月の間に，あるいは一つのコースを履修している間にも変化する
ものだと考えられている。学習者が動機減退（demotivation）を起こす原因
の多くは教師や教材，教室環境だとされる。逆説的に言えば，教師側の工夫
があれば学習者を動機づけることができると考えられる。Dörnyei（2000,
2005）は，動機づけのプロセスモデルを提案し，学習者の動機づけが形成
されるプロセスを示している。言語学習の動機づけは，行動前の段階，行動
時の段階，行動後の段階の三つの段階に分けられる。行動前は動機づけを生
み出し，目標を設定して具体的な行動に入る段階である。行動の段階では，
その動機づけを維持するために，具体的な下位目標を定め，学習者は自らの
行動をコントロールして，パフォーマンスをモニターする必要がある。そし
て，行動後には自らの活動を評価し振り返り，次に取るべき行動を決定する
というサイクルがある。これらは明確に分けられるものではなく，重なり
合っている部分もあると考えられる。

　このような各段階において，教師が学習者を動機づけるためにできること
は色々ある。それを示したのが図 4-7 である。

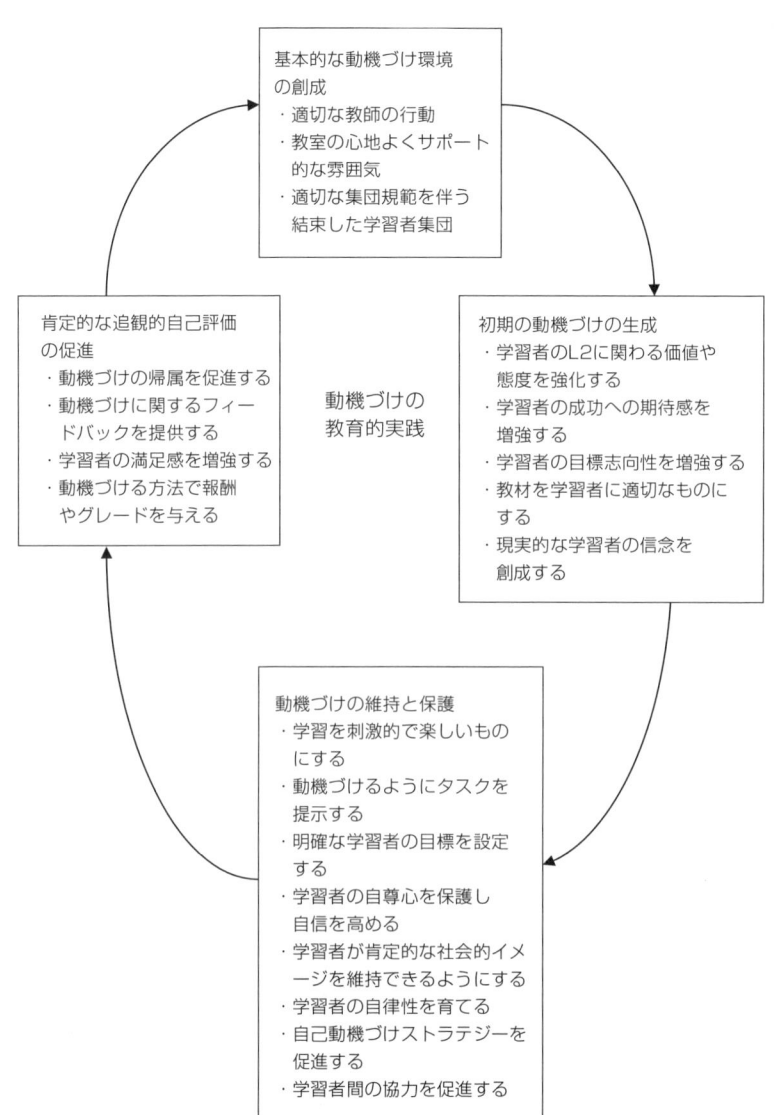

図 4-7　L2 教室における動機づけの教育実践のコンポーネント
(Dörnyei, 2001; 小柳, 2018b 訳)

一番上が行動前の段階で，教師に求められるのは，教室に学習に適した環境，リラックスして言語活動が行えるような雰囲気を創り出し，教師がいつでもサポートするという態度を示すことである。コースの最初の数日で学習者同士が仲良くなると，今学期は雰囲気が良いクラスになりそうだと思えるものである。行動の段階は，図4-7ではごく初期の段階とそれ以降の段階に分けられている。最初の1～2週間で，小さな達成感や満足感が得られるようなタスクを提示し，その後の授業に期待を持たせる仕掛けがあるとよいだろう。学習が進むと，学習者に生まれた動機づけが維持できるように保護する必要がある。各課の目標が明確で，少し難しいけれどやりがいがあり，がんばればできるタスクを遂行して達成感が感じられれば，学習者の動機づけは落ちないだろう。また行動後の振り返りの段階では，ポジティブなコメント，フィードバックで学習者を勇気づけ，タスクがうまくいかなくても，それが能力のせいではなく学習のやり方がまずかっただけだというようなフィードバックで学習者を励ますと，次はがんばろうと思えるであろう。

　文法を詰め込み，スキルではなく言語知識の習得を目ざす伝統的な言語教育では，授業は単調で，学習者を動機づけることは難しかったと思われる。しかし，TBLTは学習者を動機づけるには適した教授法である。学習者のニーズを把握してタスクを選択すれば，授業の外でも使えそうと思わせるので，学習者をやる気にさせやすいはずである。また，ペアワークやグループワークも多いので，クラスメートと良い関係を築くことも学習意欲をかき立てる。教師はクラスで話しやすい雰囲気作りを心がけ，学習者同士の相性などにも気を配る必要がある。また，教室でペアやグループを回りながら，個々の学習者にアドバイスする機会も多い。自然習得や暗示的学習をしている時に，動機づけに対応する脳領域が活性化されるようなので，TBLTのような教授法においては認知と情意が結びついて，認知活動を促進すると考えられる。

　教師の授業のやり方は，学習者の動機づけに大きく影響するが，根本的に日本語を学びたいという意欲が高ければ，ある学期の教師が嫌だとか使用教材が好きではないというような一時的な動機減退の要因があったとしても，言語学習は続けられるものである。教師や教材に満足できない学期は，授業

には期待しない代わりに，授業以外に L2 が使える機会を求めようとする学習者もいるかもしれない。学習者が動機づけを維持するために重要になるのは，言語学習における自らの行動をコントロールできること，すなわち自己調整（self-regulation）ができるということである。近年は，自己調整ストラテジーが新しい学習ストラテジーとしても注目されている（Griffiths, 2018; Rose et al., 2018; Seker, 2016 等 ）。Tseng, Dörnyei & Schmitt（2006）は，自己調整ストラテジーとして，目標を維持するために注ぐ努力，集中力や感情，気分のコントロール，ネガティブな環境要因の排除などを挙げている。すなわち，自分を律することができる学習者は，動機づけも維持できると考えられる。したがって，教室における学習者の動機づけを高めるには，教師も学習者も双方が動機づけを高めるストラテジーを使って，動機づけを生成し，維持，強化することが重要だと言えるであろう。

5.2.2　タスク動機

　TBLT のコースに対する動機づけだけではなく，タスク固有の動機づけを見ようとする動きもある。動機づけは，一般的，安定的な習性的動機づけ（trait motivation）と，状況に応じて変化する一時的な状況的動機づけ（state motivation）に分類されることがあるが，後者にはタスク固有の動機づけが含まれる。L2 学習のプロセスにおける時間的境界線を示すものとして，タスクを行動単位として見るようになったのである（Dörnyei, 2002）。実際，タスクへの動機づけが高い方が，タスク遂行中の発話量が増え，話順交替の頻度が上がったというような報告（Dörnyei & Kormos, 2008）もある。そして，タスク動機の前提となるのが学習者の「伝達意欲（Willingness to Communicate: WTC）」である。WTC とは，ある時間，ある人々と L2 でコミュニケーションするためのレディネスのことである（MacIntyre et al., 1998）。タスク固有の WTC は，学習者の特性（性格，興味，L2 熟達度，L2 動機，TBLT のビリーフなど）と，タスクに関する要因（タスクのトピック，タスクのタイプ，プランニングなど），教室環境（聴覚，視覚的な環境，クラスメート，学習ツールの利用可能性など），さらに，タスク遂行時の学習者の情緒的，認知的な状況（不安，好奇心，倦怠，楽しさ，自己確信な

ど）が相互作用して生み出されるものだと考えられている（Aubrey & Yashima, 2023）。TBLT のタスクデザインや実施方法で教師が様々工夫することは，タスク固有の WTC や動機づけを上げる[3]ことにもつながると思われる。

　21 世紀に入り，SLA の動機づけ研究をリードしてきた Dörnyei（2005, 2009 等）は，動機づけを未来志向でとらえ，将来なるべき L2 熟達度を身につけた自分（＝理想的 L2 自己）と，現在の自分の状況とのギャップを埋めようとするところに動機づけが生まれるとする「L2 動機づけ自己システム（L2 Motivational Self Sytem）」という動機づけの理論を提案している。そして，より具体的に動機づけが最高潮に達する時の「方向的動機づけの流れ（Directed Motivational Currents）」（Dörnyei, Henry & Muir, 2015）という概念を導入すると共に，タスク遂行時の動機づけられた行動を説明するモデルを提案している。Dörnyei（2019）は，タスク動機に関わる要素として興味，学習者の生産的な役割，動機づけのフロー，ビジョンの四つを挙げている。ここでいう興味には，特定の領域への好奇心や満足度，興味のある活動に従事している時の喜びといった情意的な要素を含む。学習者の生産的な役割とは，学習者がタスク遂行チームの中で自分の役割を適切に果たし，チームに貢献するメンバーであるという実感が，強力な動機づけにつながるというものである。動機づけのフローとは，外界の日常的な現実にたとえ得るタスクに従事して夢中になり，集中している状態を指す。ビジョンとは，将来的なゴールを効果的に達成するために必要な経験，および L2 使用者／話者としての自己について鮮明な心的イメージを持つことで，長期的なコミットメントや努力を予測する最も信頼性のある要因とされている。すなわち，参加者がどの程度タスクに興味を抱いているか，参加者がタスクにおいて果たす役割にどの程度満足しているか，どの程度フローを経験しているか，タス

3　タスク固有の WTC は必ずしもタスクに対する動機づけと一致するものではない。例えば，WTC が低くても，タスクが言語産出を必要としないものなら動機づけは高いということはあり得る。また，反対に WTC が高くても，あるタスクへの動機づけが低くて，タスクとは関係のない私語をするという行動が現れることもある（Aubrey & Yashima, 2023）。

クのゴールが言語固有のビジョンとどれほど一致しているかという評価が，タスク遂行時の学習者の動機に関わるとされているのである。

　タスクに対する動機づけに関連して，近年，教育心理学で取り上げられ，SLAにも応用されるようになった重要な概念に，「個人投資（personal investment）」と「エンゲージメント（engagement）」がある。個人投資は，コミュニケーションを行う際に，学習者の過去の経験や物理的，感情的なニーズに照らして，タスクの内容や期待される成果がどれほど意味あるものかによって決まるとされる（Lambert, 2023）。学習者自身と関連があると感じられる身近なタスクでは，タスク遂行に時間や才能，エネルギーを費やそうという意欲にポジティブな影響を与え，付随的な学習プロセスにもインパクトをもたらすと考えられている。個人投資できるタスクは，記憶に残りやすく，L2パフォーマンスを向上させることができるのである。Lambert（2017, 2020）は，タスクを教師が事前に決定するとしても，学習者生成の内容（learner-generated content）を取り入れる柔軟性があっても良いとしている。また，タスクのゴールを設定するだけでなく，ゴールに向かう進捗のフィードバックは，学習を意味あるものにして個人投資をするために重要な役割を果たす（Ellis et al., 2020）。

　エンゲージメントという概念も，個人投資と同様，学習者の実際の行動，学習への従事度に関するものである。タスクエンゲージメントは，学習者個人がいかに教室でタスクに集中し，インタラクションを行い，タスクから学んでいるかに関わるもので，教育タスクを遂行するために学習者がとる熟考した行動のことを指す（Hiver & Wu, 2023）。タスクエンゲージメントは，学習者のタスク行動の量や言語アウトプットにより測定可能だとされている。タスク動機は，実際のタスク遂行の状況で起きるタスク固有の認知や感情，動機など学習者の気質に関わるものだが，タスクエンゲージメントは実際の行動を指す。Dörnyei, Henry & Muir（2015）は，タスクに対する動機づけは，タスクエンゲージメントの前提となるもの，あるいはタスクに従事したことによる副産物だと見ている。いずれにしても，学習者主体でデザインされるTBLTは，従来型の教授法より学習者の動機づけを高めやすい教授法だと言える。事前のニーズ分析や教材開発，指導方法の決定など全ての

プロセスが学習者の動機づけにおいても重要だと言えよう（SLA の動機づけ研究のまとめは，小柳，2018d を参照されたい）。

第 5 章

日本語教育における TBLT の可能性

1. TBLT 導入の意義

　日本語教育では task-supported の試みは既に様々なされている。文型積み上げ式の教材や教授法が主流とされる中での改善としては最善策であったと思われる。しかしながら，学習者のニーズを把握するためのニーズ分析，目標談話の分析までを行い，それを活用して TBLT の教材やアセスメントの基準を作成し，ISLA 研究の知見を取り入れて教室活動の実践をしたという報告は，筆者が知る限りあまりないようである（ISLA 研究の知見を取り入れた報告として，向山 2016, 2018b を参照されたい）。第 3 章，第 4 章を読んで，TBLT を「ぜひ取り入れたい」「やってみたら面白そう」と思っていただけただろうか。あるいは「今までの自分のやり方と違いすぎる」「うちではとても取り入れられない」と尻込みされただろうか。筆者は，ISLA 研究に携わってきた身として，現在明らかになっている習得のメカニズムやプロセスに合致した，心理言語面に配慮した TBLT がもっと広まってほしいと願わずにはいられない。TBLT は，SLA 研究の知見に基づいた科学的に最も妥当な教授法であると考える。

　また，日本語教育では，「ヨーロッパ言語共通参照枠（CEFR）」（Council of Europe, 2001）に基づく「JF 日本語教育スタンダード」（国際交流基金）や「日本語教育の参照枠」（文化庁）が策定され，能力レベルを Can-do 能力記述文で示すことが多くなっている。本章では，そのような CEFR の理念と TBLT の関連性から，TBLT 導入の意義を考えてみたい。さらに，一般的な教育原理として「協働学習」「アクティブ・ラーニング」「インストラクショナルデザイン」などが推奨され，日本語教育にもその波は押し寄せてい

る。それらの理念とも関連づけて，TBLT を導入する意義を考えてみたい。

1.1　SLA 研究と TBLT

　SLA 研究，特に教室学習者を対象とした ISLA 研究の成果やそこから得られた知見については，本書の中で一貫して論じてきたが，TBLT は，シラバスデザインから教室活動に至るまで，エビデンスを蓄積した上で提案された教授法である。今も盛んに論争や研究が続いている分野ではあるが，少なくとも現段階では最も科学的見地に立った教授法だと言えよう。残念ながらISLA 研究は国内の日本語教育ではそれほど行われていないが，欧米語による研究の蓄積により明らかになった習得の普遍的なメカニズムやプロセスは，日本語学習者にも十分当てはまるものである。文法，構造，語彙，概念・機能など言語的要素を中心に構成される，従来型のシラバスによる統合的アプローチの FonFS に関連づけられた教授法は，SLA 研究が明らかにしてきた習得のプロセスとは合致していない。例えば，学習者が習得する順序と教師が教える順序は多くの場合，一致していないこと，学習者の習得はワンステップで起きるのではなく，逆行，後退を繰り返す複雑なプロセスであること，言語形式は単独で存在するのではなく，他の言語形式と組み合わせて使用され習得されることなどを鑑みると，統合的アプローチでは効率が悪い。個別項目文法のペーパーテストで点数を取るにはいいかもしれないが，課題遂行能力の習得は成し得ないであろう。外国語教育がこれまで求めてきた言語知識としての正確さは，実生活において言語を使う際の正確さ，適切さの基準とは全く異なるものである。全世界で受験者が多い TOEFL-iBT やIELTS などの英語の大規模試験が 4 技能統合型の試験になり，個別項目文法の知識を試すセクションが含まれていないのは，そのような文法知識が言語運用能力の習得を保証しないことが明らかになったからだと思われる。

　Long（2016）は，学習者の発達段階が学習可能性（learnability）を決定し，さらには教授可能性（teachability）を決定するとしている。文法シラバスは教師の直観や経験に基づく主観的，印象的な判断による，いわば，教師主導のシラバスである。対照的に，TBLT は，学習者主導のシラバスを目ざしている。同じ教室にいる学習者全員が自発的な言語の産出レベルで同じ発

達段階にいるとは必ずしも言えないが，学習者が教師のサポートを欲している時が気づきのタイミングであり，学習者の内的シラバスにおけるレディネスが整っている時だと考えられる。また，付随的，暗示的な FonF は機能しないという批判があるが，リキャストは明示的なフィードバックより持続効果が高いようである。明示的指導の方が効果的だという結果になるのは，単純な規則を個別項目の文法テストで効果を測定した時のみ，また指導直後に測った時のみである。したがって，Long（2016）は，文法シラバスとタスクシラバスのハイブリッドシラバスという提案も，習得の心理言語面を鑑みると不可能だとしている。ISLA 研究において，暗示的学習メカニズムの解明など，まだ研究途上の課題はあるが，理論的にも実証的にも TBLT を支持する理論的根拠は蓄積されていると言える。

1.2 CEFR と TBLT

　日本語教育において CEFR が導入され，習得すべき能力が Can-Do 能力記述文の形で示されることが一般的になってきた。CEFR は行動中心アプローチを取り，学習者に課題遂行能力を身につけさせることを教育目標として掲げている。これは，言語形式ありきではなく，達成すべき実生活のタスクの遂行を目標ととらえる TBLT と親和性がある理念である。ただし，CEFR を作成した欧州評議会は，元々，概念／機能シラバスを提唱し，コミュニカティブアプローチを広めてきたという歴史的背景があり，CEFR の提案もその延長線上にあると考えられる。北米を中心に盛んに議論がなされた SLA の知見に基づいた TBLT とは，研究の潮流が異なると言ってもよい。しかし，ヨーロッパ起源のコミュニカティブアプローチで推奨されたペアワークやグループワークの意義，コミュニカティブなアクティビティの使用意義など，北米の ISLA 研究により後付けで実証的に支持された面は大きかったと思われる。よって，欧州と北米の研究の潮流はもっと融合されるべきである。北米では全米外国語教育学会（American Council on the Teaching Foreign Languages: ACTFL）が 4 技能のレベル設定を示している。しかし，OPI（Oral Proficiency Interview）は日本でもよく知られているが，スピーキング以外の基準は日本ではあまり広まらなかった。

CEFR では，課題遂行能力の習得を目ざす中で，学習者のニーズや特性に合った教授法を用いるべきだとしていて，特定の教授法を推奨するものではない（Council of Europe 2001, p. 142）としている。つまり，教師が学習者に合わせて教授法を選択すれば良いとしていて，方法論については具体的な議論は避けているようにも思われる。したがって，そこに，方法論としてTBLT を取り込む余地が大いにあると考える。課題遂行能力が習得の目標となるなら，文型積み上げ式や task-supported の教授法では，そのような能力を伸ばすには不十分で非効率的である。第 2 章ではシラバスデザインのアプローチとして統合的シラバスと分析的シラバスがあり，この分類はすなわち学習者の学習アプローチであることを紹介した。Task-supported を含む統合的アプローチは，学習者が言語形式を一つひとつ習い，それらを足し合わせてパフォーマンスすることが求められる。つまり，小から大へと導くアプローチである。一方，分析的アプローチは，生に近いインプットが与えられ，学習者がそれを分析するプロセスをサポートすることを大切にしている。これは大から小へというアプローチで，統合的アプローチとは全く対照的なものである。統合的アプローチが習得のメカニズムやプロセスに合致していないことは，これまでの ISLA 研究が明らかにしている。習得の観点から見ても，分析的アプローチの TBLT を取り入れるべき根拠は示されている。

　これをもっと実践的な立場から，奥村・櫻井・鈴木（2016）が，教案を考えるアプローチとして同様のことを論じている。これまでのコミュニカティブアプローチでは，文型や語彙ありきで，そこから何ができるかを考えていく方法であった。しかし，行動中心のアプローチでは，行動として何ができるようになるべきかということをまず発想し，そこからどんな言語が必要かということを考えていくのである。いわば両者は全く正反対のアプローチを取っていると言ってもいいだろう。奥村等が，例として最終的に目ざす課題は「イベントについて相談・計画することができる」とする場合のアプローチの違いを説明している。従来のやり方では，文型「～ませんか」「～ましょう」や曜日などの表現を習ったところで，誘うための表現や日時が言えるので，イベントの日時や場所が決められ，誘ったり，誘われたりができると考え，最終的に「イベントについて相談・計画する」という課題にたど

り着く。しかし，行動中心のアプローチでは，最初に行動としての課題があり，そのためにどんな言語が必要か考えるという全く逆の発想で教案を考えるのである。TBLT では，その課題を決定するためのニーズ分析を必要とし，そこにどんな言語が使われているかを，既存の教科書的な文型にとらわれず，目標談話分析をして本当に必要な言語表現は何かを明らかにすべきだとしている。そこが TBLT の方が，CEFR の枠組みより方法論としてもっと踏み込んでいる点である。

　それから，CEFR の理念として重要なのは，複言語主義，複文化主義という立場をとっていることである。これまで使われてきたバイリンガリズムやマルチリンガリズムという用語は，母語話者並みのレベルの複数の言語能力が個人の中に併存しているような印象を与えてきた。しかし，複言語主義というのは，母語を含め，熟達度の異なる複数の言語が一人の個人の中に共存することを指している。そして，個々の言語が相互作用する言語能力の総体としての「複言語能力」を伸ばすことを目ざしている。複文化主義というのも，一人ひとりが様々な異文化体験を重ねた結果，本人の中で培われた異文化に対する理解や文化的知識，異文化対応能力の総体としての「複文化能力」を身につけることが推奨されている。CEFR の根底にある複言語主義や複文化主義という理念は，多民族のヨーロッパの状況を反映して提案されたものではあるが，今後，少子高齢化が一層進み，様々な国から定住外国人を受け入れ，共生することが必要になっていく日本社会において，日本語教育にも取り入れられる視点だと思われる。

　複言語主義では，母語以外に使える言語が母語話者のように完璧である必要はなく，ある特定の言語領域のみで機能できるというのも，その人の複言語能力の一部だととらえている。例えば，旅行会社に勤める人だったら，旅行関係の領域で外国語を使って仕事をすることはできるかもしれないが，それ以外の領域についてはその外国語を使って社会的に機能できなくてもよしとしているのである。また，CEFR は，日本人のための英語教育などにも取り入れられている（投野，2013 等）ので，日本人，外国人双方が複言語・複文化能力を身につければ，日本において，より良い多言語・多文化共生社会の構築に寄与するものと思われる。ただし，西山（2010）は，既に 10 年以

上前に，日本でも CEFR のレベル別の言語能力の基準はかなり取り入れられているものの，複言語主義や複文化主義の理念があまり理解されていないことを指摘している。現状も，CEFR のレベルを記載したカリキュラムや教材などは増えてきたが，理念の方はそれほど広まっていないように思える。理念はもっと理解されるべきだと考える。

　このように，CEFR では学習者を「社会的行為者（social agent）」と見なし，自律した言語使用者になることを促している。櫻井（2010）も，CEFR は学習言語を駆使して社会活動を営むことを目ざすものだと述べている。TBLT も，学習者のニーズに基づき選択されたタスクにおいて，実生活の基準で学習者のパフォーマンスを評価しようとしており，学習者が必要とする領域で言語を使って社会的に自律できることを目ざしている。その意味では，文法知識の基礎から何を習ったかとか，文法体系をどれほど一貫性のある知識として持ち合わせているかといった伝統的な外国語教育の基準とは異なる言語能力，すなわち，課題遂行能力の習得が，今後はより問われていくであろう。TBLT は，理想的な母語話者に近い言語能力を身につけることをゴールとするのではなく，社会的に自律した言語使用者を育てるという点で，複言語主義，複文化主義の理念にも通じるものがある。日本語教育では CEFR，及びそれをベースにした「JF 日本語教育スタンダード」や「日本語教育の参照枠（文化庁）」が広まりつつある中で，そこに，課題遂行能力を伸ばすための方法論として TBLT を取り込む余地が大いにあると言えよう。

1.3　教育の潮流と TBLT
1.3.1　アクティブラーニングと TBLT

　TBLT では学習者中心，協働学習，インストラクションの個別化などがキーワードになっているが，このような TBLT の方法論上の原則は，外国語教育を超えて昨今の教育全般の潮流とも重なっている。今では，日本国内で小学校から大学に至るまでアクティブラーニングや反転授業が推奨されている。アクティブラーニングは「主体的・対話的学び」ととらえられ，何ができるようになるかを重視し，指導と評価の一体化を目ざしており，これら

はTBLTの理念とも重なっている[1]。日本語教育においても，横溝・山田（2019）が，アクティブラーニングの導入について，実践のヒントなどを紹介している。横溝・山田は，アクティブラーニングは教授法やコースデザインを表す概念ではなく，あくまでも学習の一つの形態だとしており，TBLTに沿った活動を提案しているわけではないが，アクティブラーニングの考え方は，TBLTにおける学習者主体の教室活動の方法論にもつながるものである。

　文科省[2]の新学習指導要領では，アクティブラーニングをさらに深化させ，「個別最適な学び」と「協働的な学び」を一体化し，主体的・対話的で深い学びを実現するという方針が打ち出されている。個別最適な学びとは，指導の個別化と学習の個性化を図ることである。前者は，学習者の特性や到達度などに応じた指導を行うこと，後者は，一人ひとりのタイミングで学習活動や学習課題を提供することを意味している。一定の学習目標を定めて全員がそれを達成することを目ざすが，そこに到達するために個に応じた指導をすることが奨励されているのである。そして，さらに個々で学んだ成果を他の学習者との対話による主体的，協働的な学習で，より深い学びを実現しようとしているものである。その中ではICTの活用も奨励されている。個別最適な学びと協働的な学びは，一見相反するように聞こえるが，それを一体化させ，学習を充実させるというのが文科省の方針である。このような授業が実践された事例（菅，2023; 奈須，2021; 水戸部，2023 等）[3]も報告されている。このように，小中高さらに大学へと学習者が主体的，対話的に学ぶための指導が様々なされるようになり，次世代の日本語教師は，自身が学習者として，このような教育を経験して日本語教育に入ってくる可能性が高く，TBLTのような言語指導への抵抗感がなく，教室活動をうまくこなせるのではないかと期待できる。

　TBLTの方法論上の原則（Doughty & Long, 2003）には，「協働学習の促

1　アクティブ・ラーニングの概要については，渡部（2020）を参照されたい。
2　令和3年学習指導要領「生きる力」
　https://www.mext.go.jp/a_menu/shotou/new-cs/senseiouen/mext_01317.html
3　菅（2023）では小中学校の授業のアイデアが，水戸部（2023）では小学校の国語の授業に関する実践が紹介されている。また，奈須（2021）は，小学校の様々な教科における「個別最適な学びと協働的な学び」に関する論考をまとめたものである。

進」や「インストラクションの個別化」が含まれており，日本の教育で近年目ざしていることにも合致した言語指導だと言えよう。TBLT の原則でいう協働学習は，意味交渉の起きるインタラクションを起こすためのペアワークやグループワークが念頭にあるが，それだけでなく，ピア・ラーニング（池田・舘岡, 2022）による協働学習も取り入れることができるであろう。第 1章では，ヴィゴツキーの社会文化理論からはタスクに関する提案はなされていないと述べたが，ピア・ラーニングの根底には，社会文化理論の基になったヴィゴツキーの思想が反映されている。ピア・ラーニングを教室活動としてTBLT に取り入れることは可能だと思われる。日本語教育では，ピア・リーディング（石黒, 2018; 舘岡, 2005, 2015 等）やピア・レスポンス（原田, 2006 等），ピア・リスニング（横山他, 2009）などの形でも，協働学習が既に実践されている。読解の授業は，読み終えた後に内容質問をして学習者の理解の成果を確認することが多いが，読解の最中に起きている学習者の認知過程に入り込むことはできない。それをピア（仲間）と話し合うことによって，読みのプロセスを言語で顕在化することが可能になる。また，読解の授業は，教師主導で単調になりがちだが，ピア・リーディングは授業を学習者中心の活発なものにしてくれるはずである。また，ライティングにおいても，協働学習による書く内容のブレーンストーミング，成果物にコメントし合い，さらなる改稿を目ざすなど，ピア・レスポンスの活動も行われている。TBLT は，アクティブラーニングの要素が詰まっており，近年の日本の教育全体の主体的，対話的な深い学びを目ざすトレンドの中にも位置づけることができるのである。

1.3.2　インストラクショナルデザインと TBLT

　北米を中心に教育心理学分野で提唱された「インストラクショナルデザイン」という概念が，日本語教育にも取り入れられるようになっている（山本, 2012 等）。ここでいうインストラクションとは，ティーチングより広範囲のものを指している。そしてインストラクショナルデザインとは，望まれる成果を上げるために学習のプロセスを支援することを目的に行われる授業設計のことである。このインストラクションには，学校教育のみならず，電

化製品のマニュアルや旅行案内など，あらゆるインストラクションが含まれている。したがって，インストラクショナルデザインの考え方は，企業研修やe-ラーニングの設計など様々なところで活用されているようである（荒木, 2024; 島宗, 2004 等）。Gagné et al.（2005）は，意味のある学習成果がインストラクションの設計プロセスの開始点であり終着点でもあるとしている。TBLT でも言語を使って何ができるようになるかを学習目標に掲げ，それに沿って教室活動から評価までのプロセスが一体となって開発されるので，TBLT は，まさにインストラクショナルデザインを外国語教育において体現する手段だといってもいいだろう。

　以下の図は，Gagné et al. が提案した，教育システム設計における構成要素とそれらの関係を示したものである。

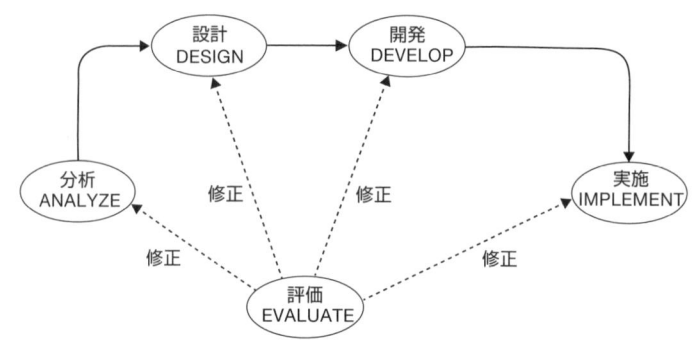

図 5-1　インストラクショナルデザインの ADDIE モデル（鈴木・岩崎, 2007, p. 25）

ここに示された分析（A）設計（D）開発（D）実施（I）評価（E）をまとめて「ADDIE モデル」と呼ばれている。一つ目の分析段階では，ニーズ分析やゴールを決定するための教授分析を行う。二つ目の設計段階では，コースの目的を主要なコース目標や行動目標に変換する段階である。また，学習者が何を学んだかを評価するための設計図を描くこともこの段階に含まれる。三つ目の開発段階では，教材や具体的な教室活動を決定する。四つ目の実施段階は，具体的な教材の準備段階にあたる。五つ目の評価段階には，学

習者の評価やプログラム評価が含まれる。そして，評価結果に基づき，各段階に修正を求める。評価，すなわち，どんな成果を出すかが念頭にあり，それに照らしてインストラクショナルデザインの個々の段階へのフィードバックを行い，改善していくというものである。

　以下に，Long（1997, 2000）が提示した TBLT の開発段階を本書第 3 章より再掲する。インストラクショナルデザインにあるように，最初はタスクベースのニーズ分析を行い，目標タスクを特定することが出発点である。目標タスクは何か，すなわち，学習成果として目ざすものは何かが明らかになるということは，それがどう評価されるかということにもつながっている。タスクベースのニーズ分析の結果は，本書第 3 章で示したように，シラバスデザインや教材作成から評価に至るまで活用されるが，この段階でタスク遂行の成否の基準を明らかにしておくことは重要である。そして，ADDIE モデルにあるように，設計，開発の段階では，目標タスクの遂行に近づけるために教室で行う教育タスクをデザインし，教材開発を行う。そして，実施段階では，ISLA 研究の知見に基づき，協働学習や暗示的学習メカニズムの活性化，Focus on Form の手法などを用いて言語習得を促進するような教室活動を実施する。そして，タスクベースの学習者のパフォーマンス評価やプログラム評価を行い，プログラムを見直すというサイクルがある。これは，まさにインストラクショナルデザインの原理にも合致していると言えるだろう。

1) 目標タスクを特定するためのタスクベースのニーズ分析を行う
2) 目標タスクのタイプを分類する
3) 教育上のタスクを設定する
4) タスクベースのシラバスの流れを設定する
5) 適切な教授法を選択し，シラバスをカリキュラムに組み込む
6) タスクベースの目標準拠の言語運用テストにより学習者を評価する
7) プログラムを評価する

（Long, 1997, 2000; 小柳, 2004 訳）

　荒木（2024）は，企業研修にインストラクショナルデザインを導入した

経験から，従来の職種，職位に応じて研修を重ねていく「積み上げ式」の教育は非効率的だとしている。その代替案として，ビジネスゴールを分析し，社員のパフォーマンス分析により現場と目標のギャップを明らかにし，その原因を分析した上で，どんな施策を講じるべきかを考えていくことが重要だとしている。つまり，どんな成果を上げるべきかを明確にし，それを社員とも共有し，逆算して研修プログラムを開発すべきだとしているのである。企業研修でも「積み上げ式」教育が一般的だったというのは，日本語教育で「文型積み上げ式」の教育が長年行われてきたという状況にも似ているように思われる。この企業研修のインストラクショナルデザインは，TBLT の開発手法に通じるものがある。

　島宗（2004）は，小中高の教師向けにインストラクショナルデザインを提案する中で，そのための鉄則とそのチェックリストを表5-1 のように示している。島宗（2004）は，インストラクションとは行動を引き出す仕掛けだと見ており，鉄則1 では，抽象的な指導目標ではなく，具体的な標的行動は何かを明確にすべきだとしている。そして，「教える」＝「学ぶ」ではないので，鉄則2 では，教師は学習者の学びにできるだけ寄り添う覚悟を持つことが重要だとしている。ただ，学び手が学ばない原因は様々で，全てが教え手の責任とならないように注意が必要だとも述べている。鉄則3 では，教える理由と学び手のニーズが常に一致するとは限らないが，何を何のために教えているのかを学び手に伝えることで，学び手を学習に駆り立てることができるとしている。TBLT は，学習者のニーズに合わせてシラバスデザインを行うことを目ざしているが，そうは言っても，同じ教室にいる学習者全員が同じニーズ，目標を共有しているとは限らない。しかし，教師は少なくとも自分の中で，教える内容や教える理由を明確にしておく必要がある。

表5-1　インストラクションの鉄則チェックリスト
（島宗, 2004, p. 88）

1. 何を教えるのかをはっきりしていますか？
2. 学びにコミットしていますか？
3. 何のために教えるのかはっきりしていますか？
4. 成功の基準は明確ですか？
5. 標的行動を見せてやらせて確認させていますか？
6. 意味ある行動を引き出していますか？
7. 引き出した行動はすぐに強化していますか？
8. 正答を教えていますか？
9. 誤答を教えていますか？
10. スペックを明記していますか？
11. 学び手に関する情報を把握していますか？
12. 学び手は常に正しいとする視点を忘れていませんか？
13. 教え手に関する情報を把握していますか？
14. 学ばせて，楽しませる工夫をしていますか？
15. 個人差に配慮していますか？
16. 「分かりました」で安心していませんか？
17. 改善に役立つ評価をしていますか？

　そして，次にインストラクションで重要になるのは，標的行動を決定し，成功の基準を明確にすることである（鉄則4）。教師養成のプログラムにおいて，教え方の比重に対して，テストをどう作るかまでは時間切れになりがちである。テストはレッスンやコースの最後にあるものなので，現場の教師でも後回しに考えがちである。しかし，テストを最初に作ってみて，成功の基準を明確にしておくのは実は重要なことなのである。第3章4.1で紹介したByrnes（2002）のように，タスクベースのアセスメントを同僚に先に示したことで，プログラム改革の新たな目標について教員間の理解が深まったという事例がある。標的行動は，学習者にも共有され，学びのプロセスにおいてもそれが確認されなくてはならない（鉄則5）。島宗（2004）は，わかりやすく教えるには，標的行動を①説明する／見せる，②行動させる／練習

させる，③習得を確認させることが必要だとしている。TBLT でも行動としての学習目標を学習者にも明らかにし，そのための教室活動を行い，随時，タスクベースの練習や教育タスク遂行の成否について教師がフィードバックし，さらに学習者も自らの学習のプロセスを振り返って確認することが大切である。

　鉄則 6 では，意味ある行動，すなわち標的行動を引き出しているかが問われている。TBLT では，教育タスクが目標タスクにつながる練習になっているかということだと思われる。そして，教育タスクにより標的行動を引き出したら，その行動はすぐに強化される必要がある（鉄則 7）。島宗（2004）によると，強化は行動の直後になされるのが最も効率が良く，60 秒以上間があくと効果がなくなるということである。TBLT において，学習者の誤りの直後のフィードバックの方が効果的だとされていることと共通点がある。学ぶべきことがきちんと学べているかを学習者に伝えることが重要なのだと思われる。鉄則 8, 9 では正答を教える，誤答を教えることが挙げられている。TBLT でいう正答というのは，タスク遂行の成功モデルになるような肯定証拠としてのインプットを提供することになるだろう。誤答を教えるというのは，否定的フィードバックを与えることにつながる。正答と誤答を示すことにより，引き出された標的行動は強化されると思われる。

　鉄則 10 では，インストラクションのスペックを明記することが掲げられている。大学ではシラバスを作成し公開する形で講義概要が示されているが，島宗（2004）は，シラバスはある意味契約で，その通りに授業が展開されたかという評価を行い，改善に役立てることが重要だとしている。それは，インストラクショナルデザインや TBLT でも推奨されているプログラム評価に関わる。また，鉄則 11, 12 では学び手のことが挙げられている。鉄則 10 のスペックを見直す際に，学び手の情報を集めることも重要である（鉄則 11）。学び手がどんなことを学びたがっているか，どんな理由で学びたがっているか，既にどんなことを学習してきたのか，あるいは，どんなことを学習していないのかといった情報である。そして，インストラクションが行われた後も，学ぶべきことを学んでいるか，難易度は適切か，授業に不満を抱いていないかなどの情報を収集する必要があるとしている。そして，

授業がうまくいかない原因を学び手の意欲や適性のせいにするのではなく，「学び手は常に正しい」と謙虚に受け止め，改善のアクションを取ることが重要だとされている（鉄則 12）。さらに，鉄則 13 では教え手を知ることの重要性も示している。教え手はとかく自分の基準で判断して，授業がうまくいかないことを学び手のせいにしがちである。そのために，学び手が教え手と同様に学ぶわけではないことを認識する必要があるのである。また，インストラクションの設計者と教え手が同一人物とは限らないので，どんな人が教え手になるのかという情報も重要だと考えられている。

　鉄則 14 は，学び手の動機づけに関連することである。もちろん，楽しければ学べるわけではないし，厳しくしないと学べないというのは時代錯誤だが，「学ばせて，楽しませる」というのは，学び手の興味や関心を引き出し，学び手の行動が変容していくようにフィードバックすることが重要だという意味だと思われる。鉄則 15 では個人差に配慮することが挙げられている。学びのペースや学び方は人それぞれなので，クラスで達成すべき目標を共有し，それに向かった練習を提供するとしても，個人のペースで学べるような機会も考える必要がある。TBLT は，授業でやることが教室の外の実生活に役に立ちそうだと思わせる言語指導なので，伝統的な授業より学習者の意欲を高められるやり方である。しかし，一方で，文法こそが言語学習だというようなビリーフが強い学習者には抵抗がある教授法かもしれない。そのような場合には，教室外学習でメディアを使って文法学習ができるなど，ある程度そのような学習者の不満を解消する方策を講じる必要があるだろう。もちろん，評価の基準を明確にし，個別項目文法のテストで能力を評価するのではないことが理解できれば，文法重視のビリーフも次第に変容する可能性がある。

　鉄則 16 では，学び手の「わかりました」に安心せず，わかったという基準についても教え手と学び手の共通認識を形成することの重要性を挙げている。それは，前述の文法こそが言語学習だというビリーフを持つ学習者には，文法のテストで良い成績を取ることと，パフォーマンスとして何ができるかということは必ずしも一致していないことを理解させることにもつながる。日本語教育でも，しばしば「わかる」ことと「できる」ことは異なると

言われる。しかし，筆者は，それを聞く度に実は違和感を感じてきた。第1章で紹介した用法基盤的アプローチのような暗示的学習のメカニズムで習得をとらえると，できないというのは，つまり，脳はわかっていないということだと考える。文法的な規則性につながる形式スキーマが抽出されていないということなので，わかっているけれどできないのではなくて，できないというのはわかっていないと同義のように思えるのである。したがって，TBLTでも何ができるようになったら「わかった＝できた」と言えるのか，その基準を明確にする必要がある。

　最後の鉄則17は，改善に役立つ評価をすることである。これはTBLTでも目ざしていることで，学習者のパフォーマンスが改善したかを評価することはもちろんだが，プログラム評価もインストラクショナルデザインでは不可欠な要素である。インストラクショナルデザインのADDIEモデルでも，デザインの全てのプロセスにおいて評価が中心にあり，評価によりその中の開発段階にフィードバックを与えるようなサイクルが推奨されている。このように，インストラクショナルデザインの原理は，TBLTの開発サイクルにも合致するものである。日本語教育でインストラクショナルデザインが取り上げられる時は，TBLTとは無関係に論じられるが，ISLA研究の知見やTBLTの提案とも合致しているものである。

　以上，見てきたようにTBLTはISLA研究の知見を反映させた，エビデンスに基づいた最も科学的な教授法である。また，日本語教育に導入されるようになったCEFRの行動中心アプローチやCan-do能力記述文による能力基準の考え方，また完璧な母語話者と同等の言語能力を目ざすのではなく，複言語能力として自律した言語行為者，言語使用者を育てるという理念も，TBLTが目標とする理念と共通点が多い。したがって，課題遂行能力の習得が焦点となっている日本語教育において，取り入れるにはうってつけの教授法だとも言えよう。さらに，TBLTは教育全般の潮流にもシンクロしている。外国語教育では近年ペアワークやグループワークを多用してきているので，元々アクティブラーニングを取り込みやすい素地があったが，「個別最適な学び」「協働的な学び」を一体化させ，学びを深めるというアクティブラーニングの考え方は，TBLTが目ざしている学習の原理にもつながってい

る。また，インストラクショナルデザインという教育心理学の原理も，TBLT の開発サイクルの提案と合致している。したがって，日本語教育に TBLT を導入する意義は大いにあると考える。

2.　TBLT の教材開発のガイドライン

　TBLT のシラバスデザインは，ニーズ分析に始まり，その結果をタスク教材の開発や評価基準の決定など，インストラクションのあらゆる側面に反映させるというスタンスで行われる。表 5-2 は，第 3 章で紹介した TBLT のニーズ分析に始まる教材開発サイクルの概要をまとめたものである。

表 5-2　TBLT における教材開発サイクルの概要

開発段階	作業内容
1. ニーズ分析	A. 第 1 段階　タスクベースのニーズ調査 ・調査の情報源×方法のトライアンギュレーション ・情報源：言語専門家，領域専門家，学習者，プログラム修了者など ・方法：質的データ(インタビュー，自由記述の質問紙，第三者観察，エスノグラフィー的手法など)，量的データ(リカート尺度の質問紙，学習者の熟達度の測定など) ・質的データと量的データの収集順序を検討 ・目的：目標タスク(現実世界の伝達的な言語使用)の特定 (Long, 2005a) B. 第 2 段階　目標談話分析 ・目標タスクの談話の音声または書面のサンプルを収集 ・サブタスクに対応する目標談話の断片を特定 ・サブタスクのうち必須かオプションかを決定 ・サブタスクの流れをフローチャートにする ・サブタスクにおいて高頻度で共起する言語項目(文法，語彙，コロケーション，定型表現)を書き出す ・教育タスクのベースとなる目標談話のモデルを作成 ・学習者のレベルにより，必要に応じてインプットを精緻化 (Long, 2022)

2. シラバス デザイン	A. タスクの分類と選別 ・目標タスクをサブタスクに分類，サブタスクは他の目標タスクにも転移可能（例　メールをする，予約を変更する） ・選別基準：頻度，訓練の必要性，難易度から総合的に判断 　（領域専門家の判断も重要） <div align="right">（Gilabert & Malicka, 2022）</div>B. 教育タスクの設定と配列 ・目標タスク，サブタスクを教育タスクにするために，タスクの認知的複雑さを見極める（Robinson, 2005, 2011 等） ・モジュール式で行う教育タスクのユニットを決定 ・ユニット内の教育タスクの配列を決定 　－　インプットとアウトプットのつながり，インタラクションの型などを考慮(Long, 2015) 　－　SSARC モデル：簡略化，安定化⇒自動化⇒再構築，複雑化 <div align="right">（Robinson, 2015, 2022）</div>
3. 言語運用能力のアセスメント	・タスクによるパフォーマンス評価を行う ・客観的な評価の基準を作成し，学習者とも共有する ・自己評価やピア評価，ポートフォリオ評価などを併用する ＜タスクの認知的複雑さを操作したアセスメント＞ ・タスクの資源集約変数と資源分散変数を操作し，タスクの複雑さを決定する ・単純なタスクと複雑なタスクなど多様なタスクを評価に含む ・アセスメントの構成概念として，正確さ，言語の複雑さ，流暢さや，伝達能力としての言語機能の使用などを含め，ルーブリックを作成する
4. プログラム評価	・TBLT のプログラムが意図した通りに実施されたか，実施の忠実度 　(fidelity of implementation)を確認する ・教師や学習者からの意見，コメントなど質的データの収集 　タスクの満足度の評価，学生の学習記録，教室観察のフィールドノート，インタビューなど ・量的データによる学習成果の確認 　質的データに基づき開発したリカート尺度のコース評価 　学習者の言語運用アセスメント ・できれば TBLT 導入以前との比較を行う ・プログラム参加者の修了後において，TBLT で習得したスキルの活用状況を調査する ・評価結果をプログラム改善に役立てる

TBLT ではタスクベースのニーズ分析を必須としており，新たなプログラム
を立ち上げる際には，日本語教育においてもやる価値があると考える。特に，
ニーズ分析の第2段階の目標談話分析を行えば，タスク遂行に必要な語彙や
コロケーション，構文などを抽出することができる。学習者コーパスを分析
すると，レベルにより学習者がどんな文型や語彙が使えているかは明らかに
できるが，TBLT の目標談話分析では，学習者が何を使えるかというより，
現実世界の基準に照らしてどんな語彙や文型が必要か，どの程度のパフォー
マンスが求められるのか，タスク成功の基準を明確化することができる。

　TBLT は認知的な複雑さでタスクの難易度を決め，その難易度に応じて学
習者が使える言語も複雑になっていくという考え方である。学習者の言語発
達を考慮して言語の熟達度を考える場合には，CEFR などの Can-do 能力記
述文は参考になるだろう。まさに参照する枠組みである。CEFR ではタスク
を「日常生活における目的のある活動」のことだと定義しているが，レベル
別の全体的な尺度は，かなり抽象的な記述になっている。よって，より具体
的な記述である TBLT の目標タスクが，CEFR や参照枠のどのレベルの基準
に相当するのか双方向にチェックしながら進めていけば，中長期的な学習者
の言語発達を見通した TBLT のプログラムを構築できると思われる。

　文化庁の日本語教育の参照枠では，生活者，就労者，留学生など分野別の
Can-do 能力記述文が作成されている。高校や大学などの教育機関の必修や
選択で履修する外国語コースの場合は，特定のニーズはないかもしれない
が，参照枠に照らして具体的にどんなタスクを遂行することが可能かを考え
ていくのが一つの解決策かと思われる。また，一般的な目的の日本語プログ
ラムであっても，初級から上級まで学習者にどのような日本語能力を身につ
けてほしいかというビジョンがそれぞれの教育機関にはあるはずなので，そ
れに沿ったタスクベースのニーズを生成する必要があるだろう。ただし，タ
スクを定めたら，やはり目標談話分析をして，タスクの成否に関わる判断基
準やタスクの認知的な複雑さを事前に決定しておく必要はあるだろう。
TBLT では，タスクに必要な語彙やコロケーション，文法構造などはシラバ
スの拠り所ではないとしているが，インプット教材の中に肯定証拠として提
示したり，教室でのタスク遂行時のフィードバックのポイントになるので，

教師にとっては有益な情報でもある。TBLT は学習者集団固有のニーズに応じた教材開発，シラバスデザインを推奨しているが，教育機関それぞれが独自に教材開発を行うのは時間とコストがかかる。特にインプットとしての聴解用の音声や動画は，一人の教師が授業準備で簡単に作れるものではない。よって，それぞれのレベルで，また目的に応じて，モジュール式にユニットを選択できるような教材が開発され，共有できれば理想的である。

　厳密に TBLT の手法に則ると，一つのモジュールの中で，認知的な複雑さの異なる単純なタスクから複雑なタスクまで何段階かのタスクを設定する必要がある。Robinson（2009, 2011 等）のタスクの枠組みを使って，表を眺めながら資源集約変数や資源分散変数のどれを操作しようかと考えると難しいが，第 3 章の 3.2.4 で紹介した Malicka, Guerrero & Norris（2019）のように，目標談話分析を行うと，実際のタスクの遂行場面を観察する中で何がタスクの認知的複雑さを決定する要因なのか見当をつけることができる。Malicka et al. の研究では，ホテルの受付でオーバーブッキングに対処する際に，顧客の情報の数や代替案として提案できるホテルや部屋のオプションの数，代替案が顧客にとって受け入れやすいものかどうかといった要素によりタスクが難しくなることを見出している。そのような結果と Robinson の枠組みとを照合すれば，より理論的にどのように変数を操作して教育タスクの難易度の重みづけをすればいいかも明らかにできるだろう。

　さらに，TBLT 導入の鍵は，学習成果をどう測るかということになるだろう。目標タスクとして目ざすべき目標が設定されたら，それ相応の学習者のパフォーマンスの評価が必要である。課題遂行能力の習得を目ざしているのに，従来型の文法のペーパーテストが使用されたら，学習者の不満は募るだろう。また，教師もテストの成績を見て，文法知識が全く身についていないと嘆くかもしれない。しかし，TBLT はこれまでの言語能力の概念では測れない課題遂行能力の育成を目ざしている教授法である。それなりの評価方法を確立する必要がある。よって，TBLT を導入する際には，目標タスクの特定と共に，言語運用能力のアセスメントについても同時に考えておく必要がある。文化庁の参照枠では，カリキュラム開発にバックワード・デザイン（逆向き設計）が提案されている。すなわち，まず学習目標を定め，評価方

法，基準を決定し，そこから逆算して学習内容や方法を考えるというやり方である。これは，まさに TBLT が目ざしているカリキュラム開発の方法でもある。

　本来，言語テストの役割は，学習者が教室外の目標言語使用域でどのようなパフォーマンスができるかを推論する材料を提供することである（Bachman, 1990; Backman & Palmer, 1996 等）。文法のペーパーテストで課題遂行能力を測るには，その推論の幅があまりにも大きく，テストの信頼性や妥当性も疑われる。現行の日本語能力試験は，課題遂行のための言語コミュニケーション能力を測ることを謳ってはいるが，相変わらず言語知識のセクションがあり，聴解と読解の理解の 2 技能しか含まれていない。また，聴解と読解も，多肢選択式の設問に答えるサブスキルを測るテストで，タスクベースではない。2012 年に公開されたデータに，日本語能力試験合格者が Can-do 自己評価リストの各項目に「できる」と答えた割合が示されているが，N1 合格者でもできると答えた項目にはばらつきが大きい。すなわち，N1 合格というだけでは，その学習者が目標言語使用域でどのようなパフォーマンスができるか，信頼性のある推論をすることは容易ではないということである。よって，現実世界に即したタスクで評価すれば，直接，学習者のパフォーマンスを観察することができ，推論の幅が小さくて済み，評価の信頼性も高まると言えるだろう。

　図 5-2 は教室指導と言語テスト，さらに教室外でのパフォーマンスとの関係を示したものである。TBLT は，暗示的学習メカニズムを活性化させ，その中で FonF の機会を創出して課題遂行能力を伸ばそうとする教授法である。認知心理学の転移適切性処理の原理に従うと，TBLT で培われた能力は，暗示的知識を測るテストにその成果がより反映されると考えられる。すなわち，言語テストはタスクベースのパフォーマンステストであるべきで，自発的な言語産出や 4 技能で学習成果を測定する必要がある。そのようなテストで学習成果を測定するとなると，教室指導にも学習者の学習方法にもポジティブな波及効果が及ぶことが予想される。さらに，言語テスティング理論に従うと，テストは教室外の目標言語使用域で学習者がどのようなパフォーマンスをするかを予測できるものでなくてはならない。テストがタス

クベースのパフォーマンステストであれば，教室外のパフォーマンスを推論するまでもなく，テストの結果がそのまま教室外のパフォーマンスを高い信頼性をもって予測できるはずである。また，目標言語使用域における言語使用というのは，すなわち，現実世界における目標タスクであり，これはTBLT を導入する際には最初に掲げるべきものでもある。このように，教室指導から言語テスト，教室外の現実のタスクの間に一貫性が生まれれば，より効率的，効果的な日本語教育を行えると思われる。

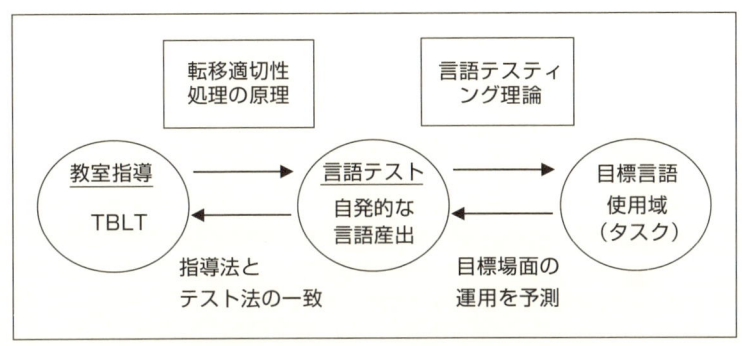

図 5-2　教室指導と言語テストの関係（小柳, 2016d, p. 255）

　以下の表 5-3 は以前，筆者（小柳, 2008）が提案した TBLT の授業の流れである。ある教育タスクを主として，その前後の活動，及びタスクを遂行する際の教師の役割などを記したものである。準備段階の①はタスクの導入部で，文法説明や文型の導入ではなく，目標タスクに関わる過去の経験を話すなど，既存知識を活性化することが目的である。つまり，文型積み上げ式授業とは異なる導入や説明があり得るということである。ここで，その課のタスクの目標を学習者と共有しておくのである。習得にはインプットが必要なので，導入に続いてインプットベースのタスクを行う必要がある（③）。口頭中心のタスクであれば，目標タスクが遂行されている場面の動画の視聴や，音声教材の聴解により，肯定証拠を提供し，学習者にまずは談話の流れを理解させ，インプット処理を促進させることが目的である。

表 5-3　TBLT の授業の流れ（試案）（小柳, 2008）

	学習ユニットの手順	SLA の認知過程	教師の役割
準備段階	①ウォーミングアップの話し合い（目標タスクに関わる過去の経験等）	・既存知識の活性化	（目標タスクの選定）
	②タスク先行型ロールプレイ	・強要アウトプット（学習者の中間言語でできることとできないことのギャップへの気づき）	・学習者の問題点の把握
	③目標タスクのビデオ視聴または聴解によるタスクの流れの理解	・談話レベルの気づき（コロケーションや単語の気づき＝チャンク学習） ・インプット処理の促進	（インプット教材の作成） ・タスクのゴールおよび談話の流れを理解させる
遂行段階	④予備練習	・意味交渉による FonF ・リハーサル効果による流暢さの促進 ・プランニングによる言語的複雑さの促進	・インタラクション条件（グループ分け, 情報差, ゴール等）の操作 ・プランニングの時間設定 ・プランニングの内容指示
	⑤タスクの遂行	・意味交渉による FonF ・アウトプット処理の促進	・オンラインの注意配分の操作(e.g., 時間)的制限の有無 ・モニタリング
手当て段階	⑥タスクの振り返り及びフィードバック	・新たな言語形式の気づき ・認知比較（アウトプット vs. フィードバック）	・タスク全体へのコメント ・言語形式へのフィードバック
	⑦"task-essentialness"を実現する教育的タスク	・インプット処理またはアウトプット処理による FonF	（インプット中心のタスク及びアウトプット中心の task essential なタスク作成） ・タスクの成否に対するフィードバック
発展段階	⑧認知的により難しいタスクへ移行	・タスクの配列（易→難）により認知資源を言語形式に集約させて FonF	（タスクの認知的難易度の把握）

注：②⑦はオプション, 学習者のレベル次第。②は中級以上, ⑦は初級に向く。
教師の役割の（　　）は事前の準備（場合により教材化が必要）

場合によっては，アウトプット先行（②）で，ロールプレイなどを先にやって
もらい，学習者に自分ができることとできないことのギャップに気づかせる
ことも時には有効である。学習者がある程度，タスクをこなせるレベルにあ
る場合は，授業に変化をつけるためにも先にアウトプットしてもらうことが
あってもいいだろう。

　遂行段階では，まず④の予備練習で，タスク遂行のリハーサルをすると，
何を言うべきかがまとまるので，本番では言語形式にもっと注意を向けるこ
とも可能になる。また，リハーサルをする際の教師の指示によっても，学習
者が何にフォーカスして準備するかが異なってくるので，学習者のレベルを
見極めながら教師が考えていく必要がある。タスクの遂行時（⑤）はアウト
プット処理を促進させるところである。ペアやグループに準備させる間，ま
た本番タスクを遂行する間は，教師はそれぞれのペアやグループにアドバイ
スをしたり，フィードバックを与えたりすることができる。クラスの人数に
よっては代表のペアやグループに発表してもらうか，代表の学習者と教師が
インタラクションをするという形も考えられるだろう。

　手当て段階のタスクの振り返り（⑥）では，まずタスクの遂行がうまく
いったかどうか，教師が評価するだけでなく学習者自身にも振り返っても
らった方がいい。教育タスクの実行目標や成功の基準を明確にしておくと，
学習者自身でも評価が可能であるし，ピア評価をさせてもよい。この段階
で，学習者共通の言語的な問題が発生していたとすれば，そこで使える表現
などを教えてもよいだろう。また，言語形式に対するフィードバックは，後
から指摘するより，誤用の直後の方が効果的なので，グループのパフォーマ
ンスを録画して，クラス全体で一緒に見返して，誤用が出現した直後に
フィードバックすることもできると思われる。タスク遂行をクラスの前で発
表してもらう時に，教師がいちいち介入して誤りを指摘するのは興醒めだ
が，録画を使えばタスクの流れを遮らず，かつパフォーマンス直後に近い
フィードバックを提供できることになる。

　次の⑦はオプションで，「タスクにおける言語形式の必須性（task-
essentialness）」を実現する教育タスクを行うことが考えられる。この概念は，
Bley-Vroman & Loschky（1993）が提唱したもので，ある特定の言語形式の

使用が必須になるようにタスクを操作することである。TBLT の通常のタスクでは，使用する言語形式は限定されないので，何かの言語形式の使用が必須とまではできないので，何かの言語形式を使うことが自然であることを目ざせばいいとされている。しかし，学習者のレベルが初級であるなど，場合によって，もし言語形式にフォーカスする部分が必要だとしたら，task essentialness を実現するタスクを行うのは許容されるのではないかと筆者は考えている。ある言語形式の使用を必須とするには，インプットベースのタスクが好ましいとされている。あらかじめ言語形式を入れ込んでおけばいいからである。例えば，『新・わくわく文法リスニング 100―耳で学ぶ日本語』では，授受表現や受け身，使役受け身などの文が入った男女の短い会話を聞かせて，「男の人がしますか。女の人がしますか。」というような質問をして，意味が正しく処理できたかをチェックするような練習が含まれている。これはタスクにおける言語形式の必須性を実現したタスクであると思われる。

　また，従来コミュニカティブなアクティビティとして，ある文型を使用することが前提のタスクがあったが，やるならこの段階で活用できるかもしれない。この段階では間違っても，従来の文法説明や文型練習に立ち戻らないように注意すべきである。それに，行動中心でタスクを考えると，今までのように一つの文型のあらゆる側面を提示する必要がなくなるので，既存の教材のものは使いにくくなる可能性もある。よって，このような練習をするタイミングも考える必要がある。一つの文型，文法がいくつかのユニットにわたって出てきた後にやる方がいいであろう。もっとも，本格的に TBLT が定着したら，このような特定の言語形式のための練習は必要なくなる可能性もある。しかし，言語適性が低い学習者や，文法こそが言語学習と考える学習者がいる場合は，オプションとして教室外で参照できる文法書や独学できるアプリなどにアクセスできる環境があるとよいだろう。TBLT の良さが認識され，テストの方法もタスクベースになれば，そのようなものは必要なくなるかもしれない。その後に，発展段階（⑧）としてより複雑なタスクへ移行となっているが，手当て段階は認知的な難易度が異なるタスクをいくつかやった後に，まとめてやってもいいだろう。もちろん，これ以外にも，もっと上級で，読み書きが中心になるタスクもあり得るので，授業のパターンは

この他にもバリエーションが考えられる（本書第3章表3-7，3-8，3-11も参照されたい）。

3. カリキュラムの刷新に関わる問題

3.1 教師のビリーフとTBLT

　Butler（2011）やCarless（2012）は，東アジアのコンテクストでは，社会的教育風土や国家的な試験制度を鑑みると，コミュニカティブアプローチやTBLTは根づきにくいと述べていた。Harris（2018）は，このような見解に対して，日本の現職英語教師にインタビュー調査を行い，実情を明らかにしている。学習者が受け身になる伝統的授業に慣れている日本の生徒にはTBLTは適さないという批判については，徐々にタスクに慣れるようにすれば，アクティブラーニングとして次第に受け入れられるとしている。また，生徒は教師主導ではなく学習者中心の授業に最初は躊躇するが，すぐに慣れたということである。さらに，日本の大規模人数の授業にはTBLTは向かないという批判に対しては，伝統的な授業スタイルでは学習者はますます受け身になるので，ペアワークなどを取り入れ，TBLTを行う意義はあると述べている。さらに，日本の生徒は誤りをおかすことへの恐怖心があるため，TBLTは適切ではないという批判に対しても，TBLTの方がむしろその恐怖が軽減され，TBLTの授業を受けているうちに，外国語の授業が必ずしも文法を学ぶことではないことを学習者が理解するようになったとしている。したがって，東アジアでTBLTの導入が難しいとは必ずしも言えないようである。既に，中国やタイなどでもTBLTを実施したことが報告（向山，2018b; Iwashita & Li, 2012; Kim, Jung & Tracy-Ventura, 2017; McDonough & Chaikitmongkol, 2007 等）されるようになり，TBLTは東アジアでも普及しつつあるように思われる。

　日本語教育の参照枠でも課題遂行能力の習得が重視されており，そのためにTBLTを導入する機は熟している。しかしながら，日本語教育においてTBLTをカリキュラムに取り入れるには，文型積み上げ式からの脱却という大きな発想の転換が求められるので，教師教育が重要な鍵となるであろう。TBLTを実践するにあたり，障害になるのは教師のビリーフだとされてい

る。教師が過去に学習者として受けた授業の経験や，それまでの教師としての経験がビリーフの形成に大きく寄与している。例えば，Zheng & Borg（2014）は，中国の中等教育の英語教師 3 名について授業観察と半構造化インタビューを行い，データを質的に分析した結果，経験の長い教師の方が文法への固執が見られ，若い教師の方が TBLT に協力的だったことを報告している。Liu & Xihong（2016）は，中国の英語教師 26 名に質問紙調査を行い，量的，質的な分析を行ったところ，大多数（65%）は TBLT をポジティブに評価していたが，クラスサイズの大きさ，文法重視の試験制度からくるプレッシャー，自らの言語重視の伝統的なアプローチで教えてきた経験などが TBLT の実践を阻んでいたことが示されている。

　TBLT の研修プログラムとビリーフの変容に関する研究があまりなされていないという問題意識から，Bryfonski（2024）は，ホンジュラスの英語とスペイン語のバイリンガルの学校において，教員養成課程の学生と教員初心者の英語教師 19 名に 4 週間にわたる 160 時間の TBLT の研修プログラムを実施して，教師のビリーフを調べている。研修プログラムでは，前半は TBLT について学び，後半は模擬授業を受講生が交替で行うというものであった。受講者の振り返りシート，ビデオ録画，半構造化インタビューを分析した結果，Long（2015）の方法論上の 10 の原則をうまく実行できていた教師もいたが，そうでない教師もいたということである。TBLT の実践が最もうまくいったと回答した受講生は，子供の頃からバイリンガル環境で育ち，2 言語を自然に覚えたという経験者であった。対照的に TBLT の実践がうまくいかなかった受講生は，自身が外国語として文法重視の英語の授業を受けてきたという経験者であった。すなわち，学習者としての経験が，教師のビリーフの形成に大きく影響していたようである。たとえ TBLT の理論や実践方法を学んでも，それを解釈し，授業の中で実践につなげることができるかどうかは，ビリーフに影響され，その実践には受講生の間に大きな違いが生じていたようである。

　Bryfonski（2024）は，さらに Bryfonski（2022）と同じ調査の中で，教室のビデオ録画を使って刺激再生インタビューを行い，Long（2015）の方法論上の 10 の原則（Methodological Principle: MP）（第 2 章 4.2 を参照）がど

の程度実行できていたかを評価している。評価するためのルーブリックを作成し，量的な分析を行った。その結果，多少の教師経験（1 〜 2 年）がある方が MP のスコアが高く，教師間のスコアのばらつきも小さかったことがわかった。また，文法重視の学習経験しかない教師未経験者は，TBLT に抵抗感があるようであった。同じ研修を受けても，自らの経験に照らして解釈してしまう傾向が見てとれた。

MP1： 分析単位としてテキストではなくタスクを用いる
MP2： 何かをやることにより学習を促進
MP3： インプットの精緻化
MP4： リッチなインプットの提供
MP5： 帰納的（チャンク）学習を奨励
MP6： Focus on Form
MP7： 否定的フィードバックの提供
MP8： 学習者の内的シラバス／発達過程を尊重
MP9： 共同／協働学習の促進
MP10： インストラクションを個別化

(Doughty & Long, 2003; 小柳, 2004 訳)

上記の 10 の原則のうち，全体的に MP7, 8, 10 のスコアが低かったことも明らかになった。MP8 は教室観察で評価するのは難しかったとしているが，これらは教室における瞬時の意思決定が求められるので，より反応的な指導テクニックのトレーニングが必要だと Bryfonski は述べている。また，TBLT の原則と教師のビリーフや教室行動とのギャップを埋めるために，SLA を学ぶことの必要性も説いている。

これらの研究から，TBLT を外国語プログラムに採用し，成功させるには，教師のビリーフを変容させることが重要になると言える。日本語教育においても，今までの文法積み上げ式の授業に慣れている教師や，学習者としても文法重視の伝統的な外国語教育しか受けた経験がない教師が多くいると思われ，意識改革が必要になるであろう。その際に，教師が自分の学習者と

しての経験，教師としての経験のみに頼るのでは限界があり，SLA の知識は不可欠であると筆者も考える。

3.2　教師教育のあり方

　Van den Branden（2016）は，TBLT に関わる研究において，学習者には関心が集まるが，教師の役割が見過ごされていると述べている。教師は，効率的に TBLT を行うことにより学習者の言語発達を促進させ，L2 教育の刷新，TBLT のさらなる改善，発展に貢献する活動的な担い手でもあるので，教師が TBLT において果たす役割は重要だとしている。Oglivie & Dunn（2010）は，TBLT の理論的根拠が蓄積され，量的，質的データを扱った教師に関する研究では，TBLT に好意的な評価をする教師が多いのにも関わらず，実際にそれが教育実践につながっているかというと，必ずしもそうではなかったと述べている。そして，教師養成課程の学生から，暗黙のバリアを取り払い，イノベーションを受け入れられるような素地を作る教師教育が必要だとしている。前項で述べたように，教師教育によって文法こそが外国語教育というようなビリーフを変容させることが重要になると思われる。

　その一つの形として，East（2022）が教師教育のあり方を示している。TBLT の理論や実践方法を教えるのはもちろんであるが，East は，研修プログラムの中で，受講者が自らのビリーフを内省する機会を与えることで，受講者自らの気づきを促すプロセスを重視している。ビリーフは，学習者としての自らの経験に強く影響され，早期に抱いたビリーフはなかなか変化しないとされているが，教師教育において変化させることは可能だとされている（Borg, 2015）。East（2022）は，TBLT トレーニングの一環として，批判的に内省を図るために，以下のような機会を与えることが重要だとしている。

　　・効果的な教授法に関する現在のビリーフ，及び，そのようなビリーフ
　　　がどこから来ているのかを考える
　　・教室で実践してみる前に新しいアイデアや理論について考える
　　　　＜行動を起こすための内省（reflection-for-action）＞
　　・リアルタイムでイノベーションがどのように進んでいるかを考える

<行動進行中の内省（reflection-in-action）>
・実践でイノベーションがどのように進んだかを振り返る
<行動についての内省（reflection-on-action）>
・教師は将来何を変えられるか，自分たちの経験は理論に照らしてどう
いう意味があるのかを考える
<将来の行動のための内省（reflection -for-(future) action）>

（East, 2022, p. 457; 小柳訳）

　まず，受講生が最初の段階で，効果的な教授法についてどんなビリーフを抱いているか，どのような理由でそう考えているのか意識的に気づかせる必要がある。ビリーフの質問紙に個々人が回答し，自分がどのようなビリーフを抱いているのかを自覚させる。そして，ペアワークでお互いの回答を比較し，その後でクラス全体でも話し合う。この段階では何が正しいとか正しくないというようなことは言わず，なぜ個人間でビリーフが異なるのか，その理由を考えさせなくてはならない。そして，TBLT の理論を学び，今まで考えたこともなかった新しいアイデアに触れて，自分のビリーフを批判的に内省，分析することができるようにサポートするのが「行動を起こすための内省（reflection-for-action）」の段階である。East は，これが内省のプロセスの重要な出発点だとしている。そして，TBLT の実践中，つまり「行動進行中の内省（reflection-in-action）」，また実践後，すなわち「行動についての内省（reflection-on-action）」においても同様に，内省のプロセスは継続する。これらは，理論的な見地から TBLT の実践について考察できるようにすることが目的である。内省的な作業を教室で試す機会を与えられると，受講生がその経験を持ち寄って反省点や改善点を見いだすことを可能にするのである。East は，このようなプロセスを継続すると，理論をより深く内省的に考察することができ，教師教育を受ける前にはなじみのなかった概念やアイデアに対する寛容さを引き出すことができると述べている。

　ただし，East（2022）は，いきなり TBLT の理論的な議論にさらされると教師が圧倒される恐れがあるので，最初は TBLT の教室で特に注意すべきポイントに絞る必要があるとして，ポイントを 3 点挙げている。まず一つ

目は，タスクとは何かという考察である。タスクは，特定の文法を練習するためのコミュニカティブなアクティビティとは一線を画すもので，非言語的な成果を伴うものであることを理解させる必要がある。タスクの様々な定義を見せて批判的に評価させたり，タスクの例を考えてみるなどの活動も有効である。二つ目は文法の扱いである。教師には文法指導をどうするかが主要な懸念材料になると予想される。よって，Focus on Form の理論を示し，タスク志向の教室における文法指導の役割や位置づけを考える機会を提供する必要がある。教師主導ではなく学習者主導に移行する中で，いつ教育的介入を行うか，あるいは避けるべきか，いつフィードバックを与えるか，いつ文法を教えるかといった懸念をできるだけ払拭させることが重要である。三つ目はタスクの授業の流れについてである。どんなインプットを与えるか，単独でやるのかグループワークでやるのか，インプットベースかアウトプットベースか，メインのタスクの前後に何をするのかといったことを話し合っておく必要がある。前述の Bryfonski（2022）が TBLT の研修前後のビリーフの変化を調べた際に行った，TBLT 研修の概要が示されているので，参考までに表 5-4 に掲載しておく。

表 5-4　TBLT トレーニングの例（Bryfonski, 2022, p. 468 に基づく; 小柳訳）

研修のテーマ	研修の内容
SLA とバイリンガリズムの理論	・L1 と L2 の習得の違いについての議論 ・SLA 理論に関するミニ講義 ・TBLT と他の方法（例　ナチュラルアプローチ）との比較，対照
タスクベース・レッスンのプランニング	・バックワード設計の導入 ・様々なタスクやレッスンプランのデザインの批評 ・学年レベルのタスクや学習　ユニットのプランの生成
良質なフィードバックの提供	・口頭及び書面のフィードバックストラテジーに関する録画ビデオの分析 ・訂正フィードバックのスキットのロールプレイ

グループワークを差別化するためのプランニング	・ピアのインタラクションを促進するタスクにおける生徒のグループ分けについての議論 ・生徒のニーズのアセスメント ・タスクの難易度のアセスメント ・学年レベルにより差別化した適切なストラテジーのデザイン
タスクベースのアセスメント	・形成的 vs. 総括的アセスメントに関する議論 ・アセスメント事例の評価 ・学年レベルに応じたアセスメントのサンプルの生成

4. 今後の方向性

　2024 年は日本語教師の国家試験が実施された最初の年で，日本語教育においては大きな節目の年であった。それに合わせて，教師養成課程で求められる日本語教師の資質や能力が示され，養成カリキュラムで網羅すべき領域，項目も提示されている。国家試験は，養成課程修了程度のレベルとされるため，基礎的知識が身についているかが問われるものである。実践研修では，これまでのオーソドックスな教え方で実習を行うことが多いと考えられるが，今後は，新米教師でも，最初に就職した機関が TBLT やそれに近い刷新されたプログラムで運営しているということはあり得るので，できれば，そのような教え方があることも知っておく必要があるだろう。また，日本語のプログラムのカリキュラムを刷新して TBLT のプログラムを推進する立場になる場合は，さらに研鑽を積む必要があると思われる。CEFR や文化庁の「日本語教育の参照枠」でも，目ざすべきは課題遂行能力の習得としており，これを実現させるためには，TBLT の導入，実践を検討する時機が到来していると言える。

　文部科学省が提示している教師養成のカリキュラムで教えるべき 50 項目の他に，筆者が日本語教師志望の学生時代に（あるいは学生を終えた方にも）ぜひ経験してほしいと思うのが，伝統的な文法重視の教育ではない，もっと新しいやり方で外国語を勉強することである。本章第 3 節で述べたように，TBLT の導入にあたり障害になるのは，外国語教育とは文法を学ぶ

ことという教師の強いビリーフである。そして，それは多くの場合，教師自身が文法重視の外国語教育しか知らないことに起因するものであった。筆者が学部の SLA の授業で学生に英語学習の経験について尋ねると，中学高校で 4 技能を統合したアクティブラーニングのような授業を経験した学生もいるが，まだ伝統的な英語教育を受けてきた学生の方が多いようである。できれば，所属する大学で刷新された外国語教育が行われているとよいが，そのような経験は，日本語を教える上でも財産になると思われる。また，学生時代に留学して，教室外の自然習得環境で悪戦苦闘しながら目標言語を使ってみるのも，習得や教授法を考える上で貴重な経験となるだろう。日本語教師には，日本語という言語を外国語として見る力が必要だということは以前から認識されてきたが，日本語を外国語としてどう学ぶか，どう教えるかという視点が重要なことはもっと強調されてもいいと考える。

　TBLT は，生活や就労，学業などニーズが明らかな場合はタスクの特定が比較的容易だと思われるが，教育機関で一般的な目的で日本語を学んでいる場合，何を目標タスクに掲げたらいいか迷うかもしれない。しかし，それぞれの教育機関のプログラムで一貫したビジョンがあり，学習者の到達目標があれば，CEFR や参照枠で設定されたレベルに応じて，レベル毎に行動として何ができるようになればいいのか考えていくことができるはずである。また，タスクは伝達的なコンテクストを提供する手段でもあるが，もう一つの選択肢としてタスクの代わりに「内容ベースの言語指導（Content-Based Instruction: CBI）」を挙げることができる。中上級で，日本文化や日本社会のことなど，内容を学びながら，言語も学ぶという方法を取ることも可能であろう。CBI という用語は北米でよく使用されているが，最近はヨーロッパ由来の「内容言語統合型学習（Content and Language Integrated Leaning: 以下，CLIL）」の方が日本でよく知られるようになった。Garcia Mayo（2015）は，CBI を総称として，その下にイマージョンや CLIL も位置づけている。以前のカナダのイマージョン教育では，教科学習のインプットは多いがアウトプットの機会が不足していたことから，アウトプット仮説が提案され，また，意味に注意の焦点が当たっていて言語形式に注意を向ける機会がなかったことから，Focus on Form の提案にもつながっていったのだが，今のイ

マージョンはずいぶん改善されているようである。

　CBL も CLIL も，内容を通して同時に言語を学ぶことを目ざしているという点では共通点が多い。CLIL は，日本の大学でも採用され，CLIL の枠組みや実践例をまとめた文献（奥野他, 2018; 渡部・池田・和泉, 2011; Coyle, Hood & Marsh, 2010 等）が入手できるようになっている（本書では扱わなかったので，詳細はこれらの文献を参照されたい）。Long（1991）は，Focus on Form を伴うシラバスについて，言語以外のことを教え，意味やコミュニケーションを優先したレッスンの中で必要が生じた時に学習者の注意を言語的要素に向けるものだとしていた（本書第 3 章第 1 節）が，その中で，言語以外のこととして地理や生物学を挙げていた。その意味では，CBI や CLIL は，TBLT とは親和性が高いと言えるだろう。上述のように，Focus on Meaning のイマージョンが改善されているのは，そこに学習者同士のグループワークによるインタラクションを増やしたり，訂正フィードバックを取り入れたりしたからである（Lightbown, 2014 等）。よって，研究面でも CBI や CLIL と TBLT には共通の関心となるテーマが多いとされている（Garcia Mayo, 2015; Ortega, 2015）。本書では，SLA 研究の知見に基づき推奨される教室活動における指導テクニックを紹介してきたが，Focus on Form の指導テクニックは，CLIL でも活用できるものである（和泉, 2011 を参照）。

　以上のように，日本語教育の転換期，しかも課題遂行能力の習得が重視される時代において，TBLT が方法論として日本語教育にもっと根づくことを期待したい。教師の意識改革や TBLT 実施のための研修プログラムの開発など課題は残るが，TBLT を追求する価値はあると思われる。

参考文献

荒木恵（2024）『インストラクショナルデザイン―成果から逆算する"評価中心"の研修設計プログラム―』プレジデント社

庵功雄・山内博之編（2015）『データに基づく文法シラバス』くろしお出版

池田玲子・舘岡洋子（2022）『ピア・ラーニング入門―創造的な学びのデザインのために―改訂版』ひつじ書房

石黒圭（2018）『どうすれ協働学習がうまくいくか―失敗から学ぶピア・リーディング授業の科学―』ココ出版

和泉伸一（2011）「第二言語習得研究からみた CLIL の指導原理と実践」渡部良典・池田真・和泉伸一編『CLIL 内容言語統合型学習―上智大学外国語教育の新たなる挑戦―』(pp. 31–71) 上智大学出版

伊藤克敏（1990）『こどものことば　習得と創造』勁草書房

岩立志津夫（1997）「文法の獲得＜１＞（第 5 章）」小林春美・佐々木正人編『子どもたちの言語獲得』大修館書店

岩田一成編（2018）『語から始まる教材作り』くろしお出版

岡崎敏雄・岡崎眸（1991）『日本語教育におけるコミュニカティブ・アプローチ』凡人社

奥野由紀子・小林明子・佐藤礼子・元田静・渡部倫子（2018）『日本語教師のための CLIL 入門』凡人社

奥村三菜子・櫻井直子・鈴木裕子（2016）『日本語教師のための CEFR』くろしお出版

川人光男・銅谷賢治・春野雅彦（2002）「計算神経科学の挑戦―討論『脳と言語と心の科学―その研究アプローチを探る』」『科学』72（9）, 879–886.

百済正和（2013）「TBLT の日本語教育への応用と実践―タスク統合型の言語教育デザインに向けて―」『第二言語としての日本語の習得研究』16, 74–90.

小口悠紀子（2018）「スタンダードを利用したタスク・ベースの言語指導（TBLT）」岩田一成編『語から始まる教材作り』(pp. 17–30) くろしお出版

小口悠紀子（2019）「大学の初級日本語クラスにおけるタスクベースの言語指導―マイクロ評価に基づく考察を中心に―」『日本語教育』174, 56–70.

小柳かおる（1998）「条件文習得におけるインストラクションの効果」『第二言語としての日本語の習得研究』2, 1–26.

小柳かおる（2002）「Focus on Form と日本語習得研究」『第二言語としての日本語の習得研究』5, 62–96.

小柳かおる（2003）「日本語教育と SLA（第二言語習得）研究」『Sophia Linguistica』50, 15–24.

小柳かおる（2004）『日本語教師のための新しい言語習得概論』スリーエーネットワーク

小柳かおる（2005）「言語処理の認知メカニズムと第二言語習得―記憶のシステムから見た手続き的知識の習得過程―」日本言語文化学研究会編『第二言語習得・教育の研究最前線 2005 年版』11–36.

小柳かおる（2008）「第二言語習得（SLA）から見た日本語教授法・教材―SLA の知見を教育現場に生かす―」『第二言語としての日本語の習得研究』11, 23–41.

小柳かおる（2012）「言語発達を支える基本的認知能力―第二言語習得研究における言語適性研究との関わり―」『第二言語としての日本語の習得研究』15, 59–91.

小柳かおる（2013）「タスクによる言語学習が第二言語習得にもたらすインパクト―インターアクションおよび認知的な観点から見たタスク―」『第二言語としての日本語の習得研究』16, 16–37.

小柳かおる（2016a）「日本語に関する教室習得研究」小柳かおる・峯布由紀著『認知的アプローチから見た第二言語習得―日本語の文法習得と教室指導の効果―』(pp. 223–255) くろしお出版

小柳かおる（2016b）「SLA の認知過程」小柳かおる・峯布由紀著『認知的アプローチから見た第二言語習得―日本語の文法習得と教室指導の効果―』(pp. 11–73) くろしお出版

小柳かおる（2016c）「第二言語習得における暗示的学習のメカニズム―用法基盤的アプローチと記憶のプロセス―」『第二言語としての日本語の習得研究』19, 42–60.

小柳かおる（2016d）「教室指導の効果に関する教室習得研究」小柳かおる・峯布由紀著『認知的アプローチから見た第二言語習得―日本語の文法習得と教室指導の効果―』(pp. 143–222) くろしお出版

小柳かおる（2018a）「個人差要因：言語適性」小柳かおる・向山陽子著『第二言語習得の普遍性と個別性―学習メカニズム・個人差から教授法へ―』(pp. 29–83) くろしお出版

小柳かおる（2018b）「第二言語習得（SLA）の普遍性」小柳かおる・向山陽子著『第二言語習得の普遍性と個別性―学習メカニズム・個人差から教授法へ―』(pp. 1–27) くろしお出版

小柳かおる（2018c）「SLA 研究とタスク・ベースの教授法（TBLT）」小柳かおる・向山陽子著『第二言語習得の普遍性と個別性―学習メカニズム・個人差から教授法へ―』(pp. 197–247) くろしお出版

小柳かおる（2018d）「個人差要因：動機づけ」小柳かおる・向山陽子著『第二言語習得の普遍性と個別性―学習メカニズム・個人差から教授法へ―』(pp. 145–195) くろしお出版

小柳かおる（2020）『第二言語習得について日本語教師が知っておくべきこと』くろしお出版

櫻井直子（2010）「言語教育機関における CEFR 文脈化の意義―ベルギー成人教育機関での実践例からの考察」細川英雄・西山教行編『複言語・複文化主義とは何か―ヨーロッパの理念・状況から日本における受容・文脈化へ―』(pp. 65–78) くろしお出版

佐藤慎司・熊谷由里（2010）『アセスメントと日本語教育―新しい評価の理論と実践―』くろしお出版

柴田治呂（1990）『赤ちゃんのことば―覚える・話す・考える―』刀水書房

島宗理（2004）『インストラクショナルデザイン―教師のためのルールブック―』米田出版

菅正隆（2023）『英語授業の「個別最適な学び」と「協働的な学び」―小・中学校の授業アイデア 36―』明治図書

鈴木克明・岩崎信（2007）『インストラクショナルデザインの原理』北大路書房

田窪行則編（1997）『視点と言語行動』くろしお出版

館岡洋子（2005）『ひとりで読むことからピア・リーディングへ―日本語学習者の読解過程と対話的協働学習―』東海大学出版会

館岡洋子（2015）『協働で学ぶクリティカル・リーディング』ひつじ書房

田中真理（1996）「視点・ヴォイスの習得―文生成テストにおける横断的及び縦断的研

究—」『日本語教育』88, 104–116.

田中真理（1997）「視点，ヴォイス，複文の習得要因」『日本語教育』92, 107–118.

筑波ランゲージグループ（1991）『Situational Functional Japanese』Drills/Notes Vol.1 ～ 3. 凡人社

投野由紀夫（2013）『英語到達度指標 CEFR-J ガイドブック』大修館書店

中田達也（2022）『英語は決まり文句が 8 割　今日から役立つ「定型表現」学習法』講談社現代新書

奈須正裕（2021）『個別最適な学びと協働的な学び』東洋館出版社

西山教行（2010）「複言語・複文化主義の形成と展開」細川英男・西山教行編『複言語・複文化主義とは何か—ヨーロッパの理念・状況から日本における受容・文脈化へ—』（pp. 22–34）くろしお出版

日本語教育学会編（1991）『日本語教育機関におけるコース・デザイン』凡人社

原田三千代（2006）「中級学習者の作文遂行過程に与えるピア・レスポンスの影響—教師添削との比較」『日本語教育』131, 3–12.

牧野成一・鎌田修・山内博之・齊藤眞理子・荻原雅佳子・伊藤とく美・池崎美代子・中島知子（2001）『ACTFL—OPI 入門—』アルク

松村昌紀（2017）「タスク・ベースの発想と言語教育の方法論」松村昌紀編『タスク・ベースの言語指導—TBLT の理解と実践—』（pp. 5–36）大修館書店

水戸部修（2023）『国語授業の「個別最適な学び」と「協働的な学び」—主体的な学びを支える「ロングレンジ」の学習活動—』明治図書

峯布由紀（2015）『第二言語としての日本語の発達過程—発話のための言語処理と思考の発達—』ココ出版

峯布由紀（2016）「日本語に関する第二言語習得研究」小柳かおる・峯布由紀著『認知的アプローチから見た第二言語習得—日本語の文法習得と教室指導の効果—』（pp. 75–142）くろしお出版

向山陽子（2016）「真正性を高めたタスク教材を用いた指導の効果—ビジネスメール・ビジネス文書作成に焦点を当てて—」『日本語教育』164, 94–109.

向山陽子（2018a）「言語適性と教室指導」小柳かおる・向山陽子著『第二言語習得の普遍性と個別性—学習メカニズム・個人差から教授法へ—』（pp. 85–143）くろしお出版

向山陽子（2018b）「外国語環境におけるタスク中心のビジネス日本語教育の効果」武蔵野大学編『Global Studies』2, 49–62.

村杉恵子（2014）『ことばとこころ—入門　心理言語学—』医学評論社

森篤嗣編（2016）『ニーズを踏まえた語彙シラバス』くろしお出版

山本千波（2012）「米国に学ぶインストラクショナル・デザインから日本語教材作成への一考察」『筑波大学留学生センター日本語教育論集』27, 1–13.

横溝紳一郎・山田智久（2019）『日本語教師のためのアクティブ・ラーニング』くろしお出版

横山紀子・福永由佳・森篤嗣・王璐・ジョリナ，ダリヤグル（2009）「ピア・リスニングの試み—海外の日本語教育における課題解決の視点から—」『日本語教育』141, 79–89.

渡部淳（2020）『アクティブ・ラーニングとは何か』岩波新書

渡部良典・池田真・和泉伸一編（2011）『CLIL 内容言語統合型学習—上智大学外国語教育の新たなる挑戦—』上智大学出版

Abrahamsson, N., & Hyltenstam, K. (2008). The robustness of aptitude effects in near-native second language acquisition. *Studies in Second Language Acquisition, 30*, 481–509.

Abrahamsson, N., & Hyltenstam, K. (2009). Age of onset and nativelikeness in a second language: Listener perception versus linguistic scrutiny. *Language Learning, 59*, 249–306.

Adair-Hauck, B., Gilsan, E. W., Koda, K., Swender, E. B., & Sandrock, P. (2006). The integrated performance assessment (IPA): Connecting assessment to instruction and learning. *Foreign Language Annals, 39*, 359–372.

Adair-Hauck, B., & Troyan, F. J. (2013). A descriptive and co-constructive approach to integrated performance assessment feedback. *Foreign Language Annals, 46*, 23–44.

Adams, R., Nuevo, A. M., & Egi, T. (2011). Explicit and implicit feedback, modified output and SLA: Does explicit and implicit feedback promote learning and learner-learner interactions? *Modern Language Journal, 95, Suppl. 1*, 42–63.

Aubrey, S., & Yashima, T. (2023). Willingness to communicate. In C. Lambert, S. Aubrey, & G. Bui (Eds.), *The role of the learner in task-based language teaching: Theory and research methods* (pp. 41–57). Routledge.

Averart, S., & Nation, P. (1991). Fluency improvement in second language. *RELC Journal, 22*, 84–94.

Bachman, L. F.（1990). *Fundamental considerations in language testing*. Oxford University Press.

Bachman, L. F., & Palmer, S. (1996). *Language testing in practice*. Oxford University Press.

Baddeley, A. D. (2000). The episodic buffer: A new component of working memory? *Trends in Cognitive Sciences, 4*, 417–423.

Baralt, M., Gilabert, R., & Robinson, P. (2014). An introduction to theory and research in task sequencing and instructed second language learning. In M. Baralt, R. Gilabert, & P. Robinson (Eds.), *Task sequencing and instructed second language learning* (pp. 1–34). Bloomsbury.

Barlet, N. J. D. (2005). A double shot 2% mocha latte, please, with whip: Service encounters in two coffee shops and at a coffee cart. In M. H. Long (Ed.), *Second language needs analysis* (pp. 305–343). Cambridge University Press.

Berry, D. C. (1994). Implicit and explicit learning of complex tasks. In N. C. Ellis (Ed.), *Implicit and explicit learning of languages* (pp. 147–164). Academic Press.

Berry, D. C. (1998). *How implicit is implicit learning?* Oxford University Press.

Bley-Vroman, R., & Loschky, L. (1993). Grammar and task-based methodology. In G. Crookes & Gass, S. M. (Eds.), *Tasks and language learning: Integrating theory & practice* (pp. 123–167). Multilingual Matter.

Boers, F., Bryfonski, L., Faez, F., & McKay, T. (2021). A call for cautious interpretation of meta-analytic reviews. *Studies in Second Language Acquisition, 43*, 2–24.

Boers, F., & Faez, F. (2023). Meta-analysis to estimate the relative effectiveness of TBLT programs: Are we there yet? *Language Teaching Research*, 1–19. DOI: 10.1177/13621688231167573.

Boers, F., & Lindsteomberg, S. (2012). Experimental and intervention studies on formulaic sequences in a second language. *Annual Review of Applied Linguistics, 32*, 83–110. DOI: 10.1017/S0267190512000050.

Borg, S. (2015). *Teacher cognition and language education: Research and practice.*

Bloomsbury Academic.

Breen, M. P. (1987). Contemporary paradigms in syllabus design. *Language Teaching, 20*, 157–174.

Brown, J. D., Hudson, T., Norris, J., & Bonk, W. J. (2002). *An investigation of second language task-based performance assessments*. University of Hawai'i Press.

Bryfonski, L. (2022). Connecting teacher training to task-based language teaching implementation: A case study of preservice teachers in Honduran bilingual schools. In M. J. Ahmadian & M. H. Long (Eds.), *The Cambridge handbook of task-based language teaching* (pp. 463–477). Cambridge University Press.

Bryfonski, L. (2024). From task-based training to task-based instruction: Novice language teachers' experiences and perspectives. *Language Teaching Research, 28*(3), 1255–1279. DOI: 10.1177/13621688211026570.

Bryfonski, L., & McKay, T. H. (2017). TBLT implementation and evaluation: A meta-analysis. *Language Teaching Research*. DOI: 10.1177/1362168817744389.

Bui, G., & Yu, R. (2021). Differentiating task repetition from task rehearsal. In N. P. Sudharshana & L. Mukhopadhyay (Eds.), *Task-based language teaching and assessment: Contemporary reflections from across the world* (pp. 119–137). Springer.

Butler, Y. G. (2011). The implementation of communicative and task-based language teaching in the Asia-Pacific region. *Annual Review of Applied Linguistics, 11*, 36–57.

Bybee, J. (2008). Usage-based grammar and second language acquisition. In P. Robinson & N. C. Ellis (Eds.), *Handbook of cognitive linguistics and second language acquisition* (pp. 216–236). Routledge.

Bygate, M., & Samuda, V. (2005). Integrative planning through the use of task-repetition. In R. Ellis (Ed.), *Planning and task performance in a second language* (pp. 37–74). John Benjamins.

Bygate, M., Skehan, P., & Swain, M. (2001). *Researching pedagogic tasks: Second language learning, teaching and testing*. Pearson Education.

Byrnes, H. (2002). The role of task and task-based assessment in a content-oriented collegiate foreign language curriculum. *Language Testing, 19*, 410–437.

Cameron, J., & Epling, W. F. (1989). Successful problem solving as a function of interaction style for non-native students of English. *Applied Linguistics, 11*, 392–406.

Canale, M., & Swain, M. (1980). Theoretical bases of communicative approaches to second language teaching and testing. *Applied Linguistics, 1*, 1–47.

Canals, L., Granena, F., Yilmaz, Y., & Malicka, A. (2021). The relative effectiveness of immediate and delayed corrective feedback in video-based computer-mediated communication. *Language Teaching Research*. DOI: 10.1177/13621688211052793.

Carless, D. (2012). TBLT in ESL settings. In A. Shehadeh & C. A. Coombe (Eds.), *Task-based language teaching in foreign language context: Research and implementation* (pp. 345–358). John Benjamins.

Carroll, J. B., & Sapon, S. M. (1959). *Modern language aptitude test*. Psychological Corporation.

Chaudron, C., Kim, Y., Doughty, C. J., Lee, Kong, D., Lee, J., Lee, Y., & Long, M. H. (2005). A task-based needs analysis of a tertiary Korean as a foreign language program. In M. H. Long (Ed.), *Second language needs analysis* (pp. 225–254). Cambridge University Press.

Cintrón-Valentín, M., & Ellis, N. C. (2015). Exploring the interface: Explicit focus-on-form instruction and learned attention biases in L2 Latin. *Studies in Second Language Acquisition, 37*, 197–235.

Clancy, P. (1985). The acquisition of Japanese. In D. I. Slobin (Ed.), *The cross-linguistic study of language acquisition, Vol.1* (pp. 37–524). Lawrence Erlbaum.

Cleeremans, A., Destrebecqz, A., & Boyer, M. (1998). Implicit learning: News from the front. *Trends in Cognitive Sciences, 2*, 406–416.

Council of Europe (2001). *Common European Framework of reference for languages: Learning, teaching, assessment*. Cambridge University Press.

Coyle, C., Hood, P., & Marsh, D. (2010). *Content and language integrated learning*. Cambridge University Press.

Cromer, R. (1974). The development of language and cognition: The cognition hypothesis. In B. Foss (Ed.), *New perspectives in child development* (pp. 184–252). Penguin.

Cronback, L. J., & Snow, R. E. (1977). *Aptitude and instructional methods: A handbook for research on interactions*. Irvington.

Crookes, G. (1989). Planning and interlanguage variation. *Studies in Second language Acquisition, 11*, 367–383.

Cummins, J. (1980). Cross-linguistic dimensions of language proficiency: Implications for bilingual education and the optimal age issue. *TESOL Quarterly, 14*, 81–103.

Cummins, J. (1981). *Bilingualism and minority language children*. Ontario Institute for Studies in Education.

de Bot, K. (1992). A bilingual production model: Levelt's speaking model adapted. *Applied Linguistics, 13*, 1–24.

de Bot, K., & Bátyi, S. (2022). Bilingual models of speaking. In T. M. Derwing, M. J. Munro, & R. I. Thomson (Eds.), *The Routledge handbook of second language acquisition and speaking* (pp. 9–23). Routledge.

De Jong, N., & Perfetti, C. A. (2011). Fluency training in the ESL classroom: An experimental study of fluency development and proceduralization. *Language Learning, 61*, 533–568.

DeKeyser, R. M. (1995). Learning second language grammar rules: An experiment with a miniature linguistic system. *Studies in Second Language Acquisition, 17*, 379–410.

DeKeyser, R. M. (1997). Beyond explicit rule learning: Automatizing second language morphosyntax. *Studies in Second Language Acquisition, 19*, 195–221.

DeKeyser, R. M. (1998). Beyond focus on form: Cognitive perspective on learning and practicing second language grammar. In C. Doughty & J. Williams (Eds.), *Focus on form in classroom second language acquisition* (pp. 42–63). Cambridge University Press.

DeKeyser, R. M. (2001). Automaticity and automatization. In P. Robinson (Ed.), *Cognition and second language instruction* (pp. 125–151). Cambridge University Press.

DeKeyser, R. (2020). Skill acquisition theory. In B. VanPatten, G. D. Keating, & S. Wulff (Eds.), *Theories in second language acquisition: An introduction. Third edition* (pp. 83–104). Routledge.

Dörnyei, Z. (2000). Motivation in action: Toward a process-oriented conceptualization of student motivation. *British Journal of Educational Psychology, 70*, 519–538.

Dörnyei, Z. (2001). *Motivational strategies in the language classroom*. Cambridge University Press.

Dörnyei, Z. (2002). The motivational basis of language learning tasks. In P. Robinson (Ed.), *Individual differences and instructed language learning* (pp. 137–157). John Benjamins.

Dörnyei, Z. (2003). Attitudes, orientations, and motivations in language learning: Advances in theory, research, and applications. In Z. Dörnyei (Ed.), *Attitudes, orientations, and motivations in language learning* (pp. 3–32). Blackwell.

Dörnyei, Z. (2005). *The psychology of the language learner: Individual differences in second language acquisition.* Lawrence Erlbaum.

Dörnyei, Z. (2009). The L2 motivational self system. In Z. Dörnyei & E. Ushioda (Eds.), *Motivation, identity and the L2 self* (pp. 9–42). Multilingual Matters.

Dörnyei, Z. (2010). The relationship between language aptitude and language learning motivation: Individual differences from a dynamic system perspective. In E. Macaro (Ed.), *Continuum companion to second language acquisition* (pp. 247–267). Continuum.

Dörnyei, Z. (2019). Task motivation: What makes an L2 task engaging? In Z. (E.) Wen & M. J. Ahmadian (Eds.), *Researching L2 task performance and pedagogy: In honor of Peter Skehan* (pp. 53–66). John Benjamins.

Dörnyei, Z., Henry, A., & Muir, C. (2015). *Motivational currents in language learning: Frameworks for focused interventions.* Routledge.

Dörnyei, Z., & Kormos, J. (2000). The role of individual and social variables in oral task performance. *Language Teaching Research, 4,* 275–300.

Doughty, C. (1991). Second language instruction does make a difference: Evidence from an empirical study of SL relativization. *Studies in Second Language Acquisition, 13,* 431–469.

Doughty, C. (1998). Acquiring competence in a second language: Form and function. In H. Byrnes (Ed.), *Learning foreign and second languages* (pp. 128–156). Modern Language Association.

Doughty, C. (1999a). Psycholinguistic evidence for recasting as focus on form. Paper presented at the Annual Conference of the American Association for Applied Linguistics. Stamford, CT.

Doughty, C. (1999b). The psycholinguistic plausibility of recasts. Paper presented at AILA '99. Tokyo, Waseda University.

Doughty, C. (2001). Cognitive underpinnings of focus on form. In P. Robinson (Ed.), *Cognition and second language instruction* (pp. 206–257). Cambridge University Press.

Doughty, C. J. (2003). Instructed SLA: Constraints, compensation, and enhancement. In C. J. Doughty & M. H. Long (Eds.), *The handbook of second language acquisition* (pp. 256–310). Blackwell.

Doughty, C., & Long, M. H. (2003). Optimal psycholinguistic environments for distance foreign language learning. *Language, Learning & Technology, 7,* 55–80.

Doughty, C., & Pica, T. (1986). "Information gap" tasks: Do they facilitate second language acquisition? *TESOL Quarterly, 20,* 305–325.

Doughty, C., & Williams, J. (1998a). Issues and terminology. In C. Doughty & J. Williams (Eds.), *Focus on form in classroom second language acquisition* (pp. 1–11). Cambridge University Press.

Doughty, C., & Williams, J. (1998b). *Focus on form in classroom second language acquisition.* Cambridge University Press.

Doughty, C., & Williams, J. (1998c). Pedagogical choices in focus on form. In C. Doughty & J. Williams (Eds.), *Focus on form in classroom second language acquisition* (pp. 197–261). Cambridge University Press.

East, M. (2022). Teacher preparation and support for task-based language teaching. In M. J. Ahmadian & M. H. Long (Eds.), *The Cambridge handbook of task-based language teaching* (pp. 447–462). Cambridge University Press.

Ellis, N. C. (1996). Sequencing in SLA: Phonological memory, chunking, and points of order. *Studies in Second Language Acquisition, 18*, 91–126.

Ellis, N. C. (1999). Cognitive approaches to SLA. *Annual Review of Applied Linguistics, 19*, 22–42.

Ellis, N. C. (2002). Frequency effects in language processing: A review with implication for theories of implicit and explicit language acquisition. *Studies in Second Language Acquisition, 24*, 143–188.

Ellis, N. C. (2005). At the interface: Dynamic interactions of explicit and implicit language knowledge. *Studies in Second Language Acquisition, 27*, 305–352.

Ellis, N. C. (2006). Selective attention and transfer phenomena in SLA: Contingency, cue competition, salience, interference, overshadowing, blocking, and perceptual learning. *Applied Linguistics, 27*, 1–31.

Ellis, N. C. (2008). Usage-based and form-focused language acquisition: The associative learning of constructions, learned attention, and the limited L2 endstate. In P. Robinson & N. C. Ellis (Eds.), *Handbook of cognitive linguistics and second language acquisition* (pp. 372–405). Routledge.

Elllis, N. C. (2015). Implicit AND explicit language learning: Their dynamic interface and complexity. In P. Rebuschat (Ed.), *Implicit and explicit learning of languages* (pp. 3–23). John Benjamins.

Ellis, N. C., & Sagarra, N. (2010a). The bound of adult language acquisition: Blocking and learned attention. *Studies in Second Language Acquisition, 32*, 553–580.

Ellis, N. C., & Sagarra, N. (2010b). Learned attention effects in L2 temporal reference: The first hour and the next eight semesters. *Language Learning, 60, Suppl.2*, 85–108.

Ellis, N. C., & Sagarra, N. (2011). Learned attention in adult language acquisition: A replication and generalization study and meta-analysis. *Studies in Second Language Acquisition, 33*, 589–624.

Ellis, N. C., & Wulff, S. (2015). Usage-based approaches to SLA. In B. VanPatten & J. Williams (Eds.), *Theories in second language acquisition: Introduction. Second edition* (pp. 75–98). Routledge.

Ellis, R. (2001). Investigating form-focused instruction. *Language Learning, 51, Suppl. 1*, 1–46.

Ellis, R. (2003). *Task-based language learning and teaching.* Oxford University Press.

Ellis, R. (2005). *Planning and task performance in a second language.* John Benjamins.

Ellis, R. (2017). Position paper: Moving task-based language teaching forward. *Language Teaching, 50*, 507–526.

Ellis, R. (2020). Teacher-preparation for task-based language teaching. In C. Lambert & R. Oliver (Eds.), *Using tasks in second language teaching: Practice in diverse contexts* (pp. 99–119). Multilingual Matters.

Ellis, R., Skehan, P., Li, S., Shintani, N., & Lambert, C. (2020). *Task-based language teaching: Theory and practice.* Cambridge University Press.

Foster, P., & Skehan, P. (1996). The influence of planning and task types on second language performance. *Studies in Second Language Acquisition, 18,* 299–324.

Fu, M., & Li, S. (2022). The effects of immediate and delayed corrective feedback on L2 development. *Studies in Second Language Acquisition, 44,* 2–34.

Gagné, R. M.,Wager, W. W, Golas, K. C., & Keller, J. M. (2005). *Principles of instructional design.* Wadsworth Publishing. 鈴木克明・岩崎信 (2007)『インストラクショナルデザインの原理』北大路書房

Ganschow, L., & Sparks, R. L. (2001). Learning difficulties and foreign language learning: A review of research and instruction. *Language Teaching, 34,* 79–98.

Garcia Mayo, M. del P. (2015). The interface between task-based language teaching and content-based instruction. *System, 54,* 1–3.

Gass, S. M. (1997). *Input, interaction, and the second language learner.* Lawrence Erlbaum.

Gass, S. M., & Selinker, L. (1992). *Second language acquisition: An introductory course.* Lawrence Erlbaum.

Gass, S. M., & Varonis, E. M. (1984). The effect of familiarity on the comprehensibility of nonnative speech. *Language Learning, 34,* 65–89.

Gass, S. M., & Varonis, E. M. (1985). Task variation and nonnative/nonnative negotiation of meaning. In S. M. Gass & C. Madden (Eds.), *Input in second language acquisition* (pp. 149–161). Newbury House.

Gass, S. M., & Varonis, E. M. (1994). Input, interaction, and second language production. *Studies in Second Language Acquisition, 16,* 283–302.

Geva, E. (2000). Issues in the assessment of reading disabilities in L2 children: Beliefs and research evidence. *Dyxlexia, 6,* 13–28.

Gilabert, R., & Malicka, A. (2021). From needs analysis to task-based design: Methodology, assessment and programme evaluation. In N. P. Sudharshana & L. Mukhopadhyay (Eds.) , *Task-based language teaching and assessment: Contemporary reflections from across the world* (pp. 93–118). Springer.

González-Lioret, M., & Nielson, K. B. (2015). Evaluating TBLT: The case of a task-based Spanish program. *Language Teaching Research, 19,* 525–549.

Goo, J. M. (2019). Interaction in L2 learning. In J. W. Schwieter & A. Benati (Eds.), *The Cambridge handbook of task-based language learning* (pp. 127–165). Cambridge University Press.

Goo, J., & Mackey, A. (2013). The case against the case against recasts. *Studies in Second Language Acquisition, 35,* 127–165.

Granena, G., & Yilmaz, Y. (2022a). A psycholinguistically motivated methodology for task-based language teaching. In M. J. Ahmadian & M. H. Long (Eds.), *The Cambridge handbook of task-based language teaching* (pp. 305–325). Cambridge University Press.

Granena, G., & Yilmaz, Y. (2022b). Immediate versus delayed oral negative feedback: A comparison of psycholinguistic advantages. In A. G. Benati & J. W. Schwieter (Eds.), *Second language acquisition theory: The legacy of Professor Michael H. Long* (pp. 127–42). John Benjamins.

Gregg, K. R. (2001). Learnability and second language acquisition theory. In P. Robinson (Ed.),

Cognition and second language instruction (pp. 152–180). Cambridge University Press.

Griffiths, C. (2018). How individual differences relate to successful strategy use: A holistic view of self-regulated language learners round the world. In R. L. Oxford & C. M. Amerstorfer (Eds.), *Language learning strategies and individual learner characteristics: Situating strategy use in diverse contexts* (pp. 55–73). Bloomsbury.

Halliday, M. A. K. (1970). Language structure and language function. In J. Lyons (Ed.), *New horizon in linguistics* (pp. 140–165). Penguin.

Harris, J. (2018). Responding to the critics: Implementation of TBLA in Japan. *Indonesian Journal of Applied Linguistics, 8*, 139–148. DOI: 10.17509/ijal.v8il.11473.

Hatch, E. (1983). *Psycholinguistics: A second language perspective.* Newbury House.

Hillman, K. K., & Long, M. H. (2020). A task-based needs analysis for US foreign service officers: The challenge of the Japanese celebration speech. In C. Lambert & R. Oliver (Eds.), *Using tasks in second language teaching: Practice in diverse contexts* (pp. 123–145). Multilingual Matters.

Hiver, P., & Wu, J. (2023). Engagement in TBLT. In C. Lambert, S. Aubrey, & G. Bui (Eds.), *The role of the learner in task-based language teaching: Theory and research methods* (pp. 74–90). Routledge.

Holmes, W. M., & Dejean de la Batie, B. (1999). Assignment of grammatical gender by native speakers and foreign learners of French. *Applied Psycholinguistics, 20*, 479–506.

Housen, A., Kuiken, F., & Vedder, I. (2012a). *Dimensions of L2 performance and proficiency: Complexity, accuracy, and fluency in SLA.* John Benjamins.

Housen, A., Kuiken, F., & Vedder, I. (2012b). Complexity, accuracy and fluency: Definitions, measurement and research. In A. Housen, F. Kuiken, & I. Vedder (Eds.), *Dimensions of L2 performance and proficiency: Complexity, accuracy, and fluency in SLA* (pp. 1–20). John Benjamins.

Hu, C. F. (2008). Rate of acquiring and processing L2 color words in relation to L1 phonological awareness. *Modern Language Journal, 92*, 39–52.

Hulstijn, J. H. (2002). Toward a unified account of the representation, processing and acquisition of second language knowledge. *Second Language Research, 18*, 193–223.

Hymes, D. (1972). On communicative competence. In J. B. Pride & J. Holmes (Eds.), *Sociolinguistics* (pp. 269–293). Penguin.

Iizuka, T. (2019). Task-based needs analysis: Identifying communicative needs for study abroad students in Japan. *System, 80*, 134–142.

Iwashita, N., & Li, H. (2012). Patterns if corrective feedback in a task-based adult EFL classroom setting in China. In A. Shehadeh & C. A. Coombe (Eds.), *Task-based language teaching in foreign language context: Research and implementation* (pp. 137–162). John Benjamins.

Keck, C. M., Iberri-Shea, G., Tracy-Ventura, N., & Wa-Mbaleka, S. (2006). Investigating the empirical link between task-based interaction and acquisition: A meta-analysis. In J. M. Norris & L. Ortega (Eds.), *Synthesizing research on language learning and teaching* (pp. 91–131). John Benjamins.

Kim, Y., Jung, Y., & Tracy-Ventra, N. (2017). Implementation of a localized task-based course in an EFL context: A study of students evolving perceptions. *TESOL Quarterly, 51*, 632–660.

Kim, Y., & Payant, C. (2014). A pedagogical proposal for task sequencing: An exploration of task repetition and task complexity on learning opportunities. In M. Baralt, R. Gilabert, & P. Robinson (Eds.), *Task sequencing and instructed second language learning* (pp. 151–177). Bloomsbury.

Kim, Y., Payant, C., & Pearson, P. (2015). The intersection of task-based interaction, task complexity, and working memory: L2 question development through recasts in a laboratory setting. *Studies in Second Language Acquisition, 37*, 549–581.

Kormos, J. (2006). *Speaking production and second language acquisition.* Lawrence Erlbaum.

Kowal, M., & Swain, M. (1994). From semantic to syntactic processing: How can we promote it in the immersion classroom? In R. K. Johnson & M. Swain (Eds.), *1994: Immersion Education: International Perspectives.* (manuscript) OISE, Toronto.

Koyanagi, K. (1999). Differential effects of focus on form vs. focus on forms. *Proceedings: The 10th International University of Japan Conference on SLR in Japan 1999* (pp. 1–31).

Koyanagi, K. (2016). The role of instruction in acquiring Japanese as a second language. In M. Minami (Ed.), *Handbook of Japanese applied linguistics (Handbook of Japanese language and linguistics series, Vol.11).* De Gruyter Mouton.

Krashen, S. D. (1977). The monitor model for adult second language performance. In M. Burt, H. Dulay, & M. Finocchiaro (Eds.), *Viewpoints on English as a second language* (pp. 152–161). Regents.

Krashen, S. D. (1980). The input hypothesis. In J. Alatis (Ed.), *Current issues in bilingual education* (pp. 168–180). Georgetown University Press.

Krashen, S. D. (1985). *The Input Hypothesis: Issues and Implications.* Longman.

Krashen, S., & Terrell, T. (1983). *The natural approach: Language acquisition in the classroom.* Pergamon.

Lambert, C. (2017). Tasks, affect and second language performance. *Language Teaching Research, 21*, 657–664. DOI: 10.1177/1362168817736644.

Lambert, C. (2020). Frameworks for using tasks in second language instruction. In C. Lambert & R. Oliver (Eds.), *Using tasks in second language teaching: Practice in diverse contexts* (pp. 13–145). Multilingual Matters.

Lambert, C. (2023). Personal investment in TBLT. In C. Lambert, S. Aubrey, & G. Bui (Eds.), *The role of the learner in task-based language teaching: Theory and research methods* (pp. 19–40). Routledge.

Lambert, C., Kormos, J., & Minn, D. (2017). Task repetition and second language speech processing. *Studies in Second Language Acquisition, 39*, 167–196.

Lambert, C., & Robinson, P. (2014). Learning to perform narrative tasks: A semester-long classroom study of L2 task sequencing effects. In M. Baralt, R. Gilabert, & P. Robinson (Eds.), *Task sequencing and instructed second language learning* (pp. 207–230). Bloomsbury.

Lantolf, J. P. (2000a). *Sociocultural theory and second language learning.* Oxford University Press.

Lantolf, J. P. (2000b). Second language learning as a mediated process. *Language Teaching, 33*, 79–96.

Lantolf, J. P., & Zhang, X. (2017). Concept-based language instruction. In S. Loewen & M. Sato (Eds.), *The Routledge handbook of instructed second language acquisition* (pp. 146–

165). Routledge.

Lee, S., & Huang, H. (2008). Visual input enhancement and grammar learning: A meta-analysis review. *Studies in Second Language Acquisition, 30*, 307–331.

Levelt, W. J. M. (1989). *Speaking: From intention to articulation.* MIT press.

Levelt, W. J. M. (1993). Language use in normal speakers and its disorders. In G. Blanken, J. Dittmann, H. Grimm, J. C. Marshall, & C-W. Wallesch (Eds.), *Linguistic disorders and pathologies* (pp. 1–15). De Gruyter Mouton.

Levkina, M., & Gilabert, R. (2014). Task sequencing in the L2 development of spatial expressions. In M. Baralt, R. Gilabert, & P. Robinson (Eds.), *Task sequencing and instructed second language learning* (pp. 37–70). Bloomsbury.

Li, S., Ellis, R., & Zhu, Y. (2016). Task-based versus task-supported language instruction: An experimental study. *Annual Review of Applied Linguistics, 36*, 205–229.

Lieven, E., & Tomasello, M. (2008). Children's first language acquisition from a usage-based perspective. In P. Robinson & N. C. Ellis (Eds.), *Handbook of cognitive linguistics and second language acquisition* (pp. 168–196). Routledge.

Lightbown, P. (2014). *Focus on content-based language teaching.* Oxford University Press.

Liu, Y., Xiong, T. (2016). Situated task-based language teaching in Chinese Colleges: Teacher education. *English Language Teaching, 9*, 22–32. DOI: 10.5539/elt.v9n5p22.

Loewen S., & Sato, M. (2018). Interaction and instructed second language acquisition. *Language Teaching, 51*, 285–329.

Logan, G. D. (1988). Toward an instance theory of automatization. *Psychological Review, 95*, 492–527.

Logan, G. D. (1990). Repetition priming and automaticity: Common underlying mechanisms? *Cognitive Psychology, 22*, 1–35.

Long, M. H. (1981). Input, interaction and second language acquisition. *Native Language and Foreign Language Acquisition, Annual of the New York Academy of Science, 379*, 259–278.

Long, M. H. (1983a). Native speaker/non-native speaker conversation and the negotiation of comprehensible input. *Applied Linguistics, 4*, 126–141.

Long, M.H. (1983b). Does second language instruction make a difference? A review of research. *TESOL Quarterly, 17*, 359–382.

Long, M. H. (1985a). Input and second language acquisition theory. In S. M. Gass & C. G. Madden (Eds.), *Input in second language acquisition* (pp. 377–393). Newbury House.

Long, M. H. (1985b). A role for instruction in second language acquisition: Task-based language teaching. In K. Hyltenstam & M. Pienemann (Eds.), *Modeling and assessing second language development* (pp. 77–99). Multilingual Matters.

Long, M. H. (1988). Instructed interlanguage development. In L. Beebe (Ed.), *Issues in second language acquisition: Multiple perspectives* (pp. 115–141). Newbury House.

Long, M. H. (1991). Focus on form: A design feature in language teaching methodology. In K. de Bot, D. Coste, C. Kramsch, & R. Ginsberg (Eds.), *Foreign language research in crosscultural perspective* (pp. 39–52). John Benjamins.

Long, M. H. (1996). The role of the linguistic environment in second language acquisition. In W. C. Ritchie & T. K. Bhatia (Eds.), *Handbook of second language acquisition* (pp. 413–468). Academic Press.

Long, M. H. (1997). Focus on form in task-based language teaching. Paper presented at the McGraw-Hill Teleconference on approaches to grammar instruction in communicative language teaching. California State University, Long Beach.

Long, M. H. (2000). Focus on form in task-based language teaching. In R. L. Lambert & E. Shohamy (Eds.), *Language policy and pedagogy* (pp. 179–192). John Benjamins.

Long, M. H. (2005a). Methodological issues in learner needs analysis. In M. H. Long (Ed.), *Second language needs analysis* (pp. 19–76). Cambridge University Press.

Long, M. H. (2005b). *Second language needs analysis.* Cambridge University Press.

Long, M. H. (2007). *Problems in SLA.* Lawrence Erlbaum.

Long, M. H. (2015). *Second language acquisition and task-based language teaching.* Wiley Blackwell.

Long, M. H. (2016). In defense of tasks and TBLT: Nonissues and real issues. *Annual Review of Applied Linguistics, 36*, 5–33.

Long, M. H. (2022). The L in TBLT: Analyzing target discourse. In M. J. Ahmadian & M. H. Long (Eds.), *The Cambridge handbook of task-based language teaching* (pp. 151–172). Cambridge University Press.

Long, M. H. (2023). The psycholinguistics on second language interaction. In A. Godfroid & H. Hopp (Eds.), *The Routledge handbook of second language acquisition and psycholinguistics* (pp. 335–347). Routledge.

Long, M. H., & Crookes, G. (1993). Units of analysis in syllabus design: The case for task. In G. Crookes & S. Gass (Eds.), *Tasks in a pedagogical context* (pp. 9–54). Multilingual Matters.

Long, M. H., & Doughty, C. J. (2003). SLA and cognitive science. In C. J. Doughty & M. H. Long (Eds.), *The handbook of second language acquisition* (pp. 866–870). Blackwell.

Long, M. H., Doughty, C., & Chaudron, C. (1999). *Task-based language teaching in foreign language education.* University of Hawai'i, National Foreign Language Resource Center.

Long, M. H., Lee, J., & Hillman, K. K. (2019). Task-based language learning. In J. W. Schwieter & A. Benati (Eds.), *The Cambridge handbook of language learning* (pp. 500–526). Cambridge University Press.

Long, M. H., & Porter, P. (1985). Group work, interlanguage talk, and second language acquisition. *TESOL Quarterly, 19*, 207–228.

Long M. H., & Robinson, P. (1998). Focus on form: Theory, research, and practice. In C. Doughty & J. Williams (Eds.), *Focus on form in classroom second language acquisition* (pp. 15–41). Cambridge University Press.

Loschky, L. (1994). Comprehensible input and second language acquisition: What is the relationship? *Studies in Second Language Acquisition, 16*, 303–323.

Lynch, T., & McLean, J. (2000). Exploring the benefits of task repetition and recycling for classroom language learning. *Language Teaching Research, 4*, 221–251.

Lyster, R. (1998). Recasts, repetition, and ambiguity in L2 classroom discourse. *Studies in Second Language Acquisition, 20*, 51–81.

Lyster, R., & Ranta, L. (1997). Corrective feedback and learner uptake: Negotiation of form in communicative classrooms. *Studies in Second Language Acquisition, 19*, 37–66.

Mackey, A. (1999). Input, interaction, and second language development: An empirical study of question formation in ESL. *Studies in Second Language Acquisition, 21*, 557–587.

Mackey, A., & Gass, S. M. (2022). *Second language research: Methodology and design, 3rd edition.* Routledge.

Mackey, A., & Goo, J. (2007). Interaction research in SLA: A meta-analysis and research synthesis. In A. Mackey (Ed.), *Conversational interaction in second language acquisition* (pp. 407–452). Oxford University Press.

Mackey, A., Philp, J., Egi, T., Fujii, A., & Tatsumi, T. (2002). Individual differences in working memory, noticing of interactional feedback and L2 development. In P. Robinson (Ed.), *Individual differences and instructed language learning* (pp. 181–209). John Benjamins.

MacIntyre, P. D., Clément, R., Dörnyei, Z., & Noels, K. A. (1998). Conceptualizing willingness to communicate in an L2: A situational model of L2 confidence and affiliation. *Modern Language Journal, 82,* 546–562.

Malicka, A. (2014). The role of task sequencing in L2 oral production. In M. Baralt, R. Gilabert, & P. Robinson (Eds.), *Task sequencing and instructed second language learning* (pp. 71–95). Bloomsbury.

Malicka, A. (2020). The role of task sequencing in fluency, accuracy, and complexity: Investigating the SSARC model of pedagogic task sequencing. *Language Teaching Research, 24*(5), 642–665.

Malicka, A., Guerrero, R. G., & Norris, J. M. (2019). From needs analysis to task design: Insights from an English for specific purposes context. *Language Teaching Research, 23,* 78–106.

McDonough, K. (2007). Interactional feedback and the emergence of simple past activity verbs in L2 English. In A. Mackey (Ed.), *Conversational interaction in second language acquisition: A collection of empirical studies* (pp. 323–338). Oxford University Press.

McDonough, K., & Chaikitmongkol, W. (2007). Teachers' and learners' reactions to a task-based EFL course in Thailand. *TESOL Quarterly, 41,* 107–132.

McDonough, K., & Kim, Y. (2009). Syntactic priming and EFL learners' production of wh-questions. *Modern Language Journal, 93,* 386–398.

McDonough, K., & Mackey, A. (2006). Responses to recasts: Repetitions, primed production, and linguistic development. *Language Learning, 56,* 693–720.

McDonough, K., & Mackey, A. (2008). Syntactic priming and ESL question development. *Studies in Second Language Acquisition, 30,* 31–47.

McDonough, K., & Trofimovich, P. (2009). *Using priming methods in second language research.* Routledge.

McNamara, T. (1996). *Measuring second language performance.* Longman.

Mehnert, U. (1998). The effects of different lengths of time for planning on second language performance. *Studies in Second Language Acquisition, 20,* 52–83.

Mitchell, R., Myles, R., & Marsden, E. (2013). *Second language learning theories.* Routledge.

Moroishi, M. (1999). Explicit vs. implicit learning: Acquisition of the Japanese conjectural auxiliaries under explicit and implicit conditions. In N. O. Jungheim & P. Robinson (Eds.), *Pragmatics and pedagogy: Proceedings of the 3rd Pacific second language research forum. Vol. 2* (pp. 217–230). Aoyama Gakuin University.

Morris, C. D., Bransford, J. D., & Franks, J. J. (1977). Levels of processing versus transfer appropriate processing. *Journal of Verbal Learning and Verbal Behavior, 16,* 519–533.

Muranoi, H. (2000). Focus on form through interaction enhancement: Integrating formal instruction into a communicative task in EFL classroom. *Language Learning, 50*, 617–673.

Negueruela, E., & Lantolf, J. P. (2006). Concept-based instruction and the acquisition of L2 Spanish. In R. Salaberry & B. A. Lafford (Eds.), *The art of teaching Spanish: Second language acquisition from research to praxis* (pp. 79–102). Georgetown University Press.

Newell, A. (1990). *Unified theories of cognition*. Harvard University Press.

Norris, J. M. (2006). The why (and how) of assessing student foreign language programs. *Modern Language Journal, 90*, 590–597.

Norris, J. M. (2009). Task-based teaching and testing. In M. H. Long & C. J. Doughty (Eds.), *Handbook of language teaching* (pp. 578–594). Blackwell.

Norris, J. M. (2016). Current uses for task-based language assessment. *Annual Review of Applied Linguistics, 36*, 230–244.

Norris, J. M. (2018). Task-based language assessment: Aligning designs with intended uses and consequences. *JLTA Journal, 21*, 3–20.

Norris, J. M., Brown, J. D., Hudson, T. F., & Bonk, W. (2002). Examinee abilities and task difficulty in task-based second language performance assessment. *Language Testing, 19*, 395–418.

Norris, J. M., Brown, J. D., Hudson, T. F., & Yoshioka, J. (1998). *Designing second language performance assessments*. University of Hawai'i Press.

Norris, J. M., & Davis, J. M. (2022). Evaluating task-based language programs. In M. J. Ahmadian & M. H. Long (Eds.), *The Cambridge handbook of task-based language teaching* (pp. 529–548). Cambridge University Press.

Norris, J. M., & East, M. (2022). Task-based language assessment. In M. J. Ahmadian & M. H. Long (Eds.), *The Cambridge handbook of task-based language teaching* (pp. 507–528). Cambridge University Press.

Norris, J. M., & Ortega, L. (2000). Effectiveness of L2 instruction: A research synthesis and quantitative meta-analysis. *Language Learning, 50*, 417–528.

Nunan, D. (1993). Task-based syllabus design: Selecting grading and sequencing tasks. In G. Crookes & S. Gass (Eds.), *Tasks in a pedagogical context: Integrating theory & practice* (pp. 55–68). Multilingual Matters.

Nunan, D. (2004). *Task-based language teaching*. Cambridge University Press.

Ogilvie, G., & Dunn, W. (2010). Taking teacher education to task: Exploring the role of teacher education in promoting the utilization of task-based language teaching. *Language Teaching Research, 14*, 161–181. DOI: 10.1177/1362168809353875.

Ortega, L. (1999). Planning and focus on form in L2 oral performance. *Studies in Second Language Acquisition, 21*, 109–148.

Ortega, L. (2009). *Understanding second language acquisition*. Hodder Education.

Ortega, L. (2015). Researching CLIL and TBLT interfaces. *System, 54*, 103–109.

Palotti, G. (2009). CAF: Defining, refining and differentiating constructs. *Applied Linguistics, 30*, 590–601.

Patil, V. K. (2021). Whole text reading comprehension: An application of task-based language assessment. In N. P. Sudharshana & L. Mukhopadhyay (Eds.), *Task-based language teaching and assessment: Contemporary reflections from across the world* (pp. 323–349). Springer.

Payant, C. (2019). Effects of L2 learner proficiency and task types on language mediation: A sociocultural perspective. In M. J. Ahmadian & M. D. P. García Mayo (Eds.), *Recent perspectives on task-based language learning and teaching* (pp. 99–119). Walter de Gruyter.

Piaget, J. (1974). *The language and thought of the child.* New American Library.

Pica, T. (1991). Classroom interaction, participation and comprehension: Redefining relationships. *System, 19,* 437–452.

Pica, T., Kanagy, R., & Falodun, J. (1993). Choosing and using communication tasks for second language instruction and research. In G. Crookes & S. M. Gass (Eds.), *Tasks and language learning: Integrating theory & practice* (pp. 9–34). Multilingual Matters.

Pica, T., Young, R., & Doughty, C. (1987). The impact of interaction on comprehension. *TESOL Quarterly, 21,* 737–758.

Pienemann, M. (1989). Is language teachable? Psycholinguistic experiment and hypotheses. *Applied Linguistics, 10,* 52–79.

Pienemann, M. (1998). *Language processing and second language development: Processability theory.* John Benjamins.

Pienemann, M., & Johnston, M. (1987). Factors influencing the development of language proficiency. In D. Nunan (Ed.), *Applying second language acquisition research* (pp. 45–141). National Curriculum Resource Center, Adult Migrant Education Program.

Pienemann, M., Johnston, M., & Brindley, G. (1988). Constructing an acquisition-based procedure for second language assessment. *Studies in Second Language Acquisition, 10,* 217–243.

Plough, I., & Gass, S. M. (1993). Interlocutor and task familiarity: Effects on interactional structure. In G. Crookes & S. M. Gass (Eds.), *Tasks and language learning: Integrating theory & practice* (pp. 35–56). Multilingual Matters.

Polio, C., & Gass, S. M. (1998). The role of interaction in native speaker comprehension of non-native speech. *Modern Language Journal, 82,* 309–319.

Porter, P. A. (1986). How learners talk to each other: Conversation in second language acquisition. In R. Day (Ed.), *Talking to learn: Conversation in second language acquisition* (pp. 200–222). Newbury House.

Prabhu, N. (1987). *Second language pedagogy.* Oxford University Press.

Rai, M. K., Loschky, L. C., Harris, R. J., Peck, N. R., & Cook, L. G. (2011). Effects of stress and working memory capacity on foreign language readers' inferential processing during comprehension. *Language Learning, 61,* 187–218.

Ravid, D., & Tolchinsky, L. (2002). Developing linguistic literacy: A comprehensive model. *Journal of Child Language, 29,* 417–447.

Révész, A., Ekiept, M., & Gilabert, R. (2016). The effects of complexity, accuracy, and fluency on communicative adequacy in oral task performance. *Applied Linguistics, 37,* 838–848.

Richards, J. C., Platt, J., & Platt, H. (1992). *Dictionary of language teaching and applied linguistics, Second edition.* Longman.

Richards, J. C., & Rodgers, T. S. (2014). *Approaches and methods in language teaching.* Cambridge University Press.

Robinson, P. (1995). Attention, memory and 'noticing' hypothesis. *Language Learning, 45,* 283–331.

Robinson, P. (1997a). Individual differences and the fundamental similarity of implicit and explicit adult second language learning. *Language Learning, 47*, 45–99.

Robinson, P. (1997b). Generalizability and automaticity of second language learning under implicit, incidental, enhanced, and instructed conditions. *Studies in Second Language Acquisition, 19*, 223–247.

Robinson, P. (2001a). Task complexity, task difficulty and task production: Exploring interactions in a componential framework. *Applied Linguistics, 22*, 27–57.

Robinson, P. (2001b). Task complexity, cognitive resources and syllabus design: A triadic theory of task influences on SLA. In P. Robinson (Ed.), *Cognition and second language instruction* (pp. 287–318). Cambridge University Press.

Robinson, P. (2002). Learning conditions, aptitude complexes and SLA: A framework for research and pedagogy. In P. Robinson (Ed.), *Individual differences and second language learning* (pp. 112–131). John Benjamins.

Robinson, P. (2003). Attention and memory during SLA. In C. J. Doughty & M. H. Long (Eds.), *The handbook of second language acquisition* (pp. 631–678). Blackwell.

Robinson, P. (2005). Cognitive complexity and task sequencing: A review of studies in a componential framework for second language task design. *International Review of Applied Linguistics, 43*, 1–32.

Robinson, P. (2007a). Task complexity, theory of mind, and intentional reasoning: Effects on speech production, interaction, uptake and perceptions of task difficulty. *International Review of Applied Linguistics, 45*, 193–214.

Robinson, P. (2007b). Criteria for classifying and sequencing pedagogic tasks. In M. P. Garcia-Mayo (Ed.), *Investigating tasks in formal language learning* (pp. 7–26). Multilingual Matters.

Robinson, P. (2009). Syllabus design. In M. H. Long & C. J. Doughty (Eds.), *Handbook of language teaching* (pp. 294–310). Blackwell.

Robinson, P. (2010). Situating and distributing cognition across task demands: SSARC model of pedagogic task sequencing. In M. Pütz & L. Sicola (Eds.), *Cognitive processing in second language acquisition: Inside the learner's mind* (pp. 243–268). John Benjamins.

Robinson, P. (2011). Second language task complexity, the cognition hypothesis of language learning and performance. In P. Robinson (Ed.), *Second language task complexity: Researching the cognition hypothesis of language learning and performance* (pp. 3–37). John Benjamins.

Robinson, P. (2015a). Second language task demands, the Cognition Hypothesis, and the SSARC model of pedagogic task sequencing. In M. Bygate (Ed.), *Domains and directions in the development of TBLT* (pp. 123–159). John Benjamins.

Robinson, P. (2015b). The cognition hypothesis, second language task demands, and the SSARC model of pedagogic task sequencing. In M. Bygate (Ed.), *Domains and directions in the development of TBLT: A decade of plenaries from the international conference* (pp. 87–121). John Benjamins.

Robinson, P. (2020). Situating and distributing cognition across task demands: The SSARC model of pedagogic task sequencing. In M. Putz & L. Sicola (Eds.), *Cognitive processing in second language acquisition: Inside the learners' mind* (pp. 243–268). John Benjamins.

Robinson, P. (2022). The cognition hypothesis, the triadic componential framework and the

SSARC model: An instructional design theory of pedagogic task sequencing. In M. J. Ahmadian & M. H. Long (Eds.), *The Cambridge handbook of task-based language teaching* (pp. 205–225). Cambridge University Press.

Robinson, P., & Ross, S. (1996). The development of task-based assessment in English for academic purposes program. *Applied Linguistics, 17*, 455–476.

Rose, H., Briggs, J. G., Boggs, J. A., Sergio, L., & Ivanova-Slavianskaia, N. (2018). A systematic review of language learner strategy research in the face of self-regulation. *System, 72*, 151–163.

Samuda, V., & Bygate, M. (2022). Exploring the nuts and bolts of task design. In M. J. Ahmadian & M. H. Long (Eds.), *The Cambridge handbook of task-based language teaching* (pp. 262–289). Cambridge University Press.

Sawyer, M., & Ranta, L. (2001). Aptitude, individual differences and L2 instruction. In P. Robinson (Ed.), *Cognition and second language instruction* (pp. 319–353). Cambridge University Press.

Schmidt, R. W. (1990). The role of consciousness in second language learning. *Applied Linguistics, 11*, 129–158.

Schmidt, R. S. (2001). Attention. In P. Robinson (Ed.), *Cognition and second language instruction* (pp. 3–32). Cambridge University Press.

Schumann, J. H. (2004). Introduction. In J. H. Schumann, S. E. Crowell, N. E. Jones, N. Lee, A. Schuchert, & L. A. Woods (Eds.), *The neurobiology of learning: Perspectives from second language acquisition* (pp. 1–17). Lawrence Erlbaum.

Segalowitz, N. S. (2003). Automaticity and second languages. In C. J. Doughty & M. H. Long (Eds.), *The handbook of second language acquisition* (pp. 382–408). Blackwell.

Segalowitz, N. (2010). *Cognitive bases of second language fluency.* Routledge.

Seker, M. (2016). The use of self-regulation strategies by foreign language learners and its role in language achievement. *Language Teaching Research, 20*, 600–618.

Serafini, E. J. (2022). Adapting and advancing task-based needs analysis methodology across diverse language learning contexts. In M. J. Ahmadian & M. H. Long (Eds.), *The Cambridge handbook of task-based language teaching* (pp. 73–98). Cambridge University Press.

Simard, D. (2022). Psycholinguistic process in L2 oral production. In T. M. Derwing, M. J. Munro, & R. I. Thomson (Eds.), *The Routledge handbook of second language acquisition and speaking* (pp. 24–38). Routledge.

Skehan, P. (1998). *A cognitive approach to language learning.* Oxford University Press.

Skehan, P. (2001). Tasks and language performance. In M. Bygate, P. Skehan, & M. Swain (Eds.), *Researching pedagogic tasks: Second language learning, teaching and testing* (pp. 167–185). Pearson Education.

Skehan, P. (2016). Tasks versus conditions: Two perspectives on task research and their implications for pedagogy. *Annual Review of Applied Linguistics, 36*, 34–49.

Skehan, P. (2022). The psycholinguistics of task-based performance. In M. J. Ahmadian & M. H. Long (Eds.), *The Cambridge handbook of task-based language teaching* (pp. 3–26). Cambridge University Press.

Skehan, P., & Foster, P. (2001). Cognition and tasks. In P. Robinson (Ed.), *Cognition and second language instruction* (pp. 183–205). Cambridge University Press.

Snow, R. E. (1987). Aptitude complexes. In R. E. Snow & M. J. Farr (Eds.), *Aptitude, learning, and instruction* (p. 11–34). Lawrence Erlbaum.

Snow, R. E. (1991). Aptitude-Treatment interaction as a framework for research on individual differences in psychotherapy. *Journal of Consulting and Clinical Psychology, 59*, 205–216.

Sokolik, M. E., & Smith, M. E. (1992). Assignment of gender to French nouns in prmary and secondary language: A connectionist model. *Second Language Research, 8*, 39–58.

Spada, N. (2022). Reflecting of task-based language teaching from an instructed SLA perspective. *Language Teaching, 35*, 74–86.

Spada, N., & Lightbown, P. M. (2008). Form-focused instruction: Isolated or integrated? *TESOL Quarterly, 42*, 181–207.

Spada, N., & Tomita, Y. (2010). Interactions between type of instruction and type of language features: A meta-analysis. *Language Learning, 60*, 263–308.

Sparks, R. L. (2022). *Exploring L1-L2 relationships: The impact of individual differences.* Multilingual Matters.

Sparks, R. L., & Ganschow, L. (1993). Searching for the cognitive locus on foreign language learning difficulties: Linking first and second language learning. *Modern Language Journal, 77*, 289–301.

Sparks, R. L., & Ganschow, L. (2001). Aptitude for learning a foreign language. *Annual Review of Applied Linguistics, 21*, 90–111.

Sparks, R. L., Patton, J., Ganschow, L., Humbach, N., & Javorsky, J. (2006). Native language predictors of foreign language proficiency and foreign language aptitude. *Annals of Dyslexia, 56*, 129–160.

Sparks, R. L., Patton, J., Ganschow, L., Humbach, N., & Javorsky, J. (2008). Early first-language reading and spelling skills predicts later second-language reading and spelling skills. *Journal of Educational Psychology, 100*, 162–174.

Sparks, R. L., Patton, J., Ganschow, L., & Humbach, N. (2009). Long-term crosslinguistic transfer of skills from L1 to L2. *Language Learning, 59*, 203–243.

Sparks, R. L., Patton, J., Ganschow, L., & Humbach, N. (2011). Subcomponents of second-language aptitude and second-language proficiency. *Modern Language Journal, 95*, 253–273.

Swain, M. (1985). Communicative competence: Some roles of comprehensible input and comprehensible output in its development. In S. M. Gass & C. Madden (Eds.), *Input in second language acquisition* (pp. 235–253). Newbury House.

Swain, M. (1993). The output hypothesis: Just speaking and writing aren't enough. *Canadian Modern Language Review, 50*, 158–164.

Swain, M. (2000). The output hypothesis and beyond: Mediating acquisition through collaborative dialogue. In J. P. Lantolf (Ed.), *Sociocultural theory and second language learning* (pp. 97–114). Oxford University Press.

Swain, M. (2006). Language agency and collaboration in advanced language proficiency. In H. Bynes (Ed.), *Advanced language learning: The contribution of Halliday and Vygotsky* (pp. 95–108). Continuum.

Swain, M. (2010). Talking it through: Languaging as a source of learning. In R. Bastone (Ed.), *Sociocognitive perspectives on second language learning and use* (pp. 112–130). Oxford

University Press.

Swain, M., & Lapkin, S. (1995). Problems in output and the cognitive processes they generate: A step towards second language learning. *Applied Linguistics, 16,* 371–391.

Swain, M., & Lapkin, S. (2002). Talking through: Two French immersion learners' response to reformulation. *International Journal for Educational Research, 37,* 285–304.

Tamboli, V. (2021). Using task-based speaking assessment to measure lexical and syntactic knowledge: Implications for ESL learning. In N. P. Sudharshana & L. Mukhopadhyay (Eds.), *Task-based language teaching and assessment: Contemporary reflections from across the world* (pp. 293–321). Springer.

Tarone, E., & Bigelow, M. (2005). Impact of literacy on oral language processing: Implications for second language acquisition research. *Annual Review of Applied Linguistics, 25,* 77–97.

Tomasello, M. (1992). *First words: A case study of early grammatical development.* Cambridge University Press.

Tomasello, M. (2008). *Origins of human cognition.* Harvard University Press.

Trofimovich, P., McDonough, K., & Neumann, H. (2013). Using collaborative tasks to elicit auditory and structural priming. *TESOL Quarterly, 47,* 177–186.

Tseng, T., Dörnyei, Z., & Schmitt, N. (2006). New approach to assessing strategic learning: The case of self-regulation in vocabulary-acquisition. *Applied Linguistics, 27,* 78–102.

Tucker, G., Lambert, W., & Rigault, A. (1977). *The French speaker's skill with grammatical gender: An example of rule-governed behavior.* Mouton.

Ullman, M. T. (2020). The declarative/procedural model: A neurobiologically motivated theory of first and second language. In B. VanPatten, G. D. Keating, & S. Wulff (Eds.), *Theories in second language acquisition: An introduction. Third edition* (pp. 128–161). Routledge.

Van den Branden, K. (2016). The role of teachers in task-based language education. *Annual Review of Applied Linguistics, 36,* 164–181.

Van den Branden, K. (2021). Measuring task-based performance. In Winke, P. & Brunfaut (Eds.), *The Routledge handbook of second language acquisition and language testing* (pp. 316–325). Routledge.

Wagner-Gough, J., & Hatch, E. (1975). The importance of input data in second language acquisition studies. *Language Learning, 25,* 297–307.

Wary, A. (2012). What do we (think we) know about formulaic language? An evaluation of the current state of play. *Annual Review of Applied Linguistics, 32,* 231–254.

Watanabe, Y., & Swain, M. (2007). Effects of proficiency differences and patterns of pair interaction on second language learning: Collaborative dialogue between adult ESL learners. *Language Teaching Research, 11,* 121–142.

Wen, Z. (E.) (2016). *Working memory and second language learning: Towards an integrated approach.* Multilingual Matters.

Wickens, C. D. (1989). Attention and skilled performance. In D. Holding (Ed.), *Human skills* (pp. 71–154). Psychological Corporation.

Wickens, C. D. (2002). Multiple resource and perfoamance prediction. *Theoretical Issues in Ergonomic Science, 3,* 159–177.

Wickens, C. D. (2007). Attention to the second language. *Inernational Review of Applied Linguistics in Language Teaching, 45,* 177–191.

Wilkins, D. (1976). *Notional syllabuses.* Oxford University Press.

Williams, L. (2019). Task-based language teaching and concept-based instruction. In M. J. Ahmadian & M. del P. G. Mayo (Eds.), *Recent perspectives on task-based language learning and teaching* (pp. 121–141). Walter de Gruyter.

Willis, D. (1990). *The lexical syllabus: A new approach to language teaching.* Collins E. L. T.

Willis, D., & Willis, J. (2007). *Doing task-based teaching.* Oxford University Press.

Willis, J. (1996). *A framework for task-based learning.* Longman.

Willis, J. (2021). An evolution of a framework for TBLT: What trainers and teachers need to know to help learners succeed in task-based learning. In N. P. Sudharshana & L. Mukhopadhyay (Eds.), *Task-based language teaching and assessment: Contemporary reflections from across the world* (pp. 63–92). Springer.

Xuan, Q., Cheung, A., & Li, J. (2022). How effective is task-based language teaching to enhance second language learning? A technical comment on Bryfonski and KcKay (2019). *Language Teaching Research,* Epub ahead of print 2. November 2022. DOI: 10.1177/13621688221131127.

Yamashita, J., & Jiang, N. (2010). L1 influence on the acquisition of L2 collocations: Japanese ESL users and EFL learners acquiring English collocations. *TESOL Quarterly, 44,* 467–668.

Yano, Y., Long, M. H., & Ross, S. (1994). The effects of simplified and elaborated texts on foreign language reading comprehension. *Language Learning, 44,* 189–219.

Yilmaz, Y., & Granena, G. (2021). Implicitness and explicitness in cognitive abilities and corrective feedback: A double dissociation? *Studies in Second Language Acquisition, 43,* 523–550.

Yopp, H. K. (1988). The validity and reliability of phonemic awareness tests. *Reading Research Quarterly, 13,* 159–177.

Yule, G., & MacDonald, D. (1990). Resolving referential conflicts in L2 interaction: The effect of proficiency and interactive role. *Language Learning, 40,* 539–556.

Zheng, X., & Borg, S. (2014). Task-based learning and teaching in China: Secondary school teachers' beliefs and practices. *Language Teaching Research, 18,* 205–221.

索 引

小柳かおる

福岡県出身。ジョージタウン大学にて博士号（言語学）取得。(社) 国際日本語普及協会（AJALT）を経て渡米，アメリカ国際経営大学院，ジョージタウン大学等の日本語講師。上智大学比較文化学部（現 国際教養学部）助教授などを経て，現在，上智大学言語教育研究センター／大学院言語科学研究科教授。2018 年 9 月から 2019 年 8 月まで，フランス国立東洋言語文化大学（INALCO）日本学研究センター特別招聘研究員。
著書に『改訂版 日本語教師のための新しい言語習得概論』(単著，スリーエーネットワーク，2021 ／初版 2004)，『第二言語習得について日本語教師が知っておくべきこと』(単著，くろしお出版，2020)，『認知的アプローチから見た第二言語習得』(峯布由紀氏との共著，くろしお出版，2016)，『第二言語習得の普遍性と個別性』(向山陽子氏との共著，くろしお出版，2018) など。

第二言語習得研究とタスクベースの言語指導
——課題遂行能力を伸ばす日本語教育を目ざして——

初版第 1 刷——2025 年 3 月 31 日

著　者————小柳 かおる

発行人————岡野 秀夫

発行所————株式会社くろしお出版
　　　　　　〒 102-0084　東京都千代田区二番町 4-3
　　　　　　tel 03-6261-2867　fax 03-6261-2879　www.9640.jp

印刷・製本　シナノ書籍印刷　　装　丁　仁井谷伴子

©KOYANAGI Kaoru, 2025
Printed in Japan

ISBN 978-4-8011-1007-6 C3081

乱丁・落丁はお取りかえいたします．本書の無断転載・複製を禁じます．